STARK

ABITUR-TRAINING
DEUTSCH

Essay · Rede · Brief

Gestaltendes Erschließen pragmatischer Texte

Marion von der Kammer

STARK

ISBN 978-3-86668-999-2

www.stark-verlag.de

Inhalt

Autorin: Marion von der Kammer

Vorwort

Liebe Schülerin, lieber Schüler,

dieses Trainingsbuch hilft Ihnen, sich mit einem besonderen Aufgabentyp des Faches Deutsch vertraut zu machen: dem **gestaltenden Erschließen von pragmatischen Texten** (bzw. dem **adressatenbezogenen Schreiben**). Sie erhalten dafür klar strukturierte **Informationen zu den wesentlichen Textsorten** (Essay, Rede, Brief, Kommentar). Vielfältige **Übungen** leiten Sie an, systematisch und zielorientiert vorzugehen. Zusätzlich gibt es **Tipps** für geschicktes Formulieren sowie **Hinweise zu wichtigen Basiskompetenzen** (z. B. zur Wiedergabe von Aussagen in Form von indirekter Rede). Anhand der beigefügten **Lösungen** können Sie Ihre Ergebnisse selbst überprüfen.

Das Buch ist **prozessorientiert** angelegt, also entsprechend dem Arbeitsablauf, dem Sie folgen sollten, um ein gutes Ergebnis zu erzielen. Es empfiehlt sich deshalb, nicht wahllos zwischen verschiedenen Abschnitten hin- und herzuspringen. Am besten bearbeiten Sie die einzelnen Kapitel nacheinander.

Die verschiedenen **Vorlagentexte** behandeln **interessante und zeitgemäße Themen:** Beispielsweise geht es um die Vorstellungen der Generation Z (der sogenannten „Digital Natives") und um die Frage, was für ein gelingendes Leben wichtiger ist: Kinder oder Karriere?

Bedenken Sie, dass alle **Lösungstexte** als **Vorschläge** zu verstehen sind: Betrachten Sie sie als Muster zur Orientierung. Sollten Sie beim Schreiben eines Textes einmal Startschwierigkeiten haben, können Sie den entsprechenden Lösungstext im Anhang kurz anlesen. Ganz sicher werden Sie spätestens dann eine Idee für Ihren eigenen Text entwickeln.

Wenn Sie dieses Trainingsbuch sorgfältig durcharbeiten, gewinnen Sie an Routine und Sicherheit im Verfassen von kreativen Texten, sodass Sie beruhigt in die Prüfung gehen können.

Für Ihre Arbeit mit dem Buch wünsche ich Ihnen viel Spaß und Erfolg!

Marion von der Kammer

Gestaltendes Erschließen von pragmatischen Texten

Grundlage für das gestaltende Erschließen eines pragmatischen Textes[1] ist ein anspruchsvoller Sachtext (oder eine Sammlung von mehreren Texten zu einem Thema, ein sogenanntes Dossier). Sie müssen zunächst die wesentlichen Aussagen des Ihnen vorliegenden Textes (bzw. der Ihnen vorliegenden Texte) zusammenfassen. Anschließend sollen Sie darauf reagieren, und zwar auf kreative Weise. Dafür wird Ihnen die Textsorte vorgegeben, z. B. werden Sie aufgefordert, einen Leserbrief an eine Zeitung zu schreiben.

Jede Aufgabe zum gestaltenden Erschließen besteht somit aus zwei Teilen, d. h., Sie müssen **zwei Texte** schreiben:
- eine **Zusammenfassung** und
- einen **gestalteten Text**.

Auf dem gestalteten Text liegt zwar der Schwerpunkt, d. h., seiner Bewertung wird bei der Notenfindung ein größeres Gewicht beigemessen. Trotzdem sollten Sie die erste Teilaufgabe, also die Zusammenfassung, nicht unterschätzen. Auch wenn diese Leistung nur mit 40 Prozent in die Note einfließt, ist sie dennoch sehr wichtig, denn sie zwingt Sie dazu, sich intensiv mit dem Text (bzw. dem Dossier) auseinanderzusetzen. Und nur wenn Sie das zugrunde liegende Textmaterial richtig verstanden haben, können Sie anschließend souverän einen kreativen Text schreiben, der den Anforderungen der vorgegebenen Textsorte entspricht.

1 pragmatischer Text: ein Text, der einen praktischen Zweck erfüllt, insbesondere den der Information; gemeint sind Sachtexte aller Art (im Gegensatz zu literarischen Texten).

Die Basis: Texte verstehen

Um einen Text zu verstehen, muss man die entscheidenden Zusammenhänge zwischen den verschiedenen Textinformationen erkennen. Zudem ist es unerlässlich, einen Bezug zwischen den einzelnen Textaussagen und dem eigenen Wissen oder eigenen Erfahrungen herzustellen, wie die Grafik veranschaulicht:

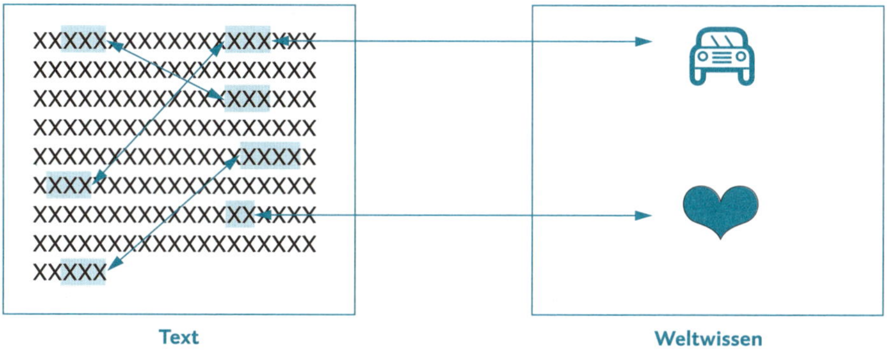

1 Einen pragmatischen Text erschließen

Beim Erschließen eines Sachtextes sollten Sie sich angewöhnen, nach einem bestimmten Muster vorzugehen. Dann werden Sie nichts Wichtiges übersehen.

Schritt für Schritt:

1. **Bestimmen Sie Thema und Textsorte.** Überfliegen Sie den Text zunächst und überlegen Sie, worum es darin geht. Die Textsorte sollten Sie bestimmen, um die Hauptintention des Verfassers zu durchschauen: Will er sachlich und neutral darstellen, was er weiß (z. B. in einem Bericht) – oder will er seine Meinung zum Ausdruck bringen (z. B. in einem Kommentar)?
2. **Lesen Sie den Text genau.** Gehen Sie Absatz für Absatz vor und achten Sie dabei auf Einzelheiten. Suchen Sie insbesondere nach **allgemeinen Aussagen**, also nach Aussagen, die von grundsätzlicher Bedeutung sind und sich nicht auf Einzelfälle beziehen. Markieren Sie diese, am besten mit einem Textmarker. Halten Sie deren Inhalt jeweils mit Stichworten am linken Rand fest.
   Tipp: Aussagen, die Ihnen sehr wichtig erscheinen, sollten Sie am Rand mit **!** kennzeichnen. So erkennen Sie später auf Anhieb, wo die entscheidenden Textstellen zu finden sind.

3 **Stellen Sie Zusammenhänge her.** Dabei ordnen Sie den allgemeinen Aussagen die entsprechenden **Erklärungen** zu, z. B. zusätzliche **Erläuterungen** oder **Belege**. Wichtig sind auch Auskünfte über **Gründe, Folgen** oder **Ziele**. Markieren Sie diese Textstellen ebenfalls, evtl. mit einer anderen Farbe, und notieren Sie deren Funktion am rechten Rand (z. B. *Erläuterung* oder *Grund*).
Tipp: Zusammenhänge, die im Text nicht explizit zum Ausdruck kommen, müssen Sie selbst herstellen, denn nicht immer weisen typische Konjunktionen auf Gründe *(weil, denn)*, Folgen *(sodass, dass)* oder Ziele *(damit, um zu)* hin.

4 **Bestimmen Sie die Kernaussage.** Überlegen Sie sich, welche allgemeine Aussage die entscheidende ist. Sie darf sich nicht auf ein Einzelphänomen beziehen, sondern muss den **Kern des ganzen Textes** treffen. Heben Sie diese Aussage am Rand besonders hervor, z. B. mit **!!!**.
Tipp: Die Kernaussage ist auch für das Schreiben der Zusammenfassung von großer Bedeutung: Sie gehört dort nämlich in den einleitenden Abschnitt (vgl. S. 13).

5 **Strukturieren Sie den Text.** Überfliegen Sie alle Textabschnitte ein letztes Mal und überlegen Sie, in welcher Abfolge die einzelnen Inhalte dargestellt sind. Beginnt der Verfasser mit einem Beispiel? Oder äußert er sich gleich in einer Art Zusammenfassung zum ganzen Sachverhalt? Zieht er an einer Stelle eine Schlussfolgerung? Gibt er Äußerungen einer anderen Person wieder? Antworten auf diese Fragen helfen Ihnen, einen Sachtext zu strukturieren.
Tipp: Besonders wichtig sind Aussagen, die am Anfang oder am Ende eines Textes stehen.

6 **Stellen Sie einen Bezug zur Überschrift her.** Für den Zusammenhang zwischen Überschrift und Text gibt es verschiedene Möglichkeiten:

- Oft verweist die Überschrift schon auf den zentralen Inhalt eines Textes. Dann bringt sie die Hauptinformation pointiert zum Ausdruck.
- Manchmal bezieht sich der Titel auch nur auf einen einzelnen Aspekt. Dieser wird dadurch hervorgehoben und erhält so eine besondere Bedeutung.
- Oder der Verfasser hat gezielt bestimmte Worte aus dem Text herausgegriffen, um das Interesse des Lesers zu wecken.
- In seltenen Fällen scheint die Überschrift sogar im Widerspruch zum Text zu stehen – z. B. in satirischen Texten.

Tipp: Nach der genauen Lektüre des Textes sollten Sie der Überschrift unbedingt noch einmal Ihre Aufmerksamkeit schenken. Möglicherweise müssen Sie Ihr Textverständnis etwas revidieren, wenn Sie über den Bezug zwischen Text und Titel nachgedacht haben.

Aufgabe 1 Erschließen Sie den Inhalt des Textes „Quo vadis, Printprodukt? – Vom Sterben der Holzmedien". Halten Sie sich dabei an die Schritt-für-Schritt-Anleitung.

absatzwirtschaft.de

absatzwirtschaft | biznet | marken-award | MEEDIA

Quo vadis[1], Printprodukt? – Vom Sterben der Holzmedien

Das Zeitungssterben hat Deutschland erreicht – so die einhellige Meinung der Presse nach der Insolvenzmeldung um die „Frankfurter Rundschau". Der augenscheinliche Grund: Das Internet und das veränderte Medienverhalten der jüngeren Generation machen das Printgeschäft kaputt. Auflage und Printumsätze gehen zurück. […]

Das Ende war abzusehen. 16 Millionen Euro Verlust machte die „Frankfurter Rundschau" im laufenden Jahr. Auch die Auflage war zuletzt rückläufig. Gerüchte über Zeitungssterben prägen seit Jahren die Medienberichterstattung. Es war fast, als wartete man nur darauf, dass es endlich losgeht. Letzte Woche überschlugen sich dann die Meldungen: „Frankfurter Rundschau" insolvent, Stadtmagazin „Prinz" nur noch digital. Das Schicksal der Wirtschaftstitel von Gruner + Jahr ist weiter ungewiss und die Pleite der Nachrichtenagentur dapd passt ebenfalls ins Bild.

Sinkende Zahlen

Tatsächlich steht seit letzter Woche mit der „Frankfurter Rundschau" erstmals eine der großen, überregionalen Tageszeitungen in Deutschland vor dem Aus. Das Zeitungssterben hat sich aber über zwei Jahrzehnte angekündigt. […]

Gab es im Jahr 1992 noch 426 Tageszeitungen, sind es 2012 nach Angaben des Bundesverbands Deutscher Zeitungsverleger (BDZV) nur noch 333 Tageszeitungen. Auch die verkaufte Auflage der Tageszeitungen ist seit Jahren rückläufig. Derzeit werden täglich knapp über 18 Millionen Exemplare verkauft. Zum Vergleich: 1991 waren es 27,3 Millionen.

Auch ePaper retten Zeitungen nicht

Die ePaper-Ausgaben der Zeitungen können den Auflagenschwund bisher nicht auffangen. Laut einer aktuellen Meldung des BDZV werden täglich etwas weniger als 230 000 ePaper in Deutschland verkauft. Selbst eine überregionale Zeitung wie die „Bild" kommt nur auf eine Auflage von rund 24 000 ePaper. Und das ist noch vergleichsweise viel. Bei der nun in ihrer Existenz bedrohten „Frankfurter Rundschau" sind es gerade einmal 1 554 […].

Quelle:
http://www.absatzwirtschaft.de/content/crm-vertrieb/news/quo-vadis-printprodukt-vom-sterben-der-holzmedien;78568;0
erschienen am: 19. 11. 2012

Worterklärung

1 Quo vadis? (lat.): Wohin gehst du?

2 Einen Meinungstext erschließen

Die Funktion eines Meinungstextes, z. B. eines Kommentars, ist eine andere als die eines rein informativen Textes: Es geht dem Verfasser *nicht* darum, Tatsachen zu beschreiben, sondern darum, dem Leser mitzuteilen, was er über einen bestimmten Sachverhalt denkt. In der Regel nimmt er eine bestimmte Nachricht, z. B. über eine gesellschaftliche Entwicklung, zum Anlass, um diese zu **bewerten**. Sein Ziel ist es, den Leser davon zu überzeugen, dass seine Einschätzung richtig ist. Dazu stellt er **Thesen** auf, die er ausführlich **begründet**. Ein Meinungstext ist also ein **argumentativer Text**.
Beim Erschließen eines Meinungstextes gehen Sie im Prinzip nicht anders vor als beim Erschließen eines rein informativen Sachtextes. Wichtig ist zunächst, dass Sie die **Thesen** herausfiltern. Das ist nicht immer einfach. Denn eine These steht keineswegs grundsätzlich am Anfang eines Absatzes. Als **Schlussfolgerung** kann sie einen Gedankengang auch beenden. Manchmal ist sie sogar zwischen Beispielen und Erläuterungen „versteckt".
Eine These hat stets die Form einer **allgemeinen Aussage** und ist so formuliert, dass der Leser den Eindruck bekommt, sie sei prinzipiell wahr: *X ist der Fall.* In einem Meinungstext ist sie manchmal auch mit einer (positiven oder negativen) Bewertung verbunden.

Beispiel *Kinder aus bildungsfernen Elternhäusern haben im deutschen Schulsystem schlechtere Chancen als Kinder aus Akademikerfamilien.*
Dieser Satz besagt zunächst, dass Kinder, deren Eltern kein Interesse an Bildung haben, in ihrer Schullaufbahn gegenüber Akademikerkindern benachteiligt sind, und zwar **grundsätzlich** (→ allgemeine Aussage). Zugleich steckt **Kritik** in der Aussage, denn niemand wird es für richtig halten, dass Kinder in den Schulen ungerecht behandelt werden.

Nun ist allerdings nicht jede These wahr! Was der Verfasser über einen bestimmten Sachverhalt behauptet, kann auch falsch sein.

Beispiel *Frauen können nicht einparken.* – Diese Aussage trifft nachweislich nicht zu, wie eine Untersuchung gezeigt hat.[2] (Frauen können sogar besser einparken als Männer.)

[2] Die Untersuchung wurde vom britischen Parkplatzbetreiber NCP (National Car Parks) durchgeführt. Er ließ 700 Parkplätze videoüberwachen; dabei zeigte sich, dass Frauen schneller und besser einparken, während Männer beim Einparken hektisch vorgehen und deshalb öfter nachkorrigieren müssen.

TIPP

Fragen Sie sich bei jeder These, ob Sie ihr zustimmen oder sie eher anzweifeln würden. Überzeugende Thesen kennzeichnen Sie am Rand mit **!** und fragwürdige mit **?**. Thesen, die Ihrer Meinung nach zweifelhaft sind, bieten Ihnen später bei der gestaltenden Aufgabe die Grundlage für Ihre argumentative Auseinandersetzung mit dem Text.

Das Verständnis eines Meinungstextes hängt maßgeblich davon ab, dass es dem Leser gelingt, alle Thesen zu identifizieren. Danach muss er die entsprechenden Begründungen suchen und diese passend zuordnen. Nur so werden ihm die Zusammenhänge klar. Gehen Sie so vor:

Schritt für Schritt:

1. **Bestimmen Sie Thema und Textsorte.** Überfliegen Sie den Text und überlegen Sie, zu welchem Sachverhalt der Verfasser seine Meinung äußert.
2. **Lesen Sie den Text genau.** Gehen Sie Absatz für Absatz durch und achten Sie dabei auf **Einzelheiten.** Suchen Sie insbesondere nach den **Thesen** und markieren Sie diese, am besten mit einem Textmarker.
3. **Stellen Sie Zusammenhänge her.** Finden Sie die Aussagen, mit denen der Verfasser seine Thesen genauer erklärt und **begründet**, und markieren Sie diese ebenfalls. Verwenden Sie dafür eine andere Farbe. Notieren Sie am rechten Rand jeweils die Funktion dieser Textstellen.
   Tipp: Sie sollten zwischen **Grund** und **Begründung** unterscheiden. Ein Grund ist eine Ursache für etwas, eine Begründung ist der Grund, den der Verfasser anführt, um die Richtigkeit einer These zu belegen.
4. **Bestimmen Sie die Hauptthese.** Damit haben Sie zugleich die **Kernaussage** des Textes erfasst. Kennzeichnen Sie diese, z. B. mit **!!!**.
5. **Strukturieren Sie den Text.** Rekonstruieren Sie den Gedankengang des Verfassers: Welches ist sein erster Gedanke, welcher folgt danach? Am besten halten Sie seine Überlegungen in knapper Form am linken Rand fest.
6. **Stellen Sie einen Bezug zur Überschrift her.** Überlegen Sie, welcher Zusammenhang zwischen Titel und Text besteht.

Aufgabe 2 Erschließen Sie den Text „Überangebot ist der Medien Tod“ von Christian Jakubetz. Führen Sie die sechs Schritte des Verstehens durch.

Cicero MAGAZIN FÜR POLITISCHE KULTUR

Überangebot ist der Medien Tod

VON CHRISTIAN JAKUBETZ

Das Internet ist verantwortlich für den Niedergang klassischer Medien. Heißt es zumindest. Diese ganzen großen Konzerne, dazu Nutzer, die neuerdings alles umsonst haben – das sollen die wichtigsten Gründe sein. [...] Dabei geht das alles am eigentlichen Kern vorbei. Das Internet wirkt nur wie ein Brandbeschleuniger in einem Haus, dessen Zusammenbruch schon viel früher begann. [...]

[...] Zu einem richtigen Massenphänomen ist die Digitalisierung mit all ihren gravierenden Folgen [...] erst seit einigen Jahren geworden, das dafür aber auch richtig. In einem Umfang, der heute Angebote ungeahnter Größenordnung möglich macht. Ganz egal, ob man heute von Texten, von klassischem Radio, von Bewegtbild, Fernsehen, Kino, Serien spricht – die Angebote in allen Sparten sind so riesig groß geworden, dass niemand mehr in der Lage ist, sie noch zu konsumieren.

Man kann also, vordergründig betrachtet, mal wieder das Netz für ungefähr alles verantwortlich machen. Der schleichende Niedergang von Massenmedien begann allerdings schon früher, viel früher. Er begann, schaut man nur auf Zahlen, bei Tageszeitungen beispielsweise schon Anfang der 90er-Jahre, wo sich die Auflagen nach einem kurzen Einheits- und Wendeboom seither stetig nach unten entwickelten. Gefühlt begann die Entwertung der gedruckten Presse möglicherweise schon früher, als beispielsweise diese ganzen Wochen- und Anzeigenblätter begannen, die Briefkästen vollzustopfen. Nicht nur gefühlt landeten die Blätter bei jedem Zweiten im Müll, auch statistisch lässt sich das belegen: Kostenlos verteilte Blätter sind beliebte Wegwerfobjekte [...]. Was aber sind Medien wert, die weggeworfen werden, die man wegschaltet, die man nicht mehr überblickt, nicht mehr will und möglicherweise auch gar nicht mehr braucht? Nüchtern betrachtet handelt es sich dabei also um ein Überangebot – und um zu verstehen, was passiert, wenn ein Angebot die Nachfrage übersteigt, dazu muss man nicht Wirtschaftswissenschaften studiert haben.

Realistisch betrachtet: Das erste Mal das Gefühl, den ganzen Medienwust nicht mehr überblicken zu können, hatte ich Mitte der 90er-Jahre, als ich neben meinen gewohnten Zeitungen durch einen Kabelzugang plötzlich eine gut zweistellige Zahl von Radiosendern und rund 35 Fernsehsender und zudem noch eine ganze Ecke an On-demand-Angeboten im Pay-TV hatte. Ich fand das zuerst großartig, die Vorstellung, endlich mit der medialen Mangelwirtschaft Schluss machen zu können und eine richtige Auswahl an allem Möglichen zu haben, hatte mich zunächst so begeistert, dass ich am Anfang ganze Abende damit verbrachte, neue TV- oder Radiosender zu entdecken, mir Spielfilme auf Abruf anzuschauen und den Samstagnachmittag schon alleine deswegen mit Pay-TV zu verbringen, weil ich endlich mal nach Wunsch in alle Bundesliga-Spiele reinschauen konnte.

Der Reiz ließ schnell nach. Beim Radio merkte ich, dass es offenbar sehr viel weniger reizvolle Angebote und Formate als Frequenzen gab, beim Fernsehen stellte ich schnell fest, wie schwierig es ist, wenigstens einen halben Tag lang ansprechendes Programm zu machen und meine zunehmenden Irgendwasblätter landeten eh nur noch ungelesen im Altpapier. Natürlich, es war ein schönes Gefühl, wählen zu können und (theoretisch) zu wissen, man könnte jetzt auch anders, wenn man wollte. Was aber alles an zwei Feststellungen nichts änderte: zum einen, dass mehr nicht unbedingt auch besser bedeutet [...]. Zum anderen, dass der Wert der Medien für mich sank. Langsam, schleichend, aber auch stetig. [...]

Man mag heute darüber lamentieren[1], wie das viele Medienhäuser tun: dass es der „Geburtsfehler" des Internets gewesen sei, die Inhalte dort kostenlos anzubieten. Hätte man von Anfang an Geld verlangt, wären der Journalismus und vor allem die Tageszeitungen nicht in der Malaise[2], in der sie sich heute befinden. Manche träumen auch tatsächlich noch davon, diesen Geburtsfehler 15 Jahre später korrigieren zu wollen, indem man jetzt einfach und geschlossen für die hochwertigen Inhalte Geld verlangt.

Doch das ist zu kurz gedacht, viel zu kurz. Wenn wir heute von medialen Angeboten im digitalen Zeitalter sprechen, dann geht es nur sehr vordergründig um die vermeintliche Zahlungsunlust des Publikums oder eine Gratismentalität, die quasi mit der Geburt des Internets wie ein Meteoriteneinschlag über uns gekommen ist. Es geht schlicht und ergreifend darum, dass wir viel von dem haben, von dem wir früher mal dachten, es könnte davon gar nicht zu viel davon geben. Auch wenn das irrsinnig klingt, in Zeiten, in denen in anderen Regionen der Welt immer noch um jedes freie Wort gekämpft werden muss: Wir haben zu viele Medien, vor allem haben wir zu viel von dem, was der Brite so wunderbar lakonisch „more of the same" nennt.

Dem Dilemma wird kaum zu begegnen sein, indem man jetzt die Limitierung von Medienangeboten fordert. [...] Der eigentliche Kern ist diese Entwertung von Medien, die seit vielen Jahren wie eine sanfte Erosion vor sich geht – und die nicht mal etwas Schlechtes sein muss: Für den Nutzer ist dieses Angebot wie ein Schlaraffenland, wenn man versteht, damit umzugehen. So viel Auswahl war noch nie. [...]

Quelle: http://www.cicero.de/blog/christian-jakubetz-unhipster/2013-03-04/ueberangebot-ist-der-medientod; erschienen am: 04.03.2013.

Worterklärungen

1 lamentieren: klagen, jammern
2 Malaise: schlechte Lage, Krise

3 Nichtlineare Texte erschließen

Mitunter wird Ihnen zu einem Thema neben einem Sachtext auch eine Tabelle oder ein Diagramm vorgelegt. Diesen sogenannten **nichtlinearen bzw. diskontinuierlichen Text** müssen Sie ebenfalls genau in den Blick nehmen. In der Regel geht es darum, **Zusammenhänge** zwischen dem **Text** einerseits und der **Tabelle** oder dem **Diagramm** andererseits zu erkennen.
Meist dienen die in nichtlinearen Texten abgebildeten Zahlenangaben als **Bestätigung** für wesentliche Aussagen eines Textes. Oft gehen sie aber noch darüber hinaus, denn bestimmte Entwicklungen lassen sich in einem Diagramm oder einer Tabelle genauer darstellen als in einem Fließtext, weil dort präzise Zahlenangaben gemacht werden. In einem Fließtext würde die Darstellung einer solchen Fülle von Zahlen sehr unüberschaubar und auch monoton wirken. Und noch einen Vorteil bieten nichtlineare Texte: Sie sind übersichtlich, denn die entscheidenden Informationen sind deutlich herausgestellt, sodass man nicht erst – wie in einem fortlaufenden Text – nach ihnen suchen muss.
Eines können nichtlineare Texte allerdings *nicht* leisten: Sie liefern **keine Erklärungen**. Zwar zeigen sie bestimmte Trends auf, doch geben sie keine Informationen über weitere Zusammenhänge, z. B. über mögliche Gründe oder Folgen. Diese findet man im Allgemeinen nur in einem Fließtext.

Beim Umgang mit einem nichtlinearen Text empfiehlt sich dieses Vorgehen:

Schritt für Schritt:

1 **Bestimmen Sie das Thema.** Dieses finden Sie in der Regel in der Überschrift.

2 **Verschaffen Sie sich einen ersten Eindruck von der Hauptinformation.** Formulieren Sie eine entsprechende Aussage. Das ist die **Kernaussage** des nichtlinearen Textes.

3 **Sehen Sie sich die Legende genau an.** Achten Sie insbesondere auf die Maßeinheit der Zahlenangaben. (Sind es absolute Zahlen, z. B. 1 250? Oder sind die Zahlen in Prozent angeführt? Oder in Tausenden?)

4 **Achten Sie auf Einzelheiten.** Markieren Sie **auffällige Zahlenangaben**, z. B. durch Einkreisen. Auffällig können Zahlenangaben vor allem aus diesen Gründen sein:
- Eine Zahl weicht erkennbar von anderen Zahlen ab.
- Zwischen zwei oder mehreren Zahlen gibt es Übereinstimmungen.

5 **Fragen Sie sich, ob die Zahlen einen bestimmten Trend erkennen lassen.**
Wenn das der Fall ist: Überlegen Sie, wie dieser Trend verläuft – gleichmäßig und kontinuierlich oder ungleichmäßig?
Tipp: Ein Trend lässt sich nur dann ausmachen, wenn sich die Zahlen auf einen längeren Zeitraum beziehen.

6 **Beachten Sie die Quellenangabe.** Fragen Sie sich, woher die Zahlen stammen und wer sie erhoben hat. Oft handelt es sich um Ergebnisse einer Umfrage oder einer Untersuchung. Überlegen Sie, ob der Auftraggeber bestimmte Interessen vertreten könnte.
Tipp: Achten Sie bei Umfragen darauf, ob die Ergebnisse repräsentativ sind. Dann sind sie für eine bestimmte Personengruppe typisch – unabhängig von der Anzahl der Befragten.

7 **Vergleichen Sie die Angaben im Diagramm mit den Aussagen des Sachtextes.** Überlegen Sie insbesondere, ob die Aussagen des Fließtextes durch den Inhalt des nichtlinearen Textes **bestätigt** oder **infrage gestellt** werden.

Aufgabe 3 Die folgenden Diagramme sind dem Text „Quo vadis, Printprodukt? – Vom Sterben der Holzmedien" beigefügt. Sehen Sie sich diese nichtlinearen Texte genau an und bearbeiten Sie dann die Aufgaben.

a) Wie lautet jeweils die Hauptinformation? Formulieren Sie zu jedem Diagramm die Kernaussage.
b) Welche Information bietet die Legende des zweiten Diagramms?
c) Kreisen Sie in den Diagrammen Zahlenangaben ein, die auffällig sind.
d) Wenn den Diagrammen Trends zu entnehmen sind: Verlaufen diese gleichmäßig, oder gibt es Abweichungen?
e) Markieren Sie im Text (S. 5) diejenigen Aussagen, die durch Zahlenangaben in einem der Diagramme untermauert werden.
f) Überprüfen Sie, ob die Angaben in den Diagrammen die Aussagen des Berichts bestätigen. Erklären Sie mögliche Differenzen.
g) Lassen sich aus der Quellenangabe Rückschlüsse auf bestimmte Interessen ziehen?

Im Internet unter: http://de.statista.com/themen/176/zeitung/infografik/714/die-tageszeitung-in-der-krise/ vom 28. 2. 2013

Quellen: BDVZ: Bund deutscher Zeitungsverleger, IVW: Informationsgemeinschaft zur Feststellung der Verbreitung von Werbeträgern e.V.

Den Inhalt eines Sachtextes zusammenfassen

Der erste Aufgabenteil verlangt von Ihnen in der Regel, dass Sie das vorliegende Textmaterial knapp zusammenfassen. Dabei müssen Sie mit wenigen Worten die **wesentlichen Textinformationen** zusammenhängend darstellen. Ehe Sie mit dem Schreiben beginnen, empfiehlt es sich, einen **Schreibplan** zu erstellen. Dieser geringe Aufwand lohnt sich auf jeden Fall: Die Zeit, die Sie dafür investieren, sparen Sie beim Schreiben der Zusammenfassung wieder ein.

1 Einen Schreibplan erstellen

Orientieren Sie sich an Ihren Vorarbeiten: an den Markierungen und Randkommentaren, mit denen Sie den Text versehen haben. Gehen Sie so vor:

Schritt für Schritt:

1. **Stellen Sie die Basisinformationen für die Einleitung zusammen.** Notieren Sie auf einem Extrablatt zunächst die Informationen, die auf jeden Fall in die Einleitung gehören: **Textsorte, Titel, Name des Verfassers**, **Quelle**[3] und **Thema**. Danach notieren Sie die **Kernaussage** des Textes.
2. **Wählen Sie die wesentlichen Textinformationen für den Hauptteil aus.** Das sind wichtige **allgemeine Aussagen** und deren **Begründungen** oder **Erläuterungen**. Heben Sie die entsprechenden Randkommentare hervor, indem Sie sie besonders kennzeichnen (z. B. mit ×).
3. **Legen Sie die Reihenfolge der ausgewählten Textinformationen fest.** Am besten nummerieren Sie Ihre Randkommentare.
4. **Übertragen Sie die ausgewählten Stichworte in Ihren Schreibplan.** Notieren Sie sie, jeweils mit Spiegelstrich versehen, untereinander. Orientieren Sie sich dabei an der Nummerierung, die Sie vorgenommen haben.
5. **Überlegen Sie sich zwei bis drei Gedanken für den Schlussabsatz.** Es bietet sich an, hier noch einmal auf die Hauptinformation des Textes zu verweisen. Halten Sie Ihre Ideen in dem entsprechenden Abschnitt Ihres Schreibplans fest.

[3] Zur Quelle gehören zwei Informationen: ein Hinweis darauf, wo der Text erschienen ist, und die Angabe des Erscheinungsdatums. Wenn als Quelle eine lange Internetadresse angegeben ist, nennen Sie nur den ersten Teil davon.

TIPP

Verzichten Sie nach Möglichkeit darauf, in Ihrer Zusammenfassung Beispiele aus dem Text anzuführen, denn sie dienen lediglich der Veranschaulichung. Verweisen Sie nur dann auf ein Beispiel, wenn es für das Verständnis unbedingt notwendig ist.

Aufgabe 4 Erstellen Sie einen Schreibplan für die Zusammenfassung des Textes „Quo vadis, Printprodukt? – Vom Sterben der Holzmedien“ (S. 5). Gestalten Sie Ihren Schreibplan nach diesem Muster:

Einleitung:	
Textsorte:	
Titel:	
Verfasser:	
Quelle:	
Thema:	
Kernaussage:	
Hauptteil:	
Informationen:	
1	
2	
3	
4	
5	
…	
Schluss:	
Hauptinformation:	

2 Eine Zusammenfassung schreiben

Orientieren Sie sich beim Schreiben Ihrer Zusammenfassung an Ihrem Schreibplan. Es dürfte Ihnen dann leicht fallen, alle wichtigen Textinformationen in einer sinnvollen Reihenfolge zusammenhängend darzustellen. Bezüglich des Umfangs können Sie sich an dieser Richtschnur orientieren: Die Einleitung sollte nicht mehr als zwei bis drei Sätze umfassen (ca. 50 Wörter), der Hauptteil könnte, je nach Komplexität des Themas, aus fünf bis zehn Sätzen bestehen (ca. 150 bis 200 Wörter), und der Schluss sollte wieder nur zwei bis drei Sätze umfassen (ca. 50 Wörter). Ihre Zusammenfassung sollte also etwa 300, maximal 400 Wörter zählen. Achten Sie bei Ihrer Darstellung auf Folgendes:

- Gestalten Sie Ihre Zusammenfassung **möglichst knapp**. Beschränken Sie sich auf die entscheidenden **Thesen**, die Sie bei der genauen Lektüre im Text markiert haben, sowie auf die entsprechenden **Begründungen** oder **Erklärungen**. Beispiele führen Sie nur an, wenn diese zum Verständnis absolut notwendig sind.
- Achten Sie auf einen **sachlichen, neutralen Ton**.
- **Verzichten** Sie auf **wertende Aussagen**. Beschränken Sie sich auf die **Informationen**, die dem Text zu entnehmen sind, und enthalten Sie sich jeden Kommentars. (Verzichten Sie auch auf Kommentar-Adverbien wie *leider* oder *glücklicherweise*.)
- Verwenden Sie durchgängig das **Tempus Präsens**. Ausnahme: Sie wollen Vorzeitigkeit zum Ausdruck bringen, also sagen, was zu einem früheren Zeitpunkt geschehen ist. Dann formulieren Sie im Tempus Perfekt.
- Äußerungen von Personen werden in Form von **indirekter Rede** wiedergegeben[4]. Das gilt ebenfalls für Meinungsäußerungen des Verfassers (vgl. S. 19).

Auch wenn Sie sich beim Schreiben an Ihrem Schreibplan orientieren, werden Sie sicher hin und wieder ins Stocken kommen. Manchmal gibt es Schwierigkeiten bei einzelnen Formulierungen, manchmal stellen sich inhaltliche Probleme. Einige von ihnen sind typisch, deshalb können dafür entsprechende **Lösungsvorschläge** gegeben werden:

[4] Wie Sie dabei vorgehen müssen, können Sie noch einmal auf S. 110 nachlesen.

Problem 1

Sie wissen, dass Sie gleich im ersten Satz versuchen sollten, alle Informationen zu nennen, die in die Einleitung gehören (mit Ausnahme der Kernaussage), also die **Textsorte** (z. B. Bericht, Reportage, Kommentar, Glosse), den **Titel**, den **Namen des Verfassers**, die **Quelle** und das **Thema**. Sie fragen sich, wie Sie so viele Informationen in einem einzigen Satz unterbringen können, ohne dass dieser gespreizt und überfrachtet wirkt.

Lösungsvorschlag:
Der Satz wird übersichtlicher, wenn Sie die **Information über die Quelle** in Form einer **Partizipialkonstruktion** auslagern.

Beispiel:
In dem Bericht „(Titel)“ von (Name des Verfassers), erschienen am (Datum) in (Name des Publikationsorgans, z. B. der Zeitung), geht es um (Thema).

TIPP

> Beginnen Sie Ihren einleitenden Satz nicht mit: *Der Text … von … handelt von …* (Das wäre ein Formulierungsfehler.) Bedenken Sie, dass es in einem pragmatischen Text, anders als in einem literarischen Text, nicht um eine Handlung geht, sondern um einen Sachverhalt. Deshalb ist die Formulierung *handelt von …* nicht angebracht.

Problem 2

Ihnen **fehlt eine Information**, von der Sie wissen, dass sie normalerweise in die Einleitung gehört, z. B. der Name des Verfassers.

Lösungsvorschlag:
Verzichten Sie darauf, zu sagen, welche Informationen Sie *nicht* haben. Das klingt unbeholfen und wirkt unprofessionell.

Beispiel:
Schreiben Sie nicht: In dem Bericht (Titel) von einem Verfasser, dessen Name nicht genannt wird, und der an einem nicht näher bezeichneten Datum im Magazin X veröffentlicht wurde, geht es um (Thema).
Verkürzen Sie den einleitenden Satz dann einfach: In dem Bericht (Titel), der im Magazin X veröffentlicht wurde, geht es um (Thema).

TIPP

> Sie dürfen natürlich nicht versäumen, alle Ihnen vorliegenden Informationen tatsächlich zu nutzen. Achten Sie also unbedingt auch auf die Angaben im Quellennachweis; dort werden Erscheinungsort und -datum in der Regel genannt.

roblem 3 Sie sind sich nicht ganz sicher, welcher Textsorte der vorliegende Text zuzuordnen ist (Bericht? Reportage?).

Lösungsvorschlag:
Wählen Sie in diesem Fall einfach den allgemeinen Begriff **Text**. Das ist bei einem Sachtext nie verkehrt. Diagramme sollten Sie natürlich passend benennen (z. B. „Säulendiagramm" oder „Kurvendiagramm").

Beispiel:
In dem Text (Titel) von (Name des Verfassers), erschienen am (Datum) in (Publikationsorgan, z. B. Name der Zeitung), geht es um (Thema).

roblem 4 Im Hauptteil fällt es Ihnen schwer, Wortwiederholungen zu vermeiden, da es letztlich immer um den gleichen Sachverhalt geht.

Lösungsvorschlag:
Es gibt drei Möglichkeiten, Wortwiederholungen zu vermeiden:

- Sie verwenden ein **Pronomen**, z. B. ein Personalpronomen (z. B. *er*) oder ein Demonstrativpronomen (z. B. *der* oder *dieser*). Achten Sie darauf, dass die Person oder Sache, auf die sich das Pronomen bezieht, unmittelbar vorher genannt worden ist. Nur so ist zweifelsfrei klar, wer oder was gemeint ist.
- Sie verwenden ein **Synonym** (z. B. sagen Sie nicht durchgängig *die Jugendlichen*, sondern sprechen hin und wieder von *den Heranwachsenden* oder *Teenagern*).
- Sie verwenden einen **allgemeineren Begriff** (z. B. sagen Sie anstelle von *Bericht* beim zweiten Mal *Text*).

TIPP

Verständlichkeit ist grundsätzlich wichtiger als Gefälligkeit im Ausdruck! Nehmen Sie im Zweifel lieber eine Wortwiederholung in Kauf, statt ein Verständnisproblem zu riskieren.

roblem 5 Sie wissen nicht, wie Sie die Zusammenhänge zwischen aufeinanderfolgenden Sätzen oder Absätzen zum Ausdruck bringen können.

Lösungsvorschlag:
Es gibt zwei Möglichkeiten, wie Sachaussagen aufeinanderfolgen:

- Aussage B **passt** zu Aussage A: Dann gebrauchen Sie Formulierungen, die eine Reihung zum Ausdruck bringen.

  Beispiel: Hinzu kommt, dass … Auch ist es so, dass … Dazu passt, dass …
- Aussage B **passt nicht** zu Aussage A: Dann verwenden Sie Formulierungen, die einen Gegensatz deutlich machen.

  Beispiel: Andererseits … Allerdings … Dennoch … Dagegen …

Problem 6 Sie wissen nicht, was Sie am Schluss anführen können, um Ihre Darstellung abzurunden. Sie fürchten, Aussagen zu wiederholen, die Sie im Hauptteil schon getroffen haben.

Lösungsvorschlag:

Äußern Sie abschließend **weiterführende Gedanken**, also Gedanken, die so nicht ausdrücklich im Text stehen, sich aber nach einigem Nachdenken daraus ableiten lassen.

Beispiel:

- Sie stellen Überlegungen zu möglichen Folgen an.
- Sie fragen sich, ob etwas gegen einen unerwünschten Trend unternommen werden sollte oder kann.
- Sie äußern sich zur Qualität der Darstellung durch den Verfasser, z. B. dazu, ob der Text sachlich ist (oder eher unsachlich), neutral (oder eher parteiisch).

Aufgabe 5 Fassen Sie die wesentlichen Aussagen des Textes „Quo vadis, Printprodukt? – Vom Sterben der Holzmedien“ (S. 5) knapp zusammen.

3 Äußerungen des Verfassers in Form von indirekter Rede wiedergeben

Nicht immer werden in einem Sachtext lediglich Ereignisse und Fakten dargestellt. Vor allem in einem **Meinungstext**, z. B. einem Kommentar, setzt sich der Verfasser gedanklich mit einem bestimmten Thema auseinander: Er äußert dazu seine Meinung und begründet diese, mit dem Ziel, den Leser von der Richtigkeit seiner Position zu überzeugen. Ob seine Aussagen den Tatsachen entsprechen, wissen Sie nicht. Sie erfahren nur, was der Verfasser dazu sagt. Folglich müssen Sie spätestens im Hauptteil Ihrer Zusammenfassung die **indirekte Rede** wählen[5], um anzuzeigen, dass Sie die **Worte einer Person** und **keine Tatsachen** wiedergeben.

TIPP

- Wenn Sie die Meinung des Verfassers durchgängig in indirekter Rede anführen, hat das den Vorteil, dass Sie weitgehend auf zugehörige Redebegleitsätze und auf die Konjunktion *dass* verzichten können. Der Konjunktiv erinnert den Leser regelmäßig daran, dass es sich um die Wiedergabe der Worte einer anderen Person handelt. Dadurch wirkt die Darstellung geschickter.
- Geben Sie die Aussagen des Verfassers mit eigenen Worten wieder. Schreiben Sie nichts wörtlich aus dem Text ab.
- In den Konjunktiv gehört nur das, was der Verfasser sagt und meint – nicht, *dass* er es sagt und meint! Schreiben Sie also nicht: „Der Verfasser halte es für falsch, dass …“, sondern: „Der Verfasser hält es für falsch, dass …“

Beispiel

Das Internet ist verantwortlich für den Niedergang der klassischen Medien.
→ Der Verfasser meint, die Einbußen bei den gedruckten Zeitungen seien auf das Internet zurückzuführen.

Aufgabe 6

Fassen Sie den Inhalt des Textes „Überangebot ist der Medien Tod“ von Christian Jakubetz (S. 8 f.) knapp zusammen.
Achten Sie darauf, die Worte des Verfassers in indirekter Rede wiederzugeben.

[5] Auf S. 110 können Sie noch einmal nachlesen, worauf Sie dabei achten müssen.

4 Besonderheiten der Darstellung berücksichtigen

Bei einigen Texten sollten Sie in Ihrer Zusammenfassung auch auf die Darstellung verweisen. Die **wesentlichen Gestaltungsmerkmale** können Sie gleich in der **Einleitung** nennen. Das gilt z. B. für Glossen, für die Ironie und Übertreibungen typisch sind. Aber auch andere Besonderheiten können wichtig sein. Angenommen, ein Verfasser führt des Öfteren die Meinung von Fachleuten an, dann ist das ebenfalls eine Bemerkung wert, denn es kennzeichnet nicht nur die Struktur des Textes, sondern zeigt darüber hinaus, dass er sich gut informiert hat. Indem er sich auf Aussagen von Experten bezieht, weist er nach, dass seine Position fundiert ist.
Auf die Wirkung auffälliger Gestaltungsmerkmale sollten Sie in Ihrem Schlussabsatz noch einmal eingehen. Äußern Sie sich dazu, welchen Eindruck der Verfasser auf den Leser macht: Wirkt er sicher oder unsicher, amüsiert oder empört, optimistisch oder besorgt …?

Aufgabe 7 Fassen Sie den Text „Warum lese ich das? Vermutlich, um mich aufzuregen" von Harald Martenstein knapp zusammen. Gehen Sie dabei auch auf Besonderheiten der Darstellung ein.

ZEIT ONLINE

Warum lese ich das? Vermutlich, um mich aufzuregen
Von Harald Martenstein

Ich lese sehr oft die Rubrik „Leute", die es, unter diesem oder einem ähnlichen Titel, auf der vermischten Seite fast jeder Zeitung gibt. Warum lese ich das? Vermutlich, um mich aufzuregen. Ich finde es furchtbar – trotzdem lese ich es.

In unserer Straße gibt es einen alten Mann, der neben einer Kneipe wohnt. Sehr oft öffnet dieser Mann das Fenster, auch bei bitterer Kälte, damit er den Lärm der Kneipe hört und sich darüber aufregen und beschweren kann. So ein Mann bin ich offenbar auch. Ich bin ein böser alter Sack. Ich bin wirklich das Letzte. Aber was soll ich machen? Für eine Therapie bin ich zu alt.

Am 19. September zum Beispiel habe ich gelesen: „Wolfgang Joop, 67, Designer, lästert über den Stil der Hamburgerinnen: ‚Ich habe nicht gewusst, dass fast alle hier blaue Strumpfhosen tragen.'"

Sagt Joop. Ich bin wirklich oft in Hamburg gewesen. Das mit den Strumpfhosen ist in dieser Zuspitzung definitiv unwahr. Fast alle? Vielleicht tragen ein paar Prozent mehr Hamburgerinnen blaue Strumpfhosen, als Bayreutherinnen es tun, vielleicht. Und wenn schon! Was ist das für eine Meldung? Recherchiert das denn keiner? Im Politikteil würde man doch nie unkommentiert schreiben: „Wolfgang Schäuble, 70, Politiker, fühlt sich bei der Lösung der Finanzkrise dadurch gestört, dass fast alle Griechinnen Bärte tragen." Da würde man doch sofort den Geisteszustand von Schäuble zum großen Thema machen.

Der gleiche Tag, die gleiche Zeitung: „Bonnie Strange, 26, Model, ist als Teenager wegen ihrer Klamotten gehänselt worden." Es gibt meiner Meinung nach überhaupt keinen einzigen Teenager auf der Welt, der noch nie wegen seiner Klamotten gehänselt worden wäre. Da könnte man genauso gut melden: „Bonnie Strange, 26, Model, nimmt von Zeit zu Zeit Nahrung zu sich und besucht regelmäßig Toiletten mit Wasserspülung." Was mich viel mehr interessiert: Wer ist überhaupt Bonnie Strange?

Ein paar Zeilen darunter: „Sophie Marceau, 45, Schauspielerin, glaubt, dass wahre Liebe alles überwinden kann." Sophie Marceau kenne ich wenigstens. Und vermutlich kann wahre Liebe, *whatever that is,* wie Prinz Charles mal gesagt hat, tatsächlich alles überwinden. Darüber gibt es ja jede Menge Filme und Bücher. Jetzt hat es also auch die gute alte Sophie Marceau gemerkt. Melden die das jetzt eigentlich bei jedem einzelnen Schauspieler? Machen die eine Serie daraus, wenn Schauspieler irgendwas gemerkt haben, was alle anderen längst wissen? „Heiner Lauterbach, 59, glaubt, dass man regelmäßig seine Steuererklärung abgeben sollte." – „Barbara Schöneberger, 38, glaubt, dass man keinen Abflussreiniger trinken darf." Stellt mich als Redakteur für vermischte Meldungen ein. Ich rocke das Haus.

Immer noch der gleiche Tag: „Russell Brand, 37, englischer Entertainer, soll einen Obdachlosen mit zu sich nach Hause genommen haben." Er soll, aha! Das hat, bevor es in die seriöse deutsche Presse Eingang fand, in dem britischen Revolverblatt *The Sun* gestanden, welches sich auf einen namentlich nicht

genannten „Augenzeugen" beruft, der gehört haben will, wie Brand auf der Straße einen Bettler zu sich eingeladen hat, der also wohl eher ein „Ohrenzeuge" war. Gesehen hat nämlich keiner was.

Und dann lese ich ständig, nur im Internet würden unseriöse Sachen stehen, Gerüchte, belangloses Zeug. Aber am beunruhigendsten finde ich es immer noch, dass ich jeden Morgen die entsprechende Seite aufschlage. Ich kann gar nicht mehr leben ohne das Zeug.

Quelle: ZEITmagazin, Nr. 42; erschienen am: 11.10.2012

5 Ein Abstract schreiben

Ein Abstract[6] ist eine besondere Art von Zusammenfassung. Man findet Abstracts vor allem in wissenschaftlichen Fachzeitschriften. Wenn ein Wissenschaftler die Ergebnisse einer Untersuchung schriftlich präsentiert, dann wird von ihm erwartet, dass er seinem Aufsatz ein **Abstract** voranstellt. Ein Abstract fasst einen Text in möglichst knapper Form zusammen: Es nennt das Thema der Arbeit, die zugrunde liegende Theorie, das Ziel der Untersuchung sowie die entscheidenden Ergebnisse. Außerdem wird mit wenigen Worten das Vorgehen beschrieben. Das ist eine Serviceleistung für die Leser: Sinn eines Abstracts ist es, ihnen vorab eine Idee vom Inhalt des ausführlichen Textes zu geben. Auf dieser Grundlage sollen sie entscheiden können, ob es sich für sie lohnen würde, den vollständigen Text zu lesen.

Wenn Sie im Rahmen einer Klausur aufgefordert werden, einen Text in Form eines Abstracts knapp darzustellen, dann hat das aber eine andere Funktion:

- Sie weisen nach, dass Sie die wesentlichen Inhalte eines Textes verstanden haben.
- Sie erhalten eine Hilfe, um sich bei der späteren Bearbeitung des Themas rasch orientieren zu können.

Meist sollen Sie dann Abstracts schreiben, wenn Ihnen zu einem Thema mehrere Texte präsentiert werden. Indem Sie den Inhalt eines jeden Textes in Kurzform zusammenfassen, schaffen Sie sich eine gute Grundlage für die entscheidende Aufgabe, den gestalteten Text. Sie wissen dann später auf einen Blick, wo Sie wichtige Anregungen für Ihre eigene Arbeit finden, und müssen sich nicht immer wieder neu in jeden einzelnen Text einlesen.

Ein **Unterschied** zu den üblichen Zusammenfassungen besteht darin, dass Sie am Anfang keinen einleitenden Satz formulieren, in dem Sie die gängigen Informationen geben *(In dem Text …, erschienen am … in der Zeitung …, geht es um …)*. Zwar müssen Sie auch in einem Abstract den Namen des Verfassers und den Titel des Textes nennen, dies geschieht jedoch auf eine andere Art: Sie stellen beide Informationen dem eigentlichen Abstract voran.

[6] Abstract (der oder das): von engl. *abstract*. Das Wort ist zurückzuführen auf das lateinische Verb *abstrahere*. Dieses bedeutet: aus dem Besonderen (den Einzelheiten) das Allgemeine, Wesentliche ableiten.

In der dann folgenden knappen Zusammenfassung informieren Sie über

- das **Thema** des Textes,
- das **Ziel** des Verfassers (z. B. das Verstehen eines Zusammenhangs),
- seine **Meinung** zum Thema. Hier sollten genannt werden:
  - die **Kernaussage**, z. B. über ein gesellschaftliches **Problem**,
  - mögliche **Gründe**,
  - das **Ergebnis**, z. B. ein Vorschlag für mögliche **Lösungen**.[7]

Wie bei anderen Zusammenfassungen auch erfolgt die Darstellung in vollständigen Sätzen und in einem sachlichen Ton. Auf Einzelheiten wird noch nicht eingegangen, und auf Wertungen wird verzichtet. Aussagen des Verfassers werden in Form von indirekter Rede zum Ausdruck gebracht. Der Umfang eines Abstracts sollte 150 Wörter nicht überschreiten.

Beispiel

Autor: Christian Jakubetz
Titel: Überangebot ist der Medien Tod

Jakubetz geht den Gründen für das Zeitungssterben nach. Als mögliche Ursache sieht er nicht das Internet, dessen Angebote die Bürger kostenlos nutzen können. Vielmehr nimmt er an, dass der Niedergang der Printmedien auf ein Überangebot der Medien zurückzuführen sei. Etwas, das im Überfluss zur Verfügung stehe, verliere in den Augen der Menschen seinen Wert. Hinzu komme, dass die Qualität des Angebots stark nachgelassen habe. Trotzdem bewertet der Verfasser das Überangebot der Medien nicht negativ. Der Bürger müsse jedoch in der Lage sein, aus dieser Fülle eine passende Auswahl zu treffen.

(90 Wörter)

Aufgabe 8

Verfassen Sie in ähnlicher Weise ein Abstract zu dem Text „Zeitungssterben: Fair Trade für die Schreiberlinge". Orientieren Sie sich bei der Art der Darstellung an dem obigen Beispiel.

[7] Möglicherweise stellt der Verfasser in seinem Text fest, dass es zu einem Problem keine Lösung geben kann, weil die Zusammenhänge zu komplex sind. Dann ist dies das Ergebnis: Er sieht keine Lösung.

SPIEGEL ONLINE WIRTSCHAFT

Zeitungssterben: Fair Trade für die Schreiberlinge

Ein Kommentar von David Böcking

Die letzte Ausgabe der „Financial Times Deutschland" ist nicht nur für Verleger ein Warnsignal. Leser müssen sich klarmachen, wie ihre Nachrichten entstehen – und entscheiden, was sie ihnen wert sind.

Die Befangenheitserklärung vorweg: Auch ich habe einige Jahre bei der „Financial Times Deutschland" („FTD") gearbeitet, die heute zum letzten Mal erscheint. Schon deshalb lässt es mich nicht kalt, dass nun mehrere hundert ehemalige Kollegen ihren Job verlieren.

Doch dass innerhalb kürzester Zeit mit „FTD" und „Frankfurter Rundschau" gleich zwei überregionale Zeitungen vor dem Aus stehen, sollte auch Nicht-Journalisten beunruhigen – selbst wenn sie die Blätter noch nie in der Hand gehalten haben. Denn ohne sie wird das Informationsangebot ärmer.

Viele scheinen das anders zu sehen. Wozu Zeitungen oder Zeitschriften, fragen sie, wenn ich doch im Internet alle Nachrichten bekomme? Ich finde diese Einstellung erschreckend naiv – auch wenn ich heute bei SPIEGEL ONLINE arbeite. Immer mehr Menschen legen Wert darauf, die Produktionsbedingungen ihres Kaffees oder T-Shirts zu kennen. Wie Nachrichten entstehen, scheint deutlich weniger zu interessieren.

Fakt ist: Ein großer, wenn nicht der größte Teil relevanter Nachrichten im Netz wird bis heute in traditionellen Redaktionen geschrieben. Wer das nicht glaubt, möge einen Blick auf Google News werfen. Die dort aggregierten[1] Meldungen stammen weitgehend von Printmedien oder deren Online-Seiten – nicht etwa von Bloggern, die vor einigen Jahren schon als die Zukunft des Journalismus galten. Das gilt besonders für sogenannte Scoops,

Mitarbeiter der Financial Times Deutschland protestieren gegen die Einstellung der Zeitung.

also Exklusivnachrichten, die oft mit großem Aufwand und gegen Widerstände ans Licht gebracht werden. Die „FTD" war besonders stark bei solchen Scoops.

Natürlich können Online-Medien genauso gut und relevant sein wie ihre Print-Vorfahren. Doch noch fehlen vielen dazu schlichtweg die Mittel. SPIEGEL ONLINE ist eine Ausnahme, weil es von einer vollwertigen Redaktion mit rund 130 Journalisten gemacht wird. Die meisten Online-Redaktionen aber sind bislang wenig

mehr als das Anhängsel eines traditionellen Mediums, meist eines gedruckten. Stirbt die Zeitung, so stirbt auch der Internetauftritt – so wie jetzt bei der „FTD".

Google News hat noch keinen Minister gestürzt

All das ist kein Grund zum Selbstmitleid. Wie viele Branchen vor ihnen müssen sich die Medien dem Strukturwandel stellen, den das Internet ausgelöst hat. Warum sollte es uns besser gehen als der Textilindustrie? Die richtige Mischung aus Print und Online, aus Gratis- und Bezahlinhalten zu finden, ist die große Herausforderung […].

Doch ebenso, wie sich kritische Verbraucher immer mehr Gedanken darüber machen, unter welchen Bedingungen Kleidung genäht und Kaffee geerntet wird, sollten sie sich auch Gedanken über den Entstehungsprozess von Nachrichten machen. Google News hat jedenfalls noch keinen Minister gestürzt und keinen Unternehmensskandal aufgedeckt.

Guter Journalismus, der seine gesellschaftliche Aufgabe erfüllt, kostet Geld. Das kann aus vielen Quellen kommen. Die linksalternative „tageszeitung" etwa versucht es mit einer Art Fair Trade für Journalisten: Wohlhabendere Leser zahlen freiwillig mehr für ihre Abos und können mittlerweile auch für Online-Artikel spenden. Auch viele „FTD"-Leser schrieben in den vergangenen Tagen, sie wären bereit gewesen, mehr für Zeitung und Internetinhalte zu zahlen – wenn sie nur gewusst hätten, wie dramatisch die Lage ist. […]

Ganz ohne Gegenleistung der Leser […] wird es nicht gehen. Qualität gibt es im Netz auf Dauer genauso wenig umsonst, wie es für 3,99 Euro ein Pfund fair gehandelten Kaffee gibt. […]

Quelle: http://www.spiegel.de/wirtschaft/unternehmen/warum-das-zeitungssterben-auch-online-leser-beunruhigen-muss-a-871220.html; erschienen am: 07.12.2012

Worterklärung

1 aggregiert: in knapper Form zusammengestellt

6 Informationen eines nichtlinearen Textes zusammenfassend darstellen

Sie sollten auch in der Lage sein, die wichtigsten Informationen eines Diagramms oder einer Tabelle in der knappen Form eines Abstracts zusammenzufassen. Die Darstellung unterscheidet sich nur unwesentlich von der eines Abstracts zu einem Fließtext (vgl. S. 22 f.):

- Anstelle des Verfassernamens und des Titels nennen Sie vorab die **Quelle**, die **Art der Darstellung** (Schaubild oder Tabelle) und das **Thema**.
- Im eigentlichen Abstract geben Sie zunächst Auskunft über **das entscheidende Ergebnis**; dabei verweisen Sie auch auf das **Jahr** oder auf den **Zeitraum**, aus dem die Zahlen stammen.
- Danach greifen Sie **einige Zahlen** heraus, um die Aussage über das Ergebnis zu belegen.
- Zum **Schluss** erklären Sie kurz, was sich aus den Zahlen **ablesen lässt**.

Äußern Sie sich nur zu den Ergebnissen, nicht zu Besonderheiten der Darstellung. Schreiben Sie einen **zusammenhängenden Text**, der aus nicht mehr als einem Absatz besteht. Verwenden Sie dabei das **passende Tempus:** Ergebnisse, die sich auf eine frühere Zeit beziehen, stellen Sie im Präteritum dar; handelt es sich um eine Momentaufnahme aus der Jetzt-Zeit, so verwenden Sie das Präsens. Da die Zahlen in einem nichtlinearen Text als Tatsachen zu verstehen sind, z. B. als Ergebnisse einer Umfrage, schreiben Sie im **Indikativ**.

TIPP

Das Präsens verwenden Sie auch, um Schlussfolgerungen aus den Ergebnissen einer Umfrage darzustellen.

Beispiel

Quelle: BDVZ, IVW
Schaubild: In Deutschland gibt es immer weniger Tageszeitungen (S. 11)

Das Schaubild thematisiert das Zeitungssterben in Deutschland. Es zeigt, dass die Anzahl der Tageszeitungen in Deutschland in den letzten zwanzig Jahren erkennbar abgenommen hat. Während es im Jahr 1992 426 verschiedene Tageszeitungen gab, waren es im Jahr 2002 nur noch 385, also 41 weniger, und im Jahr 2012 nur noch 333, d. h. 52 weniger. Das Zeitungssterben hat sich folglich in den letzten zehn Jahren verstärkt. (66 Wörter)

Aufgabe 9

Stellen Sie die Inhalte der Diagramme „Auch die verkaufte Auflage ist seit Jahren rückläufig“ und „Das ePaper kann den Auflagenschwund bisher nicht auffangen“ (beide S. 12) zusammenfassend in Form von Abstracts dar.

7 Einen Sachtext bewerten

Um auf einen Text zu reagieren, müssen Sie ihn nicht nur verstanden haben, sondern Sie sollten ihn auch bewerten – und zwar sowohl in Bezug auf den Inhalt als auch in Bezug auf die Darstellung durch den Verfasser. Erst dann können Sie eine Position einnehmen und sich zu dem Text äußern.

Legen Sie für die Bewertung eines Textes folgende Kriterien zugrunde:

1. **Angemessenheit:** Die Darstellung wird dem Thema und der Textsorte gerecht. Die typischen Textsortenmerkmale sind eingehalten (z. B. die eines Berichts, eines Kommentars, einer Glosse).
2. **Anschaulichkeit:** Der Verfasser hat seinen Text anschaulich gestaltet, z. B., indem er hin und wieder Beispiele anführt. So kann sich der Leser eine genaue Vorstellung von dem machen, was gemeint ist.
3. **Interessantheit:** Der Text weist von der Darstellung her einige Besonderheiten auf, die den Leser erstaunen oder ihm Vergnügen bereiten. Beispielsweise verwendet der Verfasser rhetorische Mittel (z. B. rhetorische Fragen oder interessante Sprachbilder).
4. **Klarheit:** Der Verfasser gibt deutlich zu erkennen, worum es ihm geht. Weitschweifige Ausführungen, die nicht zielorientiert sind, vermeidet er.
5. **Plausibilität:** Die Aussagen des Verfassers wirken auf Anhieb überzeugend, und sie werden auch gut begründet. Das gilt vor allem für die Thesen in einem Meinungstext.
6. **Strukturiertheit:** Die Inhalte sind sinnvoll angeordnet; die Struktur des Textes ist für den Leser transparent.
7. **Verständlichkeit:** Der Text ist so geschrieben, dass er keine unnötigen Verständnishürden enthält. Der Verfasser verwendet keine undurchschaubaren Satzkonstruktionen; Fremdwörter benutzt er nur dann, wenn sie im Kontext notwendig sind.
8. **Vollständigkeit:** Alles Wichtige wird gesagt. Es gibt keine Lücken, die beim Leser für Unklarheiten sorgen. Thesen werden nicht nur aufgestellt, sondern auch ausreichend begründet.
9. **Widerspruchsfreiheit:** Die Darstellung weist keine Widersprüche auf, etwa dadurch, dass ein und derselbe Sachverhalt an einer Stelle positiv und an anderer Stelle negativ bewertet wird.
10. **Zielorientiertheit:** Es wird deutlich, welches Schreibziel der Verfasser verfolgt. Seine Intention ist klar zu erkennen.

TIPP

Sie können die Kriterien auch bei der Bewertung Ihrer eigenen Texte zugrunde legen.

Aufgabe 10 Welche der zehn Kriterien beziehen sich vor allem auf die Darstellung, welche auf den Inhalt? Tragen Sie sie in die Tabelle ein.

TIPP Eine scharfe Trennung zwischen Darstellung und Inhalt ist kaum möglich. Fragen Sie sich, ob vor allem die Sprache des Textes gemeint ist, also die Art und Weise, **wie** der Verfasser etwas sagt (→ Darstellung), oder ob es darum geht, **was** er sagt (→ Inhalte).

Eher Kriterien der Darstellung:	**Eher inhaltliche Kriterien:**

Aufgabe 11 Bewerten Sie den folgenden Text. Gehen Sie so vor:

- Überprüfen Sie zunächst, welche der zehn Kriterien eingehalten sind. Kennzeichnen Sie diese mit ✓. Kriterien, bei denen Sie nicht sicher sind, ob sie erfüllt sind, kennzeichnen Sie mit **?**.
- Äußern Sie sich grundlegend zur Textqualität.
- Begründen Sie Ihre Einschätzung. Beziehen Sie sich dabei auf Textstellen.

Berliner Zeitung

Protzkatze belügt Porno-Star

Von Tom Schimmek

[…] Jetzt mal völlig Ernst: Was wollen Sie eigentlich, allerliebste Leserinnen und Leser? Seit wir Schreiber den ersten Keil in die Hand genommen haben, um Zeichen in Stein zu hauen, quält uns diese Frage. Wir haben Knochen, Zweige, Meißel, Pinsel, Griffel, Kreide und Bleistift ausprobiert, wurden immer schwungvoller und kunstfertiger, dank Federn von Rabe, Pfau, Schwan, Gans und schließlich aus Metall. Wir haben Felswände, Tonscherben, Lehm- und Wachstafeln, Holz, Leder, Papyrus, Pergament und Papier bekritzelt. Dann kam die Schreibmaschine, gefolgt vom Keyboard. Nun sind wir flüssig. Schreiben wie wild. Und wissen immer noch nicht, was Sie wollen.

Der „Aufreger“ gewinnt immer

Klar ist der Kunde König. Aber könnte seine Exzellenz sich vielleicht bitte mal zu seinen Wünschen äußern? Wir Schreiber haben nur schwache Indizien: ein paar Leserbriefe, Mails und „Likes“ (Dank dafür, vielen Dank, Sie ahnen gar nicht, wie gierig wir Zuspruch aufsaugen). Dazu: Bestsellerlisten, Auflagen, Quoten, Klicks. Die übrigens, hochverehrte Medienkonsumenten, in Summe nicht das allerbeste Licht auf Sie werfen. Weil der „Aufreger" des Tages immer gewinnt, der Mainstream trotz digitaler, globaler Medienvielfalt immer kräftiger strömt. Oder sagen wir: der Hype. Weniges wird „Kult". Dem hecheln wir hechelnd hinterher. Der Rest – oft der ausführlichere, eigensinnigere, widersprüchlichere Stoff – ist irgendwie Schwund.

Okay, nicht jammern. Wir glauben an uns. Und an Sie. Wir Wortdrechsler gehen voller Demut ans Werk, Ihrem Stoff ergeben, auf Ihr Interesse hoffend. Und auf Ihre Zahlungsmoral. Aber da kommen die Marketingleute durch die Tür. Das sind recht breitbeinige Gesellen, die gern in knappen, markanten Sätzen sprechen. Wie zum Beispiel: „Print is dead." Hören wir seit Jahren. Besonders die Schreiber der Tageszeitungen. Die Marketingleute knallen uns die neuesten Zahlen auf den Tisch. Sagen: Die Anzeigen gehen online und die Leser auch. Gerne umsonst. Rufen: Macht, was alle machen – schneller, kürzer, bunter, gefühliger. Ihre Aufmerksamkeitsspanne, ja, von Ihnen ist die Rede, sei, so behaupten sie, auf ein paar Millisekunden zusammengeschnurrt. Was wir nicht glauben mögen. Aber die sagen: Wenn Sie es bis hierher geschafft haben, sind Sie bestimmt über 50.

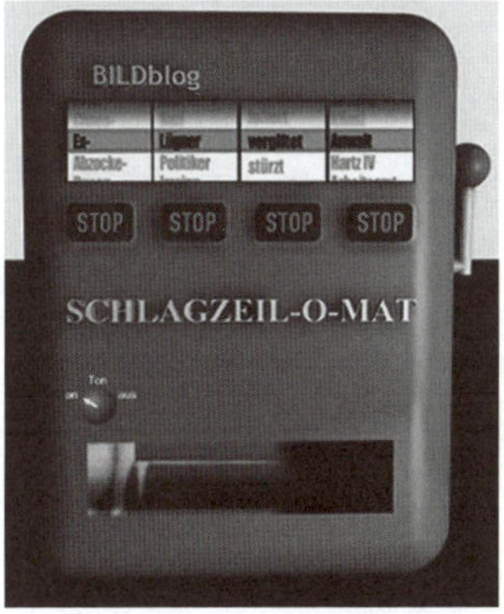

Ein Drittel Auflage ist futsch

Die gedruckte Zeitung, erklärte vor Jahren ein besonders gnadenloser Großverleger, sei „ökonomisch bankrott" und eine „sinnlose, egoistische Obsession mit toten Bäumen". Tut weh. Hat er recht? Nein. Wahr aber ist: Die deutschen Tageszeitungen haben 1991 zusammen 27,3 Millionen Exemplare verkauft. Jetzt sind es noch 18,4 Millionen. Ein Drittel ist futsch. Es geht stetig bergab. Und der digitale Neuanfang ist extrem mühsam.

Was tun? Wir könnten uns des Schlagzeil-o-maten bedienen, der bei bildblog.de in Betrieb ist. Er funktioniert wie ein Spielautomat. Man klickt den Hebel, vier Rollen beginnen sich zu drehen: Schmuckvorsatz, Subjekt, Prädikat, Objekt. Bei Stop kommen die Schlagzeilen. Meine Ausbeute: „Protzkatze belügt Porno-Star"; „Chaos-Tussi küsst Bibel"; „Busen-Luder schockt Deutschland"; „Asyl-Raffke foltert Domina"; „Porno-Minister würgt Naddel".

Wollen Sie das? Es wäre billig. Brüllen Sie jetzt bitte ganz laut: Nein! Aha. Also: Was wollen Sie? Sagen Sie einfach Bescheid.

Quelle: http://www.berliner-zeitung.de/politik/kolumne-zur-zeitungskrise-protzkatze-beluegt-porno-star,10808018,22914706.html
erschienen am: 18.11.2012

Kriterien:			
Angemessenheit		Strukturiertheit	
Anschaulichkeit		Verständlichkeit	
Interessantheit		Vollständigkeit	
Klarheit		Widerspruchsfreiheit	
Plausibilität		Zielorientiertheit	

Gestaltendes Erschließen eines Textes

Das gestaltende Erschließen verlangt von Ihnen, dass Sie auf einen vorliegenden Text – in der Regel einen Meinungstext – eine Art Antwort verfassen. Dabei wird eine bestimmte Textsorte vorgegeben. Die Aufgabenstellung könnte z. B. lauten: *Reagieren Sie mit einem Leserbrief auf den Text … von …*
Ihr Text sollte in diesem Beispiel folgende Kriterien erfüllen:

- Er nimmt Bezug auf den Vorlagentext.
- Er weist die Merkmale der Textsorte Leserbrief auf.
- Er ist von der Argumentation her überzeugend.
- Die Darstellung wirkt interessant und kreativ.

Nun mögen Sie sich fragen: Wie kann ich denn kreativ sein, wenn mir praktisch alles vorgegeben wird: sowohl das Thema als auch der Text als auch die Textsorte? Und doch wird Ihnen bei diesem Aufgabentyp in der Tat Kreativität abverlangt. Diese bemisst sich zunächst an Ihrem **Einfallsreichtum**, also an den Ideen, die Sie zusammentragen. Sodann zeigt sie sich in der **Art und Weise**, wie Sie Ihre Gedanken zum Ausdruck bringen. Sie sollten sich darum bemühen, Ihren Text so zu gestalten, dass er – vom Stil her – eine eigene Handschrift trägt. Außerdem brauchen Sie **Einfühlungsvermögen:** Sie müssen sich nämlich sowohl in den Schreiber als auch in den Adressaten hineinversetzen können, um die möglichen Vorstellungen und Erwartungen beider Seiten zu erfüllen.

Das Wort „kreativ“ stammt ab vom lateinischen Wort „creare“: schaffen, erschaffen. Kreatives Tun zeichnet sich dadurch aus, dass man etwas Neues herstellt, das es vorher so nicht gegeben hat.

1 Die eigene Position festlegen

Zunächst müssen Sie überlegen, welche Position Sie einnehmen wollen, denn das *Was (Was will ich sagen?)* kommt stets vor dem *Wie (Wie will ich es sagen?)*. Es gibt drei mögliche Positionen:

- **Sie stimmen dem Verfasser voll und ganz zu.** Die Meinung, die er vertritt, halten Sie für überzeugend. Auch finden Sie, dass er seine Ansicht schlüssig begründet und sie angemessen und geschickt darstellt.
- **Sie lehnen die Haltung des Verfassers ab.** Seine Meinung halten Sie für falsch und Sie denken auch, dass seine Darstellung Schwächen aufweist, z. B. weil des Öfteren eine Begründung fehlt oder er sich im Ton vergreift.
- **Sie stimmen dem Verfasser im Großen und Ganzen zu.** Allerdings kann seine Darstellung Sie insgesamt nicht völlig überzeugen, z. B. weil er wesentliche Aspekte nicht berücksichtigt hat oder weil seine Darstellung hin und wieder unangemessen ist.

Es empfiehlt sich, eher eine kritische Sicht zu wählen, weil es wenig ergiebig ist, lediglich seine Zustimmung zum Ausdruck zu bringen. Dabei würde man die wesentlichen Aussagen des Verfassers nur aufgreifen, um sie anschließend zu bestätigen. Das ist weder originell noch interessant.

TIPP

Lesen Sie den Vorlagentext „gegen den Strich". Versuchen Sie, Unstimmigkeiten, Fehleinschätzungen, Lücken oder Widersprüche aufzudecken. Dann haben Sie genug Stoff, um sich kritisch damit auseinanderzusetzen.

Aufgabe 12 Lesen Sie das Vorwort „Performer, Styler, Egoisten" des gleichnamigen Buches von Bernhard Heinzlmaier „gegen den Strich": Suchen Sie nach Aussagen, denen Sie nicht vorbehaltlos zustimmen können. Markieren Sie sie und kennzeichnen Sie sie am Rande mit **?**
Schreiben Sie Ihre Kritikpunkte anschließend heraus. Stichworte genügen.

Aufgabe 13 Bestimmen Sie die Haltung, die Sie gegenüber dem Verfasser einnehmen wollen.

Aufgabe 14 Überlegen Sie, wie Sie Ihre Position begründen können. Notieren Sie einige Argumente, die Ihnen auf Anhieb einfallen. Sie können auch schon mögliche Beispiele festhalten.

Performer, Styler, Egoisten

von Bernhard Heinzlmaier

Die Jugend ist ein sensibler Seismograph für gesellschaftliche Missstände. Meist reagiert sie schon lange, bevor Erwachsene von den Problemen etwas mitbekommen. Beweis sind die Demonstrationen der Jugend in vielen Städten Europas in den letzten Jahren. Auch die Occupy-Bewegung und der Aufstand der Indignados[1] in Spanien illustrieren, dass unsere Gesellschaft für alle, insbesondere aber für die Jugend, immer weniger lebenswert geworden ist. Leider sind diese Bewegungen bis dato nur ein kurzes Aufflackern von Protest gewesen und in der Zwischenzeit schon wieder von der Normalität der Leistungs- und Konkurrenzgesellschaft an den Rand gedrängt worden. Es gibt offenbar zu wenige Energieressourcen für den Widerstand in einer Zeit, in der die Menschen ihre ganze Energie für den täglichen Konkurrenzkampf verbrauchen.

Leben ist kein Vergnügen mehr. Anstelle von Selbstverwirklichung und der puren Freude am Dasein regieren Zukunftsangst und Depression den Alltag. Eine menschenverachtende Leistungsideologie, propagiert von durch Ehrgeiz und Allmachtsfantasien getriebenen Neo-Yuppies, ist dabei, die für das Zusammenleben der Menschen so wichtigen Werte wie Toleranz, Solidarität, Gerechtigkeit und Mildtätigkeit zu verdrängen. Das Prinzip „homo homini lupus“[2] macht nur jene glücklich und zufrieden, die von einer der amerikanisierten, durch die Wirtschaft finanzierten Ausbildungsfabriken zu amoralischen Egowesen geformt wurden. Die anderen, noch nicht komplett angepassten jungen Menschen sind schockiert und verzweifelt, lassen ihren Frust auf der Straße heraus, richten die Aggression im Alkohol- und Drogenkonsum gegen sich selbst oder flüchten sich in Passivität und Gleichgültigkeit gegenüber der Gesellschaft.

„Ökonomisierung des Lebens“ lautet einer der zentralen Begriffe der aktuellen Gesellschaftsanalyse und er verweist darauf, dass heute nur mehr das begründbar und berechtigt ist, was sich vor dem Richterstuhl der ökonomischen Imperative bewähren kann. Was nicht der ökonomischen Logik gehorcht, sich nicht verwerten lässt, wird an den Rand gedrängt, exkludiert[3], auch wenn es sich dabei um Menschen handelt. Die einzig berechtigten Werte scheinen materielle Werte zu sein. Wer für Gerechtigkeit und sozialen Idealismus plädiert, der wird von neokonservativen Pragmatikern und egozentrischen Utilitaristen[4] freundlich und milde belächelt.

Hintergrund all dieser Entwicklungen ist eine Bildungsmisere höchster Güte. Bildung wird durch Ausbildung ersetzt. Gut ausgebildete kalte TechnokratInnen[5], dazu erzogen, ihre Projekte voranzutreiben, ohne dabei an die gesellschaftlichen Folgen zu denken, sollen den noch verbliebenen Rest der humanistischen Eliten ersetzen. Kritische Reflexionen sind nicht mehr gefragt. Gerne lässt man sich dirigieren von vor Positivität triefenden Managementtrainern. Die Welt ist schön, alles ist super, wir packen das, was wir uns vornehmen.

In einer solchen Kultur ist einer, der etwas kritisch hinterfragt, schnell ein Miesmacher und Nestbeschmutzer. Motiviertes und fleißiges Tun nach Vorgaben ohne eigenständiges Denken ist gefragt. Bildung als Erziehung des Menschen zur Freiheit, Bildung als Persönlichkeitsbildung, Bildung als Förderung von kreativen und ästhetischen Fähigkeiten, Bildung der „Gesinnung und des Charakters" (Humboldt) – alles längst verabschiedet und auf den Müllhaufen der Geschichte geworfen. Und die Konsequenzen des Ganzen für die Jugend? Sie muss in einer so genannten Erfolgsgesellschaft leben, in der es nicht darauf ankommt, ob man in der Lage ist, den Plural von „der Chor" richtig zu bilden, sondern darauf, dass man sich einen teuren Friseur, modische Anzüge und zweimal die Woche den Gang ins Solarium leisten kann. Denn der Erfolg ist von der Inszenierungsfähigkeit abhängig, nicht von der Leistung und schon gar nicht von der Klugheit. Denn klug sein ist nicht mehr cool in unserer Gesellschaft. Überlassen wir es dem flapsigen, nicht politisch korrekten Schauspielerjargon von Moritz Bleibtreu, die Sache auf den Punkt zu bringen: „In den 70er Jahren hat man Frauen bekommen, weil man über Adorno geredet hat, das funktioniert heute nicht mehr. Ich wünsche mir, dass es wieder cool wird, klug zu sein."

Jeder, der die Bildungsdebatten der letzten Jahre auch nur am Rande verfolgt hat, wird wissen, dass das, was Humboldt und andere Humanisten unter Bildung verstanden haben, heute kaum noch Akzeptanz findet. An die Stelle der alten Bildungsideale ist die Vermittlung von Fachkompetenzen getreten, die für den Einzelnen und für „die Wirtschaft" möglichst gewinnbringend verwertbar sein sollen. Bildung wird also unter das Diktat des Ideals des „homo oeconomicus" gestellt, dessen Interessen in erster Linie von einem materiellen Nutzenkonzept getragen werden. Ökonomische Nutzenorientierung in der Bildungspolitik bedeutet, dass die vermittelten Bildungsinhalte primär einem ökonomischen Zweck zu dienen haben. Wichtig ist nicht, was vermittelt wird und was es dem Einzelnen bedeutet, sondern ob es den ökonomischen Zweck erfüllt.

Diese ökonomistische Verkürzung und Verzweckung des Bildungsbegriffes geht mit einem tiefgreifenden gesellschaftlichen Wandel einher, den Wilhelm Heitmeyer als die Ökonomisierung des Sozialen beschreibt. Die Ökonomisierung des Sozialen ist die Folge einer Verallgemeinerung der Marktwirtschaft, d. h. ökonomische Imperative ufern aus, verlassen ihren angestammten Bereich, die Sphäre der Ökonomie, und greifen auf nahezu alle anderen Sphären der Gesellschaft über – auf Schule, Familie, Gesundheitswesen, Bildung etc. Symbolisiert wird dieser Wandel in den gesellschaftlichen Strukturen und Werten auch durch die Veränderung des Sprachgebrauchs. So wurde beispielsweise Bildung längst zur Bildungsökonomie und Gesundheit zur Gesundheitsökonomie.

Die Ökonomisierung des Sozialen zieht die Ökonomisierung des Denkens nach sich. Vor allem die junge Generation orientiert sich weitgehend am individuellen ökonomischen Vorteil und ist dafür bereit, persönliche Überzeugungen und Vorlieben zurückzustellen, vor allem, was die Arbeitswelt betrifft. Arbeit und Selbstverwirklichung ist für einen immer größer werdenden Teil der Jugend nicht mehr miteinander zu verbinden. Man kann davon ausgehen, dass der Mainstream der Jugend die Arbeit als ein von außen auferlegtes Übel wahrnimmt, das es möglichst effizient zu absolvieren gilt, um sich im Anschluss an sie in der Freizeit, durch den Einsatz der durch die Arbeitsleistung erworbenen finanziellen Mittel, selbst zu verwirklichen. Nur den Bildungseliten gelingt es noch, Arbeit und Selbstverwirklichung miteinander zu verbinden. [...]

Quelle: Bernhard Heinzlmaier: Performer, Styler, Egoisten: Über eine Jugend, der die Alten die Ideale abgewöhnt haben. Archiv der Jugendkulturen Verlag KG: Berlin 2013, Auszug aus dem Vorwort

Worterklärungen

1 Indignados: (span.) „Empörte". Gemeint sind die jungen Spanier, die auf die Straße gehen, um gegen ihre schlechten Zukunftsaussichten zu protestieren.
2 homo homini lupus: (lat.) Der Mensch (ist) dem Menschen ein Wolf.
3 exkludiert: ausgeschlossen
4 Utilitarist: jemand, der sein Handeln danach ausrichtet, welchen Nutzen es ihm bringt
5 Technokrat: jemand, der nur daran denkt, ob und wie etwas funktioniert

2 Wichtige Vorüberlegungen anstellen

Bevor Sie anfangen, Ideen für den Inhalt Ihres Textes zu sammeln, sollten Sie einige Vorüberlegungen anstellen:

- **Wer ist der Schreiber?** Die Aufgabenstellung fordert Sie auf, sich entweder in eine bestimmte Person hineinversetzen oder aus Ihrer eigenen Sicht auf den Text zu reagieren.

TIPP

> Fragen Sie sich z. B.: Welches Vorwissen hat der Schreiber? Was möchte er erreichen? Was lehnt er ab?

- **Wer ist der Adressat?**[8] Je nach Textsorte richtet sich der Text entweder an einen einzelnen Adressaten, z. B. an den Verfasser des Vorlagentextes, oder an einen größeren Leserkreis. Es besteht die Möglichkeit, dass der Schreiber den Adressaten kennt. Überlegen Sie, was dieser über das Thema wohl denkt, was ihm wichtig ist, welche Ziele er verfolgt usw. Gehen Sie diplomatisch vor: Signalisieren Sie ihm, dass Sie sich in ihn einfühlen können und ihm Verständnis entgegenbringen. Nur so wird es Ihnen gelingen, sein Interesse zu wecken und gegebenenfalls auch ein Umdenken bei ihm zu bewirken.

TIPP

> Falls Sie Ihren Text an einen größeren Adressatenkreis richten sollen, können Sie über die Ansichten der potenziellen Leser nur Vermutungen anstellen. Wenn sich Ihr Schreiben aber direkt an den Verfasser eines Textes wendet, orientieren Sie sich an seinen Aussagen im Text, um daraus Rückschlüsse auf seine Einstellung zu ziehen.

- **Welche Besonderheiten zeichnen die Textsorte aus?** Ein Leserbrief sieht anders aus als ein Kommentar, und eine Rede weist andere Merkmale auf als ein offener Brief.

TIPP

> Unterschiede zwischen verschiedenen Textsorten zeigen sich schon in der äußeren Form: Ein formaler Brief an einen Behördenvertreter beginnt mit dem typischen Briefkopf (Name und Anschrift des Schreibers, Datum des Schreibens, Name und Anschrift des Empfängers), gefolgt von der Betreff-Zeile und der Anrede. Dagegen wird jemand, der einen persönlichen Brief an eine ihm bekannte Person schickt, auf einen solchen Briefkopf verzichten, weil er davon ausgeht, dass der Empfänger seine Adresse kennt. Und wer einen Artikel in der Online-Ausgabe einer Zeitung kommentieren will, bekundet gleich seine Position zum Thema des Textes, ohne vorab Informationen über seine Person preiszugeben. Um anonym zu bleiben, verrät er meist nicht einmal seinen Klarnamen, sondern verwendet ein Pseudonym.

8 Nicht in allen Texten gibt der Verfasser ausdrücklich zu erkennen, wen er als Adressaten im Blick hat. Trotzdem ist grundsätzlich anzunehmen, dass er beim Schreiben eine Vorstellung von einem Leser hat. (Niemand schreibt nur für sich allein – es sei denn, er schreibt in sein Tagebuch!)

Die Adressaten wichtiger Textsorten im Überblick

Textsorte	Adressat(en)
Persönlicher Brief	Einzelperson, dem Schreiber meist (aber nicht immer!) bekannt
Formaler Brief	Vertreter einer Firma oder einer Institution, z. B. einer Behörde, dem Schreiber in der Regel nicht bekannt
Leserbrief	größerer Kreis von Lesern, dem Schreiber nicht bekannt
Offener Brief	prominente Person, zugleich ein größerer Leserkreis
Kommentar	größerer Kreis von Lesern, dem Schreiber nicht bekannt
Rede	größerer Kreis von Zuhörern, die meisten dem Schreiber nicht bekannt
Essay	größerer Kreis von Lesern, dem Schreiber nicht bekannt

Genauere Ausführungen zu einzelnen Textsorten finden Sie auf S. 43 ff.

ufgabe 15 Stellen Sie für folgende Aufgabenstellung die nötigen Vorüberlegungen an:

Sie haben den Text „Performer, Styler, Egoisten“ von Bernhard Heinzlmaier gelesen und sind empört darüber, wie negativ der Verfasser die heutigen Jugendlichen sieht. Schreiben Sie dem Verfasser einen persönlichen Brief, in dem Sie darlegen, wie Sie Ihre eigene Generation wahrnehmen.

Sammeln Sie Informationen zu folgenden Aspekten:

- Sicht des Schreibers
- Sicht des Adressaten
- Besonderheiten der Textsorte (hier: persönlicher Brief an eine unbekannte Person)

3 Eine Stoffsammlung anlegen

Wenn Sie sich auf kreative Weise mit einem Vorlagentext auseinandersetzen sollen, dann müssen Sie als Erstes die wesentlichen Aussagen des Verfassers herausfiltern. Sie bilden schließlich die Grundlage für Ihre Argumentation. Halten Sie insbesondere nach **Thesen des Verfassers** Ausschau und schreiben Sie diese in Stichpunkten untereinander auf ein Extrablatt. Diese Stichwortliste ist der erste Teil Ihrer Stoffsammlung.
Anschließend überlegen Sie, wie Sie auf die einzelnen Aussagen des Verfassers reagieren können. Welchen stimmen Sie zu, welche halten Sie für falsch? Notieren Sie sich jeweils mögliche **Argumente** – am besten direkt neben den

Thesen, die Sie aus dem Text herausgeschrieben haben. Gehen Sie von Anfang an **strukturiert** vor: Untergliedern Sie Ihre Argumente jeweils in Thesen, Begründungen und Beispiele. Ihre eigenen Thesen sind in diesem Fall Aussagen der Zustimmung oder Zurückweisung. Zweifel können Sie auch in Form von Fragen festhalten.

TIPP

Selbstverständlich dürfen Sie auch Argumente vorbringen, die nicht als direkte Reaktion auf ein Argument des Vorlagentextes zu verstehen sind. Allerdings sollten Sie sich zunächst – und auch überwiegend – auf die Aussagen des Verfassers konzentrieren. Ihre eigenen, zusätzlichen Argumente folgen erst danach.

Es empfiehlt sich, die Stoffsammlung in Form einer **Tabelle** anzulegen:

Thesen des Vorlagentextes:	Eigene Thesen:	Begründungen:	Beispiele:
Gesellschaft immer weniger lebenswert (vgl. Z. 9 ff.)	zu allgemein, überzogen	auch Verbesserungen gegenüber früher	in Demokratie mehr Freiheiten, mehr Gleichberechtigung
Leben kein Vergnügen mehr (vgl. Z. 22)	Leben durchaus auch Vergnügen	viele Möglichkeiten, vielfältige Angebote	Auslandsaustausch während der Schulzeit

Aufgabe 16 Bereiten Sie einen Brief an den Verfasser des Textes „Performer, Styler, Egoisten“ vor, indem Sie die Tabelle fortführen. Nehmen Sie einen kritischen Standpunkt ein.

TIPP

Ein Beispiel notieren Sie nur dann, wenn Ihnen spontan etwas Passendes einfällt.

4 Einen Schreibplan erstellen

Auf der Grundlage Ihrer Stoffsammlung legen Sie nun Ihren Schreibplan an. Beginnen Sie mit den Eintragungen für den **Hauptteil**. Durch Ihre Notizen in der Stoffsammlung haben Sie dafür schon die wesentliche Grundlage, während Sie für Einleitung und Schluss erst noch zusätzliche Überlegungen anstellen müssen.

Bedenken Sie, dass Sie aus den Stichworten, die Sie gesammelt haben, in jedem Fall eine Auswahl treffen müssen. Sie können – und sollten – nicht auf jeden einzelnen Aspekt eingehen. Entscheiden Sie sich für ein Ziel, das Sie mit Ihrem Text verfolgen wollen. Davon hängt es ab, welche Ideen Sie aufgreifen und welche Sie vernachlässigen können.

TIPP

Kennzeichnen Sie in Ihrer Stoffsammlung alle Gesichtspunkte, die Sie unbedingt behandeln wollen, mit einem bestimmten Zeichen (z. B. mit **x** oder **!**). Eintragungen, die Sie unberücksichtigt lassen wollen, klammern Sie ein.

Wie Sie die Stichworte in Ihrem Schreibplan anordnen, hängt von der Position ab, die Sie einnehmen. Grundsätzlich empfiehlt es sich, im ersten Teil des Hauptteils zunächst Bezug auf den Vorlagentext zu nehmen: Beginnen Sie mit einer zusammenfassenden Darstellung der wesentlichen Textaussagen. Erst danach folgt die eigentliche Auseinandersetzung mit der Ansicht des Verfassers.

Mögliche Strukturierung des Textes

Zustimmende Position:

1. Sie beziehen sich auf die Aussagen des Verfassers, die Sie für richtig halten, und äußern pauschal Ihre Zustimmung.
2. Sie gehen auf einzelne Aussagen ein und begründen, weshalb Sie sie richtig finden. Danach führen Sie weitere Argumente an, die Ihnen zum Thema einfallen, um den Verfasser in seiner Meinung zu bestätigen.

Ablehnende Position:

1. Sie nehmen Bezug auf die Textaussagen, die Sie für falsch halten, und erklären danach pauschal, dass Sie diesen nicht zustimmen können.
2. Anschließend widmen Sie sich einzelnen Aussagen und widerlegen diese. Ergänzen Sie danach weitere Argumente, um Ihre eigene Position zu stützen.

Unentschlossene Position:

1. Sie beziehen sich auf einige Textaussagen, die Sie richtig finden, und erklären dem Verfasser, dass Sie ihm hier zustimmen.
2. Sie gehen auf Textaussagen ein, die Sie für problematisch oder unzutreffend halten, und begründen Ihre Kritik mithilfe von Argumenten.

TIPP

Für den Fall, dass Sie eine unentschlossene Position einnehmen, können Sie die Reihenfolge der Argumente auch umkehren: Zunächst äußern Sie begründete Kritik an einigen Aussagen des Verfassers und danach behandeln Sie die Aussagen, denen Sie zustimmen.

Bedenken Sie, dass Sie Ihre Argumente nach dem **Prinzip der ansteigenden Wichtigkeit** anordnen sollten: Zuerst kommt ein eher unwesentliches Argument, danach ein etwas wichtigeres usw. Am Schluss formulieren Sie Ihr entscheidendes Argument.
Nachdem Sie die Stichworte für den Hauptteilabschnitt notiert haben, überlegen Sie, wie Sie Ihre Ausführungen am Schluss folgerichtig abrunden können. Tragen Sie Ihre Ideen in den Schreibplan ein.

TIPP

Einen persönlichen Brief an den Verfasser eines Textes können Sie auf unterschiedliche Art beenden, je nachdem, wie Sie die Meinung des Verfassers bewerten:

- Wenn Sie ihn kritisieren, können Sie abschließend einen Appell an ihn richten und ihn darum bitten, seine Auffassung zu überdenken.
- Falls Sie die Ansichten des Verfassers teilen, können Sie Ihren Brief ebenfalls mit einem Appell an ihn beenden. In diesem Fall ermuntern Sie ihn vielleicht, weiter aktiv zu werden, um seine Meinung einer breiteren Öffentlichkeit bekanntzumachen.
- Wenn Sie eine unentschiedene Position einnehmen, können Sie am Schluss Ihre Ratlosigkeit zum Ausdruck bringen und Ihren Brief mit Fragen an den Verfasser beschließen.

Nun müssen Sie nur noch darüber nachdenken, wie Sie in der **Einleitung zum Thema hinführen** wollen. Tragen Sie Ihre Ideen in den Einleitungsabschnitt Ihres Schreibplans ein.

TIPP

Nehmen Sie zunächst kurz Bezug auf den Text (z. B.: *Mit großem Interesse habe ich Ihren Text … gelesen.*). Wenn der Adressat Sie nicht kennt, sollten Sie auch einige Worte zu Ihrer Person sagen, um sich vorzustellen. Am Schluss der Einleitung führen Sie zu dem Problem hin, mit dem Sie sich im Hauptteil auseinandersetzen wollen. Das kann auch in Form einer Frage geschehen.

ufgabe 17 Erstellen Sie auf der Grundlage Ihrer Stoffsammlung einen Schreibplan für einen persönlichen Brief an den Verfasser des Textes „Performer, Styler, Egoisten".

Einleitung:	
Hinführung zum Thema	
Hauptteil:	
Erster Teil	
Zweiter Teil	
Schluss:	
abschließende Worte an den Verfasser	

5 Den Text schreiben

Beim Schreiben orientieren Sie sich an Ihrem Schreibplan. Gehen Sie so vor:

- Beginnen Sie mit der **Einleitung**. Es empfiehlt sich, zunächst ein extra Blatt zur Hand zu nehmen und einige Entwürfe anzufertigen. Den gelungensten übertragen Sie anschließend in Ihre Reinschrift.
- Wenden Sie sich nun dem **Hauptteil** Ihres Textes zu. Stellen Sie zunächst die wesentlichen Textaussagen zusammenfassend dar. Als Nächstes führen Sie Ihre Argumente aus. Achten Sie dabei auf Folgendes:
  - Bedenken Sie, dass jedes **überzeugende Argument** aus drei Teilen besteht: einer **These,** der jeweiligen **Begründung** und einem **Beispiel**[9].
  - Gestalten Sie Ihre **Begründungen so ausführlich**, dass **keine Fragen offen** bleiben.
  - **Veranschaulichen** Sie Ihre Argumente möglichst anhand von **Beispielen**, die aus Ihrem **Erfahrungsbereich** stammen, da sie glaubwürdiger wirken.
  - Gestalten Sie Ihren Hauptteil auch **optisch übersichtlich**: „Reservieren" Sie für jedes Argument einen eigenen Absatz. Achten Sie aber darauf, Überleitungen herzustellen, sowohl zwischen Absätzen als auch zwischen Sätzen.
- Am **Schluss** runden Sie Ihren Text ab. Wenn es sich um einen Brief handelt, der an eine bestimmte Person gerichtet ist, sprechen Sie den Empfänger noch einmal direkt an. Richten Sie einen Appell an ihn – oder beenden Sie Ihr Schreiben mit einer Frage.

TIPP

Es gibt keine feste Vorgabe dafür, wie viele Argumente Sie im Hauptteil ausführen sollten. Drei überzeugende, gut ausformulierte Argumente sind besser als sechs Argumente, von denen drei uninteressant und unwesentlich sind.

Aufgabe 18 Schreiben Sie nun den Brief an den Verfasser des Textes „Performer, Styler, Egoisten".

[9] Wenn Ihnen kein überzeugendes Beispiel einfällt, erweitern Sie Ihre Begründung durch eine genauere Erläuterung.

Besondere Textsorten im Einzelnen

1 Leserbrief

Mit einem Leserbrief reagiert man in der Regel auf einen **Text**, der vor Kurzem veröffentlicht wurde, z. B. in einer Zeitung. Meist ist es dem Schreiber ein Bedürfnis, **zu diesem Text seine Meinung zu äußern**. In welche Richtung seine Meinungsäußerung zielt, hängt von der Art des Zeitungsartikels ab: Ein Bericht könnte ihn dazu bewegen, sich mit den **Informationen** auseinanderzusetzen, die der Text vermittelt. Vielleicht würde er einen Bericht über eine geplante Ausweitung der Videoüberwachung auf öffentlichen Plätzen zum Anlass nehmen, um seinen Sorgen vor einem drohenden Überwachungsstaat Ausdruck zu verleihen. Der Schreiber würde sich also mit dem **gesellschaftlichen Problem** befassen, von dem im Bericht die Rede ist. Anders wäre es, wenn er auf einen Meinungstext, z. B. einen Kommentar, reagiert: Dann nämlich würde er sich mit der **Meinung** des Verfassers auseinandersetzen. Beispielsweise könnte er den Lesern mitteilen wollen, dass er die Meinung des Verfassers nicht teilt.
Im Gegensatz zum persönlichen Brief ist ein Leserbrief **an keine bestimmte Person** gerichtet. Als potenzielle Adressaten hat der Schreiber die anderen Zeitungsleser im Blick, die er nicht kennt. Deshalb ist eine direkte Anrede der Adressaten nicht erforderlich. (Ein kurzes höfliches Anschreiben an die Leserbrief-Redaktion wäre nicht Bestandteil des Leserbriefs.)
In jedem Fall beginnt ein Leserbrief mit der **Bezugnahme auf den Text**, auf den der Schreiber reagieren will. Das ist schon deshalb erforderlich, weil die Leser wissen sollten, um welches Thema es überhaupt geht. Es empfiehlt sich auch, den Inhalt des Textes am Anfang in Kürze zusammenzufassen. In der Regel liegt die Veröffentlichung des Artikels nämlich schon einige Tage zurück.

Erst danach äußert der Schreiber seine eigene Meinung zu dem Artikel. Es versteht sich von selbst, dass er diese anschließend **ausführlich begründet**.

Der Aufbau eines Leserbriefs

- Zu **Beginn** nimmt der Schreiber **Bezug auf den Zeitungstext**, zu dem er sich äußern will. Er nennt Überschrift und Thema und fasst den Inhalt knapp zusammen. (Wenn es sich um einen Meinungstext handelt, führt er auch den Namen des Verfassers an.) Dieser erste Absatz sollte nicht mehr als zwei bis vier Sätze umfassen.
- Anschließend äußert der Schreiber seine **Meinung** zu dem Artikel: entweder zu den Informationen, die in einem Bericht vermittelt wurden, oder zu der Position, die ein Redakteur in einem Kommentar vertreten hat.
- Im weiteren Verlauf **begründet** der Schreiber seine Meinung ausführlich. Dabei kann er sich auch auf **eigene Erfahrungen** und **sein Wissen** beziehen.
- Zum **Schluss** bringt er seinen **entscheidenden Gedanken** noch einmal pointiert zum Ausdruck. Schreiben Sie hier nicht mehr als zwei oder drei Sätze.

TIPP

Beim Darlegen Ihrer Meinung sollten Sie sich vor Pauschalurteilen, also vor ungeprüften Verallgemeinerungen, hüten. Das wirkt unseriös.

Eigentlich passt es gar nicht zu einem Leserbrief, dass der Schreiber seine Meinung umfassend begründet. Schließlich ist ein Leserbrief kein Schulaufsatz im klassischen Sinne. Außerdem ist der Platz auf der Leserbriefseite begrenzt, und es gilt die Devise: Je kürzer ein Leserbrief ausfällt, umso größer ist die Chance, dass er veröffentlicht wird. In fast allen Zeitungen liest man den Vermerk: „Die Redaktion behält sich vor, Leserbriefe zu kürzen." Viele Leserbriefschreiber äußern sich deshalb nicht zu einem ganzen Zeitungstext, sondern greifen nur einen bestimmten Aspekt heraus, zu dem sie etwas sagen wollen.
In einer Klausur sollten Sie sich allerdings davor hüten, einen Leserbrief möglichst kurz zu gestalten. Sie wollen ja nicht erreichen, dass eine Zeitung Ihren Text abdruckt, sondern zeigen, dass Sie in der Lage sind, die gestellte Aufgabe zu erfüllen, nämlich in Form eines Leserbriefs zu einem Text begründet Stellung zu nehmen.
Trotzdem sollten Sie sich darum bemühen, Ihren Text so zu schreiben, dass er dem Charakter eines guten Leserbriefs entspricht. Versuchen Sie, möglichst interessant und auch ein bisschen pfiffig zu schreiben – eben so, dass Ihr Text

sowohl die Mitarbeiter einer Leserbrief-Redaktion als auch die eigentlichen Adressaten, die anderen Leser der Zeitung, erfreuen oder erstaunen könnte.

Das Verfassen eines Leserbriefs vorbereiten

Die Vorbereitung eines Leserbriefs beginnt mit der Lektüre des Vorlagentextes. Fragen Sie sich, welchen Aussagen Sie zustimmen und welchen Sie widersprechen möchten. Gehen Sie so vor:

Schritt für Schritt:

1. **Lesen Sie sorgfältig den Ihnen vorliegenden Text.** Bestimmen Sie das **Thema** und benennen Sie die **Hauptinformation.** Achten Sie auch auf die im Text dargestellten **Zusammenhänge**, insbesondere auf Gründe und mögliche Folgen. Bei einem Meinungstext rekonstruieren Sie die Hauptbegründungen des Verfassers.
2. **Bestimmen Sie Ihre Meinung zum Text.** Finden Sie die Informationen erfreulich? Oder geben sie Ihnen Anlass zur Sorge? Bei einem Meinungstext fragen Sie sich, ob Sie die Meinung des Verfassers teilen oder nicht.
3. **Überlegen Sie, warum Sie so über den Text denken.** Suchen Sie nach wichtigen Begründungen. Am besten notieren Sie Ihre Einfälle in einer Stichwortsammlung. Beziehen Sie dabei Ihre Kenntnisse und Ihr Erfahrungswissen ein. Ihre ausführliche Begründung sollte Informationen enthalten, die über den Text hinausführen.
4. **Sichten Sie die Einfälle, die Sie in Ihrer Stichwortsammlung notiert haben.** Wählen Sie die wichtigsten aus (maximal fünf oder sechs) und überlegen Sie, in welcher Reihenfolge Sie in Ihrem Leserbrief darauf zurückgreifen wollen. Nummerieren Sie sie entsprechend.
5. **Erstellen Sie Ihren Schreibplan.**
   Tipp: Es empfiehlt sich folgende Anordnung: vom Offensichtlichen (also dem, was auf Anhieb einleuchtet) zum Besonderen, über das man etwas genauer nachdenken muss.

Aufgabenstellung: Lesen Sie den Text „Generation Weichei“ und bearbeiten Sie anschließend die Aufgaben.

Frankfurter Allgemeine

Generation Weichei

von Bettina Weiguny

Freizeit statt Karriere, Sabbatical statt Stress: Die jungen Leute geben für den Beruf nicht mehr alles. Fortschritt oder Verfall?

Es ist zum Verrücktwerden mit den jungen Menschen. Da hat eine große deutsche Wirtschaftsprüfungsgesellschaft einen Posten in New York zu besetzen. New York, wohlgemerkt, nicht Timbuktu oder Baku. Trotzdem schlägt keiner der Kandidaten gleich zu. „Die Stadt ist so stressig“, meint ein Jungspund abwägend. „Das muss ich erst mit meiner Frau besprechen“, erklärt der nächste. So geht es lustig weiter: Vielleicht. Mal sehen. Nur, wenn ... Oder einfach: Nein, danke.

„Die spinnen“, klagt der Personalchef der Wirtschaftsprüfer, der viele solcher Geschichten über die Berufsanfänger erzählen kann. Und nicht nur er: Alle Führungskräfte und Personalberater, die mit der Generation Y, also den nach 1985 Geborenen, in Kontakt kommen, stellen fest: Die Jungs und Mädels, die da momentan in die Wirtschaft drängen, setzen den Unternehmen arg zu. Offiziell will das so niemand sagen. Schließlich braucht die Wirtschaft die Generation Y – allein schon wegen des demografischen Wandels: Der Nachwuchs ist knapp. Kein Unternehmen kann es sich leisten, die Chefs von morgen zu verprellen.

Nur weiß niemand, ob die das überhaupt wollen: Chef werden, Karriere machen. Oder ob sie das können. Ein Job in New York – vor zehn Jahren hätten die Mitarbeiter sich darum gerissen. Heute überlegen die Kandidaten: Passt das in mein Lebenskonzept? Was sagt mein Partner dazu? Habe ich noch Zeit für Sport und Musik, für die Familie, für mich? Wenn zu viel auf der Strecke bleibt, ziehen weder Top-Salär[1] noch New York City.

Ein erfülltes Leben, neben der Arbeit?

Die Geister scheiden sich an der Frage, ob das nun gut ist oder schlecht: Sind das alles Weicheier, die sich vor Karriere und Chefsein drücken? Oder haben wir es mit einem cleveren Nachwuchs zu tun, jungen Leuten, die nur lautstark einfordern, was viele gerne

hätten, sich nur nie zu fordern trauten: Ein erfülltes Leben neben der Arbeit?

Eines ist offensichtlich: Die Prioritäten haben sich verschoben. Das bestätigen Personalvorstände von Dax-Konzernen, Geschäftsführer von Beratungsfirmen und wissenschaftliche Studien: Karriere um jeden Preis ist für das Gros der 18- bis 29-Jährigen unvorstellbar. Die Arbeit steht nicht mehr unangefochten an erster Stelle, Freizeit, Hobbys, Familie und Freunde holen auf.

Zwei Drittel, so belegen Umfragen, sind nicht mehr bereit, berufliche Ziele über private Belange zu stellen. Eine ausgeglichene „Work-Life-Balance" ist gar jedem zweiten wichtig. Auf Mitbestimmung legen sie großen Wert und auf eine angenehme Arbeitsatmosphäre, flexible Arbeitszeiten, Homeoffice und Sabbaticals. Sie arbeiten am liebsten im Team, sind lieber Stellvertreter als Chef – und das gerne auch zu zweit. [...].

Quelle: Frankfurter Allgemeine Sonntagszeitung vom 22. 12. 2012

Worterklärung
1 Salär: Einkommen, Verdienst

ufgabe 19 Bewerten Sie den folgenden Leserbrief zum Text „Generation Weichei".
Tipp: Berücksichtigen Sie in Ihrer Bewertung auch die Hinweise zum Aufbau eines Leserbriefes.

Arbeit ist kein Selbstzweck (von Marc-Daniel Volk)

Die gute alte Generation hat eines bis heute nicht verstanden: Arbeit ist ein Mittel zum Zweck, aber kein Selbstzweck. Für viele scheint das Geldverdienen etwas zu sein, das sich selbst legitimiert. Möglichst viel, um jeden Preis – im Allgemeinen wohl das Privatleben.

Hat denen niemand gesagt, dass Geld nicht glücklich macht? Dass Materielles zwar Spaß macht und von Unglück ablenken kann, es aber gerade die kostenlosen und sogar unkäuflichen Dinge im Leben sind, die wirklich glücklich machen?

Geld ist nur ein Mittel, um dafür die Rahmenbedingungen zu schaffen – nicht mehr und nicht weniger.

Die Gesellschaft spricht gerne von Werteverfall. Ich glaube jedoch, dass gerade die jüngere Generation wieder stärker die echten Werte erkennt.

Quelle: http://www.faz.net/aktuell/wirtschaft/work-life-balance-generation-weichei-12002680.html; Lesermeinung vom 24.12.2012

ufgabe 20 Schreiben Sie nun einen eigenen Leserbrief zum Text „Generation Weichei".

2 Kommentar

Ein Kommentar bezieht sich in der Regel auf ein **Thema**, über das gerade in einem Publikationsorgan, z. B. einer Zeitung, berichtet wurde. Anders als bei einem Leserbrief geht der Schreiber **nicht direkt auf einen Text** ein, sondern wendet sich gleich dem **Sachverhalt** zu, von dem in einem Artikel die Rede ist, z. B. einer Entwicklung oder einem Ereignis. Das bedeutet: In der Regel nimmt der Kommentator einen **Bericht** zum **Anlass**, seine Meinung zu einem Thema zu äußern.
Ein Kommentar dient dem Verfasser aber nicht nur dazu, seine Meinung darzustellen. Zusätzlich möchte er seine Leser über ein Thema aufklären, damit sie bestimmte Abläufe besser verstehen. Um das leisten zu können, gibt er ihnen oft zusätzliche Hintergrundinformationen. Auch wird er auf Zusammenhänge verweisen, die vielleicht noch nicht in Betracht gezogen wurden. In seinem Inneren hofft er natürlich darauf, dass die Leser sich am Ende seiner Meinung anschließen. Um sie zu überzeugen, braucht er gute Argumente.

Der **Aufbau** eines Kommentars sieht in der Regel so aus:

1. Der Schreiber nimmt in der **Einleitung** Bezug auf einen Sachverhalt, z. B. auf ein Ereignis, das sich gerade zugetragen hat und zu dem er Stellung nehmen möchte. (Er bezieht sich *nicht* auf den Bericht, der ihn veranlasst hat, seinen Kommentar zu schreiben.)
2. Im **Hauptteil** kann der Schreiber zunächst seine Meinung zu dem Sachverhalt äußern. Dann folgt seine Begründung, also die eigentliche Argumentation.
3. Im **Schlussabsatz** bekräftigt er seine Meinung noch einmal. In der Regel versucht er, den letzten Absatz originell und interessant zu gestalten, z. B. indem er ihn mit einer überraschenden Formulierung beschließt.

TIPP

Der Verfasser kann seinen Kommentar auch so anlegen, dass er erst am Ende auf sein Ziel, also die Bekundung der eigenen Meinung, zusteuert. Solche Kommentare sind aber eher selten. Wichtig ist in jedem Fall, dass der Schreiber seine Meinung am Schluss noch einmal „auf den Punkt“ bringt.

Das Verfassen eines Kommentars vorbereiten

Grundsätzlich empfiehlt sich eine **kritische Sicht** auf das Thema. Es ist nämlich leichter, sich mit einem **Problem** auseinanderzusetzen als sich ausschließlich zustimmend zu äußern. (Ein Kommentar, der nur bestätigt, ist für die Leser uninteressant.) Führen Sie die folgenden sieben **Planungsschritte** durch:

Schritt für Schritt:

1 **Werten Sie das Textmaterial sorgfältig aus.** Markieren Sie die entscheidenden Informationen und notieren Sie die entsprechenden Inhalte stichwortartig am Rand.

2 **Legen Sie sich auf eine Position fest.** Fragen Sie sich, wie Sie die Ihnen vorliegenden Informationen nutzen können, um eine kritische Sicht auf das Thema einzunehmen und zu begründen.

3 **Erstellen Sie eine Stoffsammlung.** Notieren Sie zunächst die Informationen, die Sie in den Materialien markiert haben. Ergänzen Sie dann weitere Stichworte, die auf Ihren eigenen Überlegungen basieren.

4 **Sichten Sie Ihre Stoffsammlung.** Wählen Sie fünf oder sechs Ideen aus, die sich am besten dafür eignen, um überzeugende Argumente auszuformulieren. Kennzeichnen Sie sie entsprechend, z. B. mit **x**.
Tipp: Oft reichen sogar schon drei Argumente – unter der Voraussetzung, dass sie gut ausformuliert sind und den Leser überzeugen können.

5 **Erstellen Sie einen Schreibplan.** Legen Sie zunächst die Reihenfolge Ihrer Argumente fest. Nummerieren Sie die Stichworte, die Sie ausgewählt haben, und tragen Sie sie in Ihren Schreibplan ein.

6 Überlegen Sie, wie Sie beim Leser **Interesse** für das Thema Ihres Kommentars **wecken** können. Notieren Sie Ihre Ideen in dem Feld für die **Einleitung**.
Tipp: Vergessen Sie dabei nicht, am Anfang kurz auf die Hauptinformationen aus dem Bericht Bezug zu nehmen.

7 **Stellen Sie nun Überlegungen zum Schlussabsatz an.** Denken Sie darüber nach, wie Sie Ihre Ausführungen pointiert und interessant abrunden können, und halten Sie Ihre Ideen im Feld für den Schlussabsatz fest.

Auf der Grundlage Ihres Schreibplans verfassen Sie nun Ihren Kommentar. Hüten Sie sich beim Schreiben davor, sich mit Ihren Formulierungen allzu eng am Vorlagentext zu orientieren. Verwenden Sie möglichst **eigene Worte**, um Ihre Meinung auszudrücken. Wenn es sich anbietet, können Sie zwischendurch auch direkt auf eine bestimmte Informationsquelle verweisen. Manchmal müssen Sie das sogar tun, z. B. dann, wenn Sie sich auf die Ergebnisse einer Untersuchung beziehen. Ihre Darstellung sollte schließlich seriös klingen, und dazu ist es erforderlich, dass Sie angeben, woher Ihre Kenntnisse stammen.

TIPP

Wenn Sie nicht sicher sind, wie Sie einen Gedanken in Worte fassen können, sollten Sie auf einem zusätzlichen Blatt einige Entwürfe ausprobieren. Den gelungensten übertragen Sie in Ihre Reinschrift. Bei Einleitung und Schluss sollten Sie grundsätzlich so verfahren.

Aufgabe 21 Verfassen Sie einen Kommentar auf Grundlage des Dossiers zum Thema Politikverdrossenheit. Führen Sie zunächst die Planungsschritte 1 bis 7 durch. Ergänzen Sie zum Schluss eine passende Überschrift.

M 1

STUDIE: Internet kann Politikverdrossenheit nicht stoppen (VON ANNELI STARZINGER)

Soziale Medien haben keinen großen Einfluss auf die Politik. Zu diesem Ergebnis kommen Politikwissenschaftler der Helmut-Schmidt-Universität in Hamburg, die der Frage nachgegangen sind, warum sich junge Erwachsene im Internet politisch beteiligen. Damit widerlegen sie die Annahme, dass sich das politische Leben der „Generation Facebook" ins Web verlagert habe.

Internet keine Kompensation

Politische Mitwirkung hat mit dem Siegeszug von sozialen Medien eine neue Bedeutung bekommen. Junge Erwachsene, die mit dem Internet aufgewachsen sind, suchen neue Wege, um sich politisch auszudrücken. Die oft zitierte Politikverdrossenheit und die sinkende Wahlbeteiligung werden der Studie zufolge nicht durch Aktivitäten im Netz kompensiert. „Das Verhalten von Jugendlichen auf Facebook und Twitter spiegelt die symbolische Politik der Gegenwart wider. Wenn Politiker ihre Wähler nicht ernst nehmen, dann nehmen Letztere am politischen Prozess auch nur symbolisch teil", sagt Claudia Ritzi, Mitglied des Forschungsteams, im pressetext-Interview. Die Politikwissenschaftler untersuchten auch die politischen Motivationen von Nutzern sozialer Netzwerke. Vor allem in den USA wird momentan sehr viel Geld in den Online-Wahlkampf investiert und die mediale Berichterstattung lässt darauf schließen, dass Politik auf Twitter eine sehr wichtige Rolle spielt. „In den USA werden soziale Medien im Wahlkampf grundsätzlich häufiger eingesetzt, außerdem ist das Angebot viel größer als in Deutschland. Trotzdem bleibt die Frage, ob Politik in sozialen Medien ernst genommen wird", so Ritzi.

Wahlen wichtigstes Beteiligungsmotiv

Laut Studie glauben die jungen Erwachsenen nicht daran, dass sie durch ihre Beteiligung auf die Politik Einfluss nehmen können. „Wenn man offline partizipiert, hat man in der Regel das Ziel, etwas mitzuentscheiden und zu verändern. Im Internet geht es nur um die symbolische Anteilnahme." Dabei zeigt sich, so die Forscherin, dass politische Aktivität außerhalb des Internets maßgeblich durch den Wunsch begründet wird, Einfluss auf politische Entscheidungen zu nehmen. Dies gilt insbesondere für die Teilnahme an Wahlen und Volksentscheiden, wo über 90 Prozent der Befragten diese Absicht als wichtigstes Beteiligungsmotiv angeben. Ein weiteres Ergebnis der Studie ist, dass auch junge Erwachsene ihre Informationen über die dominierenden Medien-Portale beziehen. [...]

Quelle: http://www.jugendhilfeportal.de/forschung/jugendforschung/artikel/eintrag/studie-internet-kann-politikverdrossenheit-nicht-stoppen/; erschienen am: 31.08.2012

M2

SÜDWEST PRESSE

Ist die Jugend politikverdrossen?

Kein Interesse für Politik? Stimmt nicht, meint unsere Mitarbeiterin Nathalie Bies (16). Stimmt doch, meint Yannic Rehm (16). Aber die Politiker haben auch kein Interesse an der Jugend.

Kein Interesse, Yannic Rehm, 16 Jahre: In vielen Ländern, denken wir an Nordafrika, riskieren junge Menschen ihr Leben für politische Mitbestimmung. In Deutschland haben wir ein anderes Problem – das auf Dauer ebenfalls gefährlich werden kann: Ein Großteil unserer Jugend hat kein Interesse an Politik. Erschreckend niedrig waren die letzten Wahlbeteiligungen. Interessiert die meisten nicht, was aus unserem Land wird? Ich glaube nicht, dass es so einfach ist. Die Politik hat den Kontakt zur Jugend verloren. Während sich unser Leben großteils im Netz abspielt, stehen Politiker an Wahlkampfständen. Wenn doch einer bloggt oder twittert, merken wir schnell, dass das eine Idee der PR-Berater war. Jugendliche, vor allem die unter 18-Jährigen, werden in der Politik nicht ernst genommen. Doch auch die Jugendlichen sollten sich ändern und sich nicht in den Gedanken flüchten, sowieso nichts ändern zu können. Das Wahlrecht ab 16 wäre eine Lösung. Wenn zur Debatte steht, wie lange Jugendliche nachts ausgehen dürfen – wer würde dann nicht wählen?

Und sie wählen doch, Nathalie Bies, 16 Jahre: Jungen Erwachsenen wird oft mangelndes politisches Interesse vorgeworfen. Ich denke, dass das ein Vorurteil ist. Ich gehe aufs Gymnasium und kenne viele 18-Jährige, die durchaus wählen werden. Ich habe nicht viele gefunden, die nicht wählen gehen, weder aus Protest noch aus Desinteresse. Das kann daran liegen, dass in meinem Umfeld die politische Bildung aktiv in der Schule gefördert wird. Denn Wählen ist mehr als nur ein Kreuzchen machen. Man muss wissen, wofür eine Partei steht und sich einsetzt. Das wird nicht in jeder schulischen Ausbildung ausreichend vermittelt. Die Jugend ist zum Großteil also nicht politikfaul, sondern zu schlecht informiert, um sich über die Wichtigkeit der politischen Meinung im Klaren zu sein. Dass Politiker Wahlgeschenke verteilen, ist ja nett, aber informativ sind weder Kulis noch Buttons. […] Ich meine, man könnte die Wählerschaft vergrößern, würde man das Wahlprogramm in verständlicher Sprache vermitteln.

Quelle: http://www.swp.de/ulm/lokales/acht9/Ist-die-Jugend-politikverdrossen;art1160563,889763; erschienen am: 22. 03. 2011.

M 3

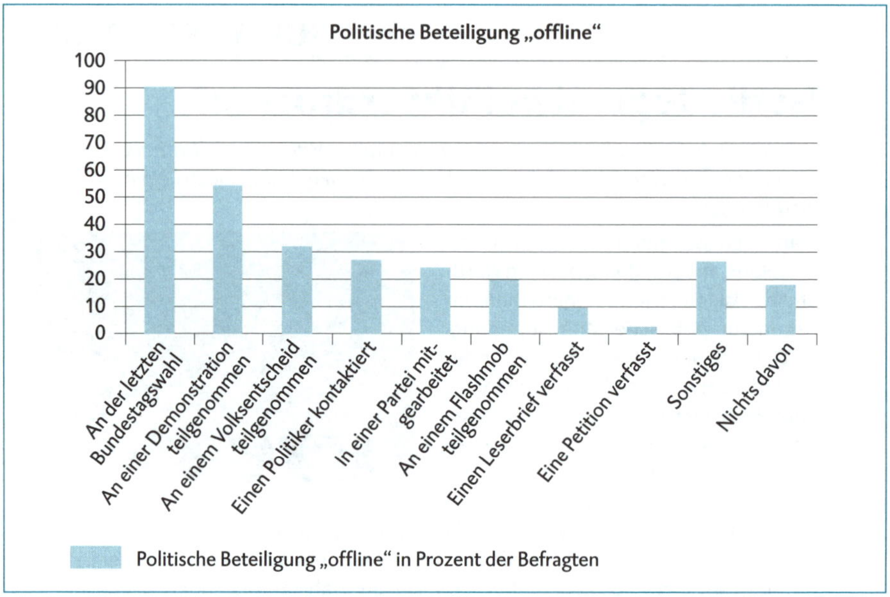

M 4

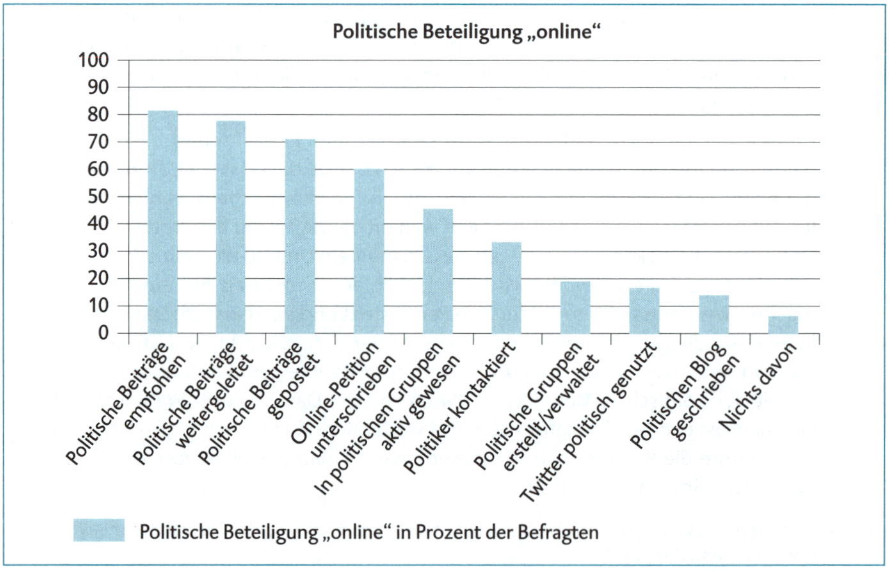

Quelle: Ritzi/Schaal/Kaufmann: Zwischen Ernst und Unterhaltung – Eine empirische Analyse der Motive politischer Aktivität junger Erwachsener im Internet. Helmut-Schmidt-Universität/Universität der Bundeswehr Hamburg, 2012

M 5

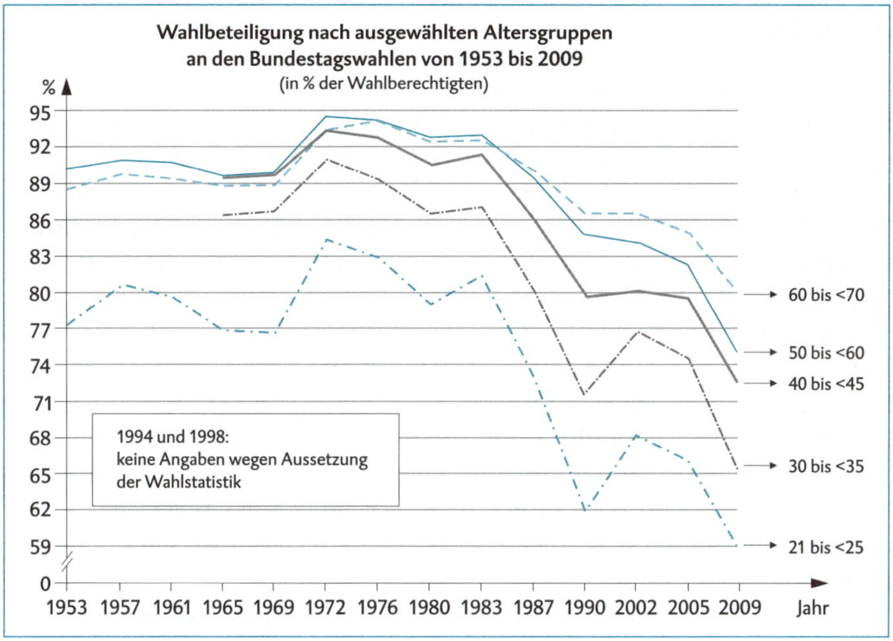

Quelle: Statistisches Bundesamt 2010: Repräsentative Wahlstatistik, leicht gekürzt

3 Rede

Eine Rede wird zwar mündlich gehalten, die meisten Redner möchten aber lieber nichts dem Zufall überlassen. Deshalb schreiben sie das, was sie einem größeren Publikum vortragen wollen, vorher Wort für Wort auf.
Ein guter Redner nimmt Rücksicht auf seine Zuhörer. Schon beim Entwurf des Textes hat er sie im Blick: Er mutet ihnen keine komplizierten Satzkonstruktionen zu, verzichtet nach Möglichkeit auf Fremdwörter, die nicht jedem geläufig sind, und zeigt ihnen auch von Zeit zu Zeit, dass er an sie denkt, z. B. indem er sie direkt anspricht. Vor allem versucht er, ihr Interesse zu wecken, etwa dadurch, dass er anschauliche Beispiele oder Sprachbilder einfließen lässt.
Wichtig ist, dass er sich ein **Ziel** setzt: Er sollte sich darüber klar werden, was er seinem Publikum eigentlich vermitteln will. Darauf steuert er in seiner Rede zu. Anders als bei einem Leserbrief oder einer Stellungnahme hält er sein Anliegen jedoch zunächst noch zurück. Eher gestaltet er seine Ansprache so, dass erst nach und nach – spätestens zum Schluss hin – deutlich wird, was ihm wichtig ist.
Eine Rede sollte natürlich nicht nur von der Darstellung her geschickt entworfen sein. In erster Linie geht es um die Inhalte: Schließlich will der Redner dem Publikum etwas Interessantes bieten. Dabei muss er auch Rücksicht auf die Befindlichkeit seiner Zuhörer nehmen. Selbst wenn er Kritik an ihnen üben will, sollte er sich davor hüten, sie allzu sehr vor den Kopf zu stoßen. Wenn er sein Publikum verprellt, wird es ihm nicht gelingen, es zu überzeugen und sein Anliegen zu erreichen.
Es ist nicht einfach, eine gute Rede zu schreiben – sehr zum Leidwesen vieler Zuhörer, die dann während des Vortrags des Öfteren verstohlen auf ihre Uhr blicken. Einer von denen, die offenbar häufig unter langweiligen Reden zu leiden hatten, war der Schriftsteller Kurt Tucholsky. Seinen Verdruss über schlechte Redner brachte er in einer Satire zum Ausdruck: „Ratschläge für einen schlechten Redner".

Aufgabe 22

- Lesen Sie die Satire Tucholskys und leiten Sie daraus Ratschläge für einen guten Redner ab. Stichworte genügen.
  Tipp: Ein Ratschlag kann auch darin bestehen, dem Redner zu sagen, was er *nicht* tun sollte.
- Klammern Sie diejenigen Ratschläge ein, die nicht den Redetext, sondern den Vortrag betreffen.

» Ratschläge für einen schlechten Redner «

Von Kurt Tucholsky

Fang nie mit dem Anfang an, sondern immer drei Meilen vor dem Anfang! Etwa so: „Meine Damen und Herren! Bevor ich zum Thema des heutigen Abends komme, lassen Sie mich Ihnen kurz …“

Hier hast du schon so ziemlich alles, was einen schönen Anfang ausmacht: eine steife Anrede; der Anfang vor dem Anfang; die Ankündigung, dass und was du zu sprechen beabsichtigst, und das Wörtchen kurz. So gewinnst du im Nu die Herzen und die Ohren der Zuhörer.

Denn das hat der Zuhörer gern: dass er deine Rede wie ein schweres Schulpensum aufbekommt; dass du mit dem drohst, was du sagen wirst, sagst und schon gesagt hast. Immer schön umständlich.

Sprich nicht frei – das macht einen so unruhigen Eindruck. Am besten ist es: Du liest deine Rede ab. Das ist sicher, zuverlässig; auch freut es jedermann, wenn der lesende Redner nach jedem vierten Satz misstrauisch hochblickt, ob auch noch alle da sind.

Wenn du gar nicht hören kannst, was man dir so freundlich rät, und du willst durchaus und durchum frei sprechen … du Laie! Du lächerlicher Cicero! Nimm dir doch ein Beispiel an unsern professionellen Rednern, an den Reichstagsabgeordneten – hast du die schon mal frei sprechen hören? Die schreiben sich sicherlich zu Hause auf, wann sie „Hört! Hört!“ rufen … ja, also wenn du denn frei sprechen musst:

Sprich, wie du schreibst. Und ich weiß, wie du schreibst.

Sprich mit langen, langen Sätzen – solchen, bei denen du, der du dich zu Hause, wo du ja die Ruhe, deren du so sehr benötigst, deiner Kinder ungeachtet, hast, vorbereitest, genau weißt, wie das Ende ist, die Nebensätze schön ineinander geschachtelt, so dass der Hörer, ungeduldig auf seinem Sitz hin und her träumend, sich in einem Kolleg wähnend, in dem er früher so gern geschlummert hat, auf das Ende solcher Periode wartet … nun, ich habe dir eben ein Beispiel gegeben. So musst du sprechen.

Fang immer bei den alten Römern an und gib stets, wovon du auch sprichst, die geschichtlichen Hintergründe der Sache. Das ist nicht nur deutsch – das tun alle Brillenmenschen. Ich habe einmal in der Sorbonne[1] einen chinesischen Studenten sprechen hören, der sprach glatt und gut französisch, aber er begann zu allgemeiner Freude so: „Lassen Sie mich Ihnen in aller Kürze die Entwicklungsgeschichte meiner chinesischen Heimat seit dem Jahre 2000 vor Christi Geburt …“ Er blickte ganz erstaunt auf, weil die Leute so lachten.

So musst du das auch machen. Du hast ganz recht: Man versteht es ja sonst nicht, wer kann denn das alles verstehen, ohne die geschichtlichen Hintergründe … sehr richtig! Die Leute sind doch nicht in deinen Vortrag gekommen, um lebendiges Leben zu hören, sondern das, was sie auch in den Büchern nachschlagen können … sehr richtig! Immer gib ihm Historie, gib ihm.

Kümmere dich nicht darum, ob die Wellen, die von dir ins Publikum laufen, auch zurück kommen – das sind Kinkerlitzchen. Sprich unbekümmert um die Wirkung, um die Leute, um die Luft im Saale; immer sprich, mein Guter. Gott wird es dir lohnen.

Du musst alles in die Nebensätze legen. Sag nie: „Die Steuern sind zu hoch.“ Das ist zu

Speakers' Corner im Londoner Hyde Park: Seit 1872 darf sich hier jeder, der möchte, an einer Rede versuchen, um die Parkbesucher als Publikum zu gewinnen und von der eigenen Meinung zu überzeugen.

einfach. Sag: „Ich möchte zu dem, was ich soeben gesagt habe, noch kurz bemerken, dass die Steuern bei Weitem …" So heißt das.

Trink den Leuten ab und zu ein Glas Wasser vor – man sieht das gern.

Wenn du einen Witz machst, lach vorher, damit man weiß, wo die Pointe ist.

Eine Rede ist, wie könnte es anders sein, ein Monolog. Weil doch nur einer spricht. Du brauchst auch nach vierzehn Jahren öffentlicher Rednerei noch nicht zu wissen, dass eine Rede nicht nur ein Dialog, sondern ein Orchesterstück ist: Eine stumme Masse spricht nämlich ununterbrochen mit. Und das musst du hören. Nein, das brauchst du nicht zu hören. Sprich nur, lies nur, donnere nur, geschichtele nur.

Zu dem, was ich soeben über die Technik der Rede gesagt habe, möchte ich noch kurz bemerken, dass viel Statistik eine Rede immer sehr hebt. Das beruhigt ungemein, und da jeder imstande ist, zehn verschiedene Zahlen mühelos zu behalten, so macht das viel Spaß.

Kündige den Schluss deiner Rede lange vorher an, damit die Hörer vor Freude nicht einen Schlaganfall bekommen. […] Kündige den Schluss an, und dann beginne deine Rede von vorn und rede noch eine halbe Stunde. Dies kann man mehrere Male wiederholen.

Du musst dir nicht nur eine Disposition[2] machen, du musst sie den Leuten auch vortragen – das würzt die Rede.

Sprich nie unter eineinhalb Stunden, sonst lohnt es gar nicht erst anzufangen.

Wenn einer spricht, müssen die andern zuhören – das ist deine Gelegenheit! Missbrauche sie. (1939)

Quelle: Kurt Tucholsky: Gesammelte Werke, Band 8, Reinbek: Rowohlt 1993, S. 290 ff.

Worterklärungen

1 Sorbonne: berühmte Universität in Paris

2 Disposition: Entwurf bzw. Ordnungsplan einer Rede

fgabe 23 Was der Philosoph Arthur Schopenhauer (1788–1860) über die Kunst des guten Schreibens sagt, lässt sich auf die Kunst der guten Rede übertragen:

Man brauche gewöhnliche Worte und sage ungewöhnliche Dinge.

Erläutern Sie diese Aussage.

fgabe 24 a) Analysieren Sie die Rede Jean Zieglers, die dieser ursprünglich zur Eröffnung der Salzburger Festspiele halten wollte.

b) Überprüfen Sie, inwieweit die Rede den Regeln entspricht, die Sie aus der Satire Tucholskys abgeleitet haben. Kennzeichnen Sie alle Vorgaben, die Ziegler beachtet hat, mit ✓.

c) Überlegen Sie, ob Jean Ziegler seine Zuhörer mit seiner Rede evtl. vor den Kopf gestoßen hätte, falls er die Gelegenheit gehabt hätte, vor ihnen zu sprechen. Begründen Sie Ihre Meinung.

Hungerkrise in Afrika:

Der Aufstand des Gewissens

Von Jean Ziegler[1]

Alle fünf Sekunden verhungert ein Kind unter zehn Jahren. 37 000 Menschen verhungern jeden Tag, fast eine Milliarde sind permanent schwerstens unterernährt. Und derselbe Welternährungsreport der Uno, der alljährlich diese Opferzahlen gibt, sagt, dass die Weltlandwirtschaft in der heutigen Phase ihrer Entwicklung problemlos das Doppelte der Weltbevölkerung normal ernähren könnte.

Schlussfolgerung: Es gibt keinen objektiven Mangel, also keine Fatalität[2] für das tägliche Massaker des Hungers, das in eisiger Normalität vor sich geht.

Ein Kind, das an Hunger stirbt, wird ermordet. Gestorben wird überall gleich. Ob in den somalischen Flüchtlingslagern, den Elendsvierteln von Karachi oder in den Slums von Dacca, der Todeskampf folgt immer in denselben Etappen.

Bei unterernährten Kindern setzt der Zerfall nach wenigen Tagen ein. Der Körper braucht erst die Zucker-, dann die Fettreserven auf. Die Kinder werden lethargisch[3], dann immer dünner. Das Immunsystem bricht zusammen. Durchfälle beschleunigen die Auszehrung. Mundparasiten und Infektionen der Atemwege verursachen schreckliche Schmerzen. Dann beginnt der Raubbau an den Muskeln. Die Kinder können sich nicht mehr auf den Beinen halten. Ihre Arme baumeln kraftlos am Körper. Ihre Gesichter gleichen denen von Greisen. Dann folgt der Tod.

Die Umstände jedoch, die zu dieser tausendfachen Agonie[4] führen, sind vielfältig und oft kompliziert.

Ein Beispiel: die Tragödie, die sich gegenwärtig in Ostafrika abspielt. In den Savannen, Wüsten, Bergen von Äthiopien, Dschibuti, Somalia und Tarkana (Nordkenia) sind zwölf Millionen Menschen auf der Flucht. Seit fünf Jahren gibt es wegen Dürre keine genügende Ernte mehr. Der Boden ist hart wie Beton. Neben den trockenen Wasserlöchern liegen die verdursteten Zebu-Rinder, Ziegen, Esel und Kamele. Wer von den Frauen, Kindern und Männern noch Kraft hat, macht sich auf den Weg in eines der vom Uno-Hochkommissariat für Flüchtlinge und vertriebene Personen eingerichteten Lager.

Zum Beispiel nach Dadaad, auf kenianischem Boden. Dort drängen sich seit drei Monaten über 400 000 Hungerflüchtlinge. Die meisten stammen aus dem benachbarten Südsomalia, wo die mit Al-Kaida verbundenen fürchterlichen Schabaab-Milizen wüten. Seit Juni treten täglich rund 1 500 Neuankömmlinge aus dem Morgennebel. Platz im Lager gibt es schon lange nicht mehr. Das Tor im Stacheldrahtzaun ist geschlossen. Vor dem Tor machen die Uno-Beamten die Selektion[5]: Nur noch ganz wenige – die eine Lebenschance haben – kommen herein.

Das Geld für die intravenöse therapeutische Sondernahrung – die ein Kleinkind, wenn es nicht zu sehr geschädigt ist, in zwölf Tagen zum Leben zurückbringt – fehlt.

Das Geld fehlt. Das Welternährungsprogramm (WFP), das die humanitäre Soforthilfe leisten sollte, verlangte am 1. Juli für diesen Monat einen Sonderbeitrag seiner Mitgliedsstaaten in Höhe von 180 Millionen Euro. Nur 62 Millionen kamen herein. Das normale WPF-Budget lag im Jahr 2008 bei 6 Milliarden US-Dollar. 2011 beträgt das reguläre Jahresbudget noch 2,8 Milliarden. Warum? Weil die reichen Geberländer – insbesondere die EU-Staaten, die USA, Kanada und Australien – viele Tausend Milliarden Euro und Dollar ihren einheimischen Bankhalunken bezahlen mussten: zur Wiederbelegung des Interbankenkredits, zur Rettung der Spekulationsbanditen. Für die humanitäre Soforthilfe (und die reguläre Entwicklungshilfe) blieb und bleibt praktisch kein Geld.

Wegen des Zusammenbruchs der Finanzmärkte sind die Hedgefonds[6] und andere Großspekulanten auf die Agrarrohstoffbörsen [...] umgestiegen. Mit Termingeschäften etwa treiben sie die Grundnahrungsmittelpreise in astronomische Höhen. Die Tonne Getreide kostet heute auf dem Weltmarkt 270 Euros. Doppelt so viel wie im Jahr zuvor. Der Preis für Reis ist um 110 Prozent gestiegen. Jener für Mais um 63 Prozent.

Was ist die Folge? Weder Äthiopien noch Somalia, Dschibuti oder Kenia konnten Nahrungsmittelvorräte anlegen – obschon die Katastrophe seit fünf Jahren vorhersehbar war.

Dazu kommt: Die Länder des Horns von Afrika sind von ihren Auslandsschulden erdrückt. Für Infrastrukturinvestitionen fehlt das Geld. In Afrika südlich der Sahara sind bloß 3,8 Prozent des bebaubaren Bodens künstlich bewässert. In Wollo, Tigray, Shoa auf dem äthiopischen Hochland, in Nordkenia und Somalia sind es noch weniger. Die Dürre tötet ungestört. Diesmal wird sie viele Zehntausende töten.

Viele der Schönen und der Reichen, der Großbankiers und der Konzernmogule[7] dieser Welt kommen in Salzburg zusammen. Sie sind die Verursacher und die Herren dieser kannibalischen Weltordnung.

Was ist mein Traum? Die Musik, das Theater, die Poesie - kurz: die Kunst - transportieren die Menschen jenseits ihrer selbst. Die Kunst hat Waffen, welche der analytische Verstand nicht besitzt: Sie wühlt den Zuhörer, Zuschauer auf, durchdringt auch die dickste Betondecke des Egoismus und der Entfremdung und der Entfernung. Sie trifft den Menschen in seinem Innersten, bewegt in ihm ungeahnte Emotionen. Und plötzlich bricht die Defensivmauer[8] seiner Selbstgerechtigkeit zusammen. Der neoliberale Profitwahn zerfällt in Staub und Asche.

Ins Bewusstsein dringt die Realität. Dringen die sterbenden Kinder.

Wunder könnten in Salzburg geschehen: Das Erwachen der Herren der Welt. Der Aufstand des Gewissens!

Aber keine Angst, dieses Wunder wird in Salzburg nicht geschehen.

Ich erwache. Mein Traum könnte wirklichkeitsfremder nicht sein! Kapital ist immer und überall und zu allen Zeiten stärker als Kunst. [...] Vergangenes Jahr - laut Statistik der Weltbank - haben die 500 größten Privatkonzerne, alle Sektoren zusammengenommen, 52,8 Prozent des Weltbruttosozialprodukts, also aller in einem Jahr auf der Welt produzierten Reichtümer, kontrolliert. Die total entfesselte, sozial völlig unkontrollierte Profitmaximierung ist ihre Strategie.

Neben hochkarätigen Kulturveranstaltungen bieten die Salzburger Festspiele auch Prominenten eine ideale Bühne, auf der sie sehen und gesehen werden können.

Es ist gleichgültig, welcher Mensch an der Spitze des Konzerns steht. Es geht nicht um seine Emotionen, sein Wissen, seine Gefühle. Es geht um die strukturelle Gewalt des Kapitals. Produziert er dieses nicht, wird er aus der Vorstandsetage verjagt.

Gegen das eherne Gesetz der Kapitalakkumulation[9] sind selbst Ludwig van Beethoven und Hugo von Hofmannsthal machtlos.

[...] Die Hoffnung liegt im Kampf der Völker der südlichen Hemisphäre, von Ägypten und Syrien bis Bolivien, und im geduldigen, mühsamen Aufbau der Radikalopposition in den westlichen Herrschaftsländern. Kurz: in der aktiven, unermüdlichen, solidarischen, demokratischen Organisation der revolutionären Gegengewalt. Es gibt ein Leben vor dem Tod. Der Tag wird kommen, wo Menschen in Frieden, Gerechtigkeit, Vernunft und Freiheit, befreit von der Angst vor materieller Not, zusammenleben werden.

Mutter Courage aus dem gleichnamigen Stück von Bertolt Brecht erklärt diese Hoffnung ihren Kindern:

„Es kommt der Tag, da wird sich
wenden
Das Blatt für uns, er ist nicht fern.
Da werden wir, das Volk, beenden
Den großen Krieg der großen Herrn.
Die Händler, mit all ihren Bütteln
Und ihrem Kriegs- und Totentanz
Sie wird auf ewig von sich schütteln
Die neue Welt des g'meinen Manns.
Es wird der Tag, doch wann er wird,
Hängt ab von mein und deinem Tun.
Drum wer mit uns noch nicht
marschiert,
Der mach' sich auf die Socken nun."

Quelle: Die Wochenzeitung (WOZ), Zürich, erschienen am 4. 8. 2011

Worterklärungen

1 Jean Ziegler (geb. am 19. April 1934) ist ein Schweizer Soziologe und Politiker. Er war von 2000 bis 2008 UN-Sonderberichterstatter für das Recht auf Nahrung.
„Der Aufstand des Gewissens" ist der Text einer Rede, die er im Jahre 2011 zur Eröffnung der Salzburger Festspiele halten wollte. Allerdings wurde er von den Veranstaltern als Redner kurzfristig wieder ausgeladen, mit der Begründung, er habe Kontakte zu dem ehemaligen libyschen Diktator Muammar al-Gaddafi unterhalten. Ziegler bestreitet das. Er glaubt vielmehr, die Ausladung sei auf Drängen einiger Schweizer Firmen (Nestlé, UBS und Credit Suisse) erfolgt, die sich finanziell an den Salzburger Festspielen beteiligen. Der Text der Rede wurde in verschiedenen Zeitungen abgedruckt.
Die Salzburger Festspiele sind eine Kulturveranstaltung, die seit 1920 alljährlich in Salzburg stattfindet. Dort werden mehrere Wochen lang rund 200 Musik- und Theaterstücke aufgeführt. Die Salzburger Festspiele gelten weltweit als das bedeutendste Festival dieser Art. Rund 250 000 Besucher reisen alljährlich an, um sich einige der Aufführungen anzusehen.
2 Fatalität: Schicksalhaftigkeit, Unausweichlichkeit
3 lethargisch: teilnahmslos, träge
4 Agonie: Todeskampf
5 Selektion: Auswahl; in der Biologie: Überleben der Stärksten einer Art
6 Hedgefonds: hochspekulative Form der Geldanlage
7 Mogul: Herrscher einer Dynastie, hier: eines Konzerns
8 Defensivmauer: Verteidigungsmauer
9 Kapitalakkumulation: Anhäufung von Kapital (Geld)

fgabe 25 Gestalten Sie eine Rede für die Abiturientenentlassungsfeier an Ihrer Schule. Thema Ihrer Rede soll sein: *Wir sind die Generation Z!* Werten Sie dafür zunächst die folgende Textsammlung aus und erstellen Sie eine Stoffsammlung sowie einen Schreibplan.

Tipp: Es gehört zum guten Ton einer Rede auf einer Abiturientenfeier, dass der Redner auch die Leistungen der Schule würdigt. (Das heißt nicht, dass Sie gar keine kritischen Anmerkungen machen dürfen!)

M 1

DER STANDARD

Generation Z: Willkommen in der Arbeitswelt …

Und was andere Generationen von ihr lernen können

Von CHRISTIAN SCHOLZ

Nach den Generationen X und Y sind wir jetzt bei der Generation Z angekommen. Ihre Mitglieder haben zwar altersmäßig gerade erst den Führerschein gemacht, rüsten sich aber schon für das Berufsleben. Generation Z ist anders als ihre Vorgänger: Sie ist hochgradig auf ihre eigenen Ziele konzentriert und definitiv kein Teamspieler. Als „Digital Native" verarbeitet sie selektiv und zum eigenen Nutzen Informationsfluten aus unterschiedlichsten Medien. Sie kommuniziert freundlich lächelnd mit anderen Individualisten über sich selber, über ihre Facebook-Lebenslinie und natürlich über ihren Arbeitgeber. Zu diesem hat sie noch weniger Loyalität als zu ihrer Turnschuhmarke.

Blicken wir zurück. Da haben wir die Generation X (geboren ab circa 1965): skeptisch, materialistisch, „Null Bock" und eigenbrötlerisch. Anders die Generation Y (geboren ab circa 1980): Sie ist idealistischer, positiver und verfolgt Ziele wie Umweltschutz oder globale Gerechtigkeit. Gleichzeitig ist sie teamorientiert. Und jetzt kommen mit der Generation Z (geboren ab circa 1995) wieder Individualisten, die aber anders als die Generation X ein hohes Aktivitätsniveau mit hoher Taktfrequenz aufweisen.

Es kommt eine spannende Arbeitswelt auf uns zu, in der sich entspannte Einzelkämpfer zu virtuellen Teambesprechungen auch deshalb im Internet treffen, weil sie sowieso wenig Interesse an anderen spüren: Man hat als Mikro-Informationsmanager genug mit sich selbst zu tun. Denn die Generation Z sieht sich als digitaler Entrepreneur[1] mit dem Ziel der persönlichen Einkommens- und Lebenslustmaximierung. Dafür ist sie auch bereit, manchmal hart zu arbeiten – aber möglichst nicht am Wochenende.

Auch die Generation Y hatte schon keine Bindung mehr zum Unternehmen, wohl aber zu einzelnen Personen. Generation Z hat auch das nicht mehr, sondern lediglich eine Bindung zu sich und allenfalls zu interessanten Projekten. Generation Z ist cleverer als

Generation Y, lässt sich aber leichter beeinflussen als die Generation X. Man wird sich spezielle Führungsmuster überlegen, die wesentlich kurztaktiger und ergebnisorientierter ausfallen. Eines hat die Generation Z mit ihren Vorgängerinnen gemeinsam: Man kann sie nicht exakt am Geburtsdatum festmachen, denn es gibt schon jetzt 50-jährige Vertreter der Generation Z genauso wie 20-Jährige, die den Merkmalen der Generation X entsprechen. Und damit brauchen wir mehr denn je in der Arbeitswelt der Zukunft eine Personalarbeit, die sich differenziert auf mindestens drei „Generationen" einstellt und die Vorteile dieser Vielfalt nutzt.

Die Generation Z steht nicht nur vor der Türe, sie ist angekommen. Vielleicht sollten wir uns nicht nur darauf vorbereiten, sondern von ihr lernen, also die Welt weniger verbissen und weniger ernst nehmen, gleichzeitig aber auch uns selber freundlich lächelnd in den Mittelpunkt stellen. […]

Quelle: Der Standard, Printausgabe vom 7./8. 1. 2012

Worterklärung
1 Entrepreneur: Unternehmer, Agent

Immer wieder dient der Generationsbegriff dazu, Weltbild und Ziele, aber auch die Sorgen der jeweiligen Jugend zu erfassen. Im Uhrzeigersinn von links oben: die Digital Natives der Generation Z legen Wert auf ihre Freizeit; die 68er-Generation stach durch ihr politisches Engagement hervor; die Generation Praktikum fühlt sich in schlecht bezahlten Tätigkeiten ausgenützt; der Generation Golf sagt man Markenfetischismus und Konsumfixierung nach.

M 2

fluter.

MAGAZIN DER BUNDESZENTRALE FÜR POLITISCHE BILDUNG

Eine Generation ist eine Generation ist eine Generation

Von LUTZ HAPPEL

Ob Nachkriegsgeneration, 68er-Generation oder Generation Golf. Jede/r zählt sich zu dieser oder jener Generation dazu. Doch was der Begriff bedeutet, ist oft gar nicht so leicht zu sagen. Ein Interview mit der Kulturwissenschaftlerin Ulrike Vedder über einen Begriff, der zwar schwer zu definieren ist, aber unsere Identität umso mehr prägt.

Frau Vedder, was ist eigentlich eine Generation? Wie kann man sie definieren?

Damit haben Sie das Problem schon am Schlafittchen. Die Frage nach dem Begriff der „Generation" ist ja besonders schwierig zu beantworten, weil er vermeintlich so selbstverständlich ist. Wir alle glauben zu wissen, zu welcher Generation wir gehören. Deshalb ist der Begriff auch so erfolgreich, weil er vermeintlich Identität schafft. Es gibt da ja alle möglichen Bezeichnungen: Generation Golf, Generation X, Generation Praktikum. Aber so einfach ist es nicht. Ein Beispiel: Ich kann einerseits zur Generation der 68er gehören. Gleichzeitig kann ich aber sagen: Ich bin die vierte Generation in meiner Familie, die den Vornamen „Karl-Heinrich" trägt. Und damit habe ich dann schon zwei Generationsbegriffe in mir vereint, die gar nicht zusammenpassen. Die 68er-Generation ist die Beschreibung einer Erlebnisgemeinschaft. Das Beispiel mit der Familiengeneration ist eine Frage der Herkunft.

Der Begriff Generation ist also sehr flexibel.

Ja, und noch ein Beispiel: Die Generation der 68er hat sich ja vor ein paar Jahren teilweise umetikettiert, als viele Leute gemerkt haben: Wir sind ja auch die Kriegskinder-Generation! Als so ein Thema wie Luftkrieg oder Bombenkrieg zum Ende des Zweiten Weltkriegs mehr und mehr aufkam, haben viele Menschen aus der 68er-Generation das Thema Kriegskinder-Generation für sich entdeckt. Und damit verschiebt sich der Blickwinkel auf den Begriff „Generation". Man orientiert sich neu, verändert die Perspektive. Und damit verändert sich auch der Begriff Generation.

Beschleunigt sich diese Veränderung des Begriffs?

Ich denke, dass es sich beschleunigt. Denn wenn man eine neue Generation ausruft oder kreiert, dann zieht man damit auch die Medienaufmerksamkeit auf sich. Der Begriff „Generation Praktikum" war ein ziemlich guter Wurf in dieser Hinsicht. Und das ist auch insofern interessant, da die Zugehörigkeit zu einer Generation immer auch behauptet, dass viele eben nicht dazugehören. Diese ganze Gemeinschaftsstiftung bedeutet also auch immer einen Ausschluss, das Erzeugen von gleichzeitig existierenden „Gegengenerationen". Und wenn sich das alles immer mehr beschleunigt, dann geht natürlich der klassische Generationenkonflikt zwischen Eltern und Kindern oder Alten und Jungen ein bisschen unter.

Das ist ja eigentlich paradox. Dadurch, dass es zur gleichen Zeit immer mehr Generationen gibt, die sich immer weiter aufsplitten, gibt es keinen Konflikt mehr zwischen den traditionellen Generationen Eltern und Kinder.

Ja. Wenn die Gemeinsamkeiten immer weniger werden, weil die jeweiligen Generationen als Gruppen immer kleiner werden, dann kann das natürlich passieren. Der Begriff der Generation war aber schon immer mehrdeutig. Die Wortherkunft „Generatio" war schon immer beides: Zugehörigkeit und Zeugung. Den Begriff der Generation gibt es ja auch in der Biologie. Biologen sagen dann beispielsweise: „Bei der tausendsten Generation der Fruchtfliege ergibt sich dieses und jenes." Das hat dann natürlich gar nichts mehr mit Gemeinschaft zu tun, ist aber ein ganz geläufiger Begriff. Aber natürlich ist das etwas völlig anderes als das, was man in der Alltagssprache unter Generation versteht.

Es gibt also unheimlich viele verschiedene Bedeutungen und Formen von Generationen

Ja. Noch ein Beispiel. Nach 1945 gab es die selbst ernannte „junge Generation", was heißen sollte, dass diese Generation schuldlos aus dem Zweiten Weltkrieg herausgekommen ist und nun den Anspruch hat, Nachkriegsdeutschland mitzugestalten. Diese Selbstbezeichnung „junge Generation" hat allerdings Leute zwischen 17 und 45 umfasst. Da ging es also gerade nicht um ein bestimmtes Alter, sondern um die politische Dimension des Begriffs. Er sollte bedeuten, dass man sich kritisch mit der furchtbaren Vergangenheit auseinanderzusetzen hat, sich aber zugleich auch davon distanziert und nun die Zukunft in Westeuropa mitgestalten will. Wenn man das Phänomen historisch zurückverfolgt, taucht Ende des 18. Jahrhunderts mit der französischen und der amerikanischen Revolution zum ersten Mal der Begriff dieser „jungen Generation" auf. Bildlich gesprochen hieß das: Die Väter sollten von der Bühne abtreten und die junge Generation trat auf.

Interessant, das kommt mir bekannt vor ...

... genau. „Keine Generation hat das Recht, über künftige Generationen zu entscheiden." Das ist ja eine Formulierung, die uns gerade heute wieder sehr vertraut ist, durch die Debatte um Generationengerechtigkeit: „Wir müssen mit den Ressourcen im Sinne der künftigen Generationen vernünftig umgehen." Diese starke Betonung der jungen Generation im Gegensatz zu den Alten kam aber schon im 18. Jahrhundert auf. Bei den Gründern der amerikanischen Verfassung gibt es beispielsweise die Forderung, die Verfassung alle 21 Jahre auf den Prüfstand zu stellen; also immer dann, wenn eine Generation vergangen ist. Was mit dieser Orientierung an Jugend, Fortschritt und Zukunft allerdings verloren geht, ist die Perspektive der Herkunft, der Tradition. Die Frage also, woher wir eigentlich kommen.

Je stärker man sich als Generation von anderen abgrenzt, desto weniger Tradition gibt es.

Ja. Und die spielt heute eigentlich kaum mehr eine Rolle. Der berühmte Kampf der Kinder gegen die Eltern beispielsweise. Heute entwickeln sich Generationen-Begriffe eher gleichzeitig, also in Abgrenzung zueinander und nicht in Abgrenzung etwa zu einer Väter- oder Müttergeneration. Oder sie entwickeln sich in Bezug auf eine künftige Generation, die es noch gar nicht gibt. Ein Beispiel dafür wäre die Nachhaltigkeitsdebatte.

Wenn aber Generationenkonflikte zwischen Eltern und Kindern verschwinden, was tritt dann an ihre Stelle?

Das ist die große Frage. Was passiert, wenn in einer Familie die Eltern dem Kind keinen Gegenpart mehr liefern? Hat das dann Folgen für die Identitätsentwicklung? Oder sucht sich das Kind dann andere Abgrenzungen, an denen es sich abarbeiten kann? Oder es führt dazu, dass andere Identitäten bei Kindern gebildet werden, die gar nichts mit ihren Eltern zu tun haben. Es ist eine offene Frage, die im Moment noch nicht beantwortet werden kann.

Quelle: http://www.fluter.de/de/generation/thema/ 8269; erschienen am 01.02.2010

M3

Generation Z – Die ganz Jungen kommen

Von ANDREA LEHKY

Über die Generation Y ist viel geschrieben worden. Theoretisch gehören ihr alle nach 1980 Geborenen an. Praktisch stimmt das nicht. Auf die Arbeitswelt kommt einiges zu.

Zwischen heutigen Mittzwanzigern und Teenagern liegen nur wenige Jahre. Doch die Unterschiede sind markant. Die Erkenntnis stammt aus einem Taschenbuch, geschrieben von einem gerade einmal 18-jährigen deutschen Jungen kurz vor dem Abitur. Seit er Letzteres in der Tasche hat, berät er DAX-Konzerne, die sich in die Lebenswelt der Pubertierenden – nennen wir sie die „Generation Z" – hineindenken wollen. Wir geben auf diesen Seiten selten Lesetipps: Philipp Riederles rotziges „Wer wir sind und was wir wollen" (Knaur) empfiehlt sich aber nicht nur Eltern, sondern auch Personalverantwortlichen. Die sollten sich warm anziehen.

1. Selbstbild

„Von euch (Digital Immigrants, Anm.) wird das Web 2.0 noch immer als Raketentechnik gehandelt. Für uns war es schon immer da." Aus Sicht der Teenies ist die digitale Welt kein Paralleluniversum mehr (was sie für die Gen Y noch ist). Sie leben ganz und gar in dieser Welt. Mit allen Konsequenzen: Die „Vision vom implantierten Chip" verursacht ihnen kein Unbehagen mehr: „Ab den ersten Bildern unserer Geburt leben wir im Web und steuern unsere Welt mit Tablet und Smartphone." Privatsphäre? „Wir outen uns wie keine Generation zuvor." Ob der Chef die Bilder von der alkoholschwangeren Party sieht, ist ihm egal. Er solle sich lieber über das intakte Sozialleben seiner Mitarbeiter freuen, meint Riederle. Und überhaupt: Andere wird er nicht mehr finden.

2. Antrieb

Weder gute Noten noch die Aussicht auf „mein Auto, meine Jacht, mein Pferd" spornen die Jungen an. Sie wollen wachsen: „Immer noch ein bisschen besser werden!" Was dafür wichtig ist, bekommt Aufmerksamkeit, alles andere wird gnadenlos ausgeblendet.

3. Bildung

Lehrer verlieren den Status als unantastbare Wissensexporteure. „Wir bilden uns selbst“, schreibt Riederle, „und das schneller, als es die Pädagogen mitbekommen“. Die mündliche Note? „Unter der Bank nachschauen, sich melden und schon ist man positiv.“ Schularbeiten? „Copy & Paste ist als Kulturtechnik längst in Fleisch und Blut übergegangen.“ Statt „Teaching for the Test“ fordert er, „sich Wissen dann aneignen zu können, wenn man es braucht“.

4. Autorität

Besitzt ein Lehrer oder Chef natürliche Autorität, wird er respektiert. Dann darf er auch ein „älteres Semester“ sein. Respekt beruht nicht auf Macht und Status, sondern auf Kompetenz und Erfahrung. „Er soll das Beste aus uns herauskitzeln“, fordert der 18-Jährige. In diese Richtung dachte auch schon die Gen Y, zog es aber nicht so kompromisslos durch.

5. Rollenmodelle

Eltern sind keine Vorbilder mehr. „Ihr beißt die Zähne zusammen, um morgens aufzustehen, und seid abends burnt-out.“ Stattdessen streben die Jugendlichen – noch ohne die wirtschaftlichen Notwendigkeiten zu kennen – nach „sinnstiftenden Tätigkeiten“. Sie wollen „etwas bewegen und einen relevanten gesellschaftlichen Beitrag“ leisten.

6. Struktur

Pünktlichkeit, Gründlichkeit, Ordnung und Struktur stammen aus der „Zeit der industriellen Revolution“. Exakte Terminvorgaben entlocken nur ein müdes Lächeln. „Alles um uns herum ist liquide“, schreibt Riederle, „ein festgelegtes Leben bietet keine Option mehr“. Im Ansatz kennen wir das von der Gen Y. Doch die hat sich noch mit Homeoffice und Multitasking zufriedengegeben, was letztlich auf räumlich und zeitlich fixen Strukturen basiert. Die Gen Z stellt sich die Arbeitswelt wie eine Facebook-Party vor: Wer kommt, ist da und bringt etwas zum Essen mit. Wir mögen es belächeln – am Gymnasium funktioniert es schon.

7. Marketing

Leere Verpackungen und ebensolche Versprechen werden durchschaut. Marketinglügen verbreiten sich schnell. Recruitern sei empfohlen, besser keine Employer-Branding-Worthülsen auf schlecht gepflegten Firmen-Facebook-Accounts zu posten. Die Gen Z erwartet den höchstpersönlichen Mensch-zu-Mensch-Dialog. Bewerbungen nicht oder mit Standardbriefen zu beantworten, wird genüsslich im Web breitgetreten.

8. Netzwerke

Digital Immigrants halten soziale Plattformen für eine moderne Sache. Die Gen Y spielt vielleicht noch mit. Die Gen Z macht einen weiten Bogen um „Leute, die ihr Geschäft auf Xing anbiedern müssen“. Mit ihrem natürlich gewachsenen Freundeskreis und ihrer verinnerlichten Bereitschaft zur Zusammenarbeit verfügt sie über ein gewaltiges Netzwerk – und ist nicht so naiv, „Friends“ mit echten Freunden zu verwechseln.

Quelle: „Die Presse“, Printausgabe vom 29. 6. 2013.

M 4

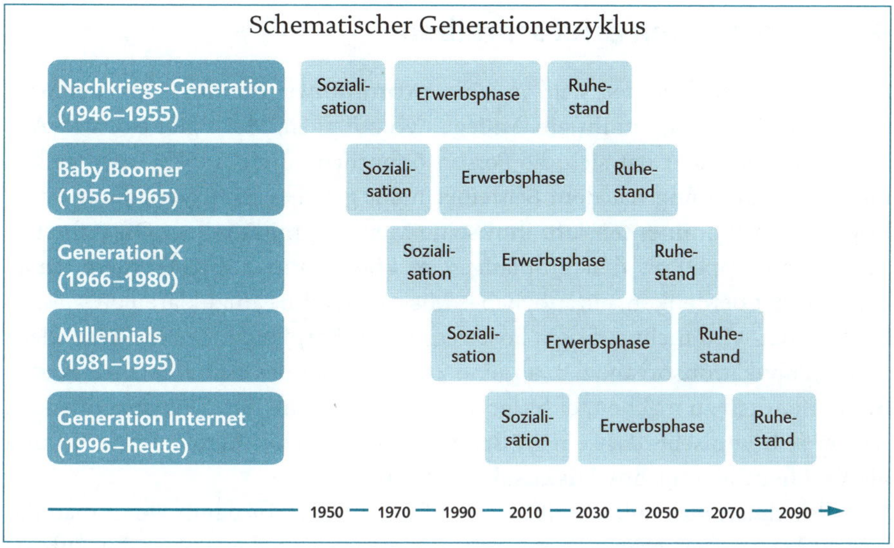

Quelle: http://www.hicm.de/de/generations.html

4 Einen offenen Brief schreiben

Ein offener Brief richtet sich an eine **prominente Person**. Der Verfasser spricht sie direkt an, um ihr ein Anliegen vorzutragen. Meist gibt es einen Anlass dafür; vielleicht hat sich die Person öffentlich zu einem Thema geäußert und diese Äußerung hat dem Schreiber nicht gefallen. Nun verfasst er einen Brief an den Prominenten, um ihm seine Meinung mitzuteilen. Oft richtet er auch einen Appell an den Empfänger; er könnte ihn z. B. auffordern, seine Haltung zu überdenken, ein mögliches Missverständnis aufzuklären o. Ä.
Dieser Brief wird nicht auf dem Postweg an den Empfänger geschickt, sondern an ein Publikationsorgan, z. B. an eine Zeitung. Ziel des Schreibers ist es, den Brief öffentlich zu machen; er bittet die Zeitung darum, den Text abzudrucken, weil er sich wünscht, dass ein größerer Leserkreis davon Kenntnis nimmt und die Veröffentlichung eine **Diskussion anstößt**.
Grundsätzlich gilt: Man schreibt einen offenen Brief nur dann, wenn man das Gefühl hat, ein wichtiges Thema müsste verstärkt in den Fokus der Öffentlichkeit gerückt werden. Fragen, die eher Äußerlichkeiten des Alltags betreffen, spielen keine Rolle. Die Überlegung, das grüne Ampelmännchen aus DDR-Zeiten auch in anderen europäischen Ländern einzuführen, würde niemanden dazu bewegen, einen offenen Brief an eine prominente Person, z. B. einen wichtigen Politiker, zu schreiben.
Das Besondere an einem offenen Brief ist also darin zu sehen, dass der Schreiber seine Worte dem Schein nach an eine Einzelperson richtet, in Wirklichkeit aber einen viel größeren Leserkreis im Blick hat. Dieser **Schwebezustand zwischen Privatheit und Öffentlichkeit** macht den Reiz eines solchen Textes aus.

Ein offener Brief sollte so strukturiert sein:

- Am Anfang nennt der Verfasser den **Anlass**, der ihn dazu bewegt, den Brief zu schreiben. Er kann z. B. auf eine Äußerung Bezug nehmen, die der Prominente in einem Interview gemacht hat. Er kann sich aber auch auf einen Text beziehen, der von dieser Person verfasst wurde und den er in einer Zeitung gelesen hat. Als Grundlage für einen offenen Brief erhalten Sie in der Regel einen Text.
- Danach folgt die **Auseinandersetzung mit dem Adressaten:** Entweder stellt der Schreiber etwas, das die Person gesagt hat, vorsichtig infrage. Oder er äußert gleich sein Befremden und protestiert. In seltenen Fällen stimmt er der Person auch ausdrücklich zu.

- Wie in allen anderen Texten schließt sich eine **ausführliche Begründung** an. Dabei kann der Schreiber den Adressaten zwischendurch direkt ansprechen, so wie in einem persönlichen Brief, z. B.: „Halten Sie das wirklich für richtig?“ Oder: „Ich hätte etwas anderes von Ihnen erwartet!“ Oder: „Es wird Zeit, dass das mal jemand sagt!“
- Am Schluss **bekräftigt** der Schreiber sein **Anliegen** noch einmal. Entweder fordert er den Adressaten auf, sich zu dem Thema erneut öffentlich zu äußern und dabei eine Klarstellung vorzunehmen. Oder er bittet ihn darum, sich verstärkt für die Lösung eines Problems einzusetzen.

fgabe 26 Schreiben Sie einen offenen Brief an Jean Ziegler. Reagieren Sie mit Ihrem Brief auf die Rede, die er ursprünglich zur Eröffnung der Salzburger Festspiele halten wollte (S. 57 ff.). Zu Ihrer Information erhalten Sie weitere Materialien, die Sie für Ihre Überlegungen nutzen können. Erstellen Sie als Erstes eine Stoffsammlung und einen Schreibplan.

M 1

UNRIC **DIE GESICHTER DER ARMUT**

Mehr als **eine Milliarde Menschen** auf der Welt müssen von **weniger als einem Dollar pro Tag** leben. Weitere 2,7 Milliarden haben weniger als zwei Dollar pro Tag zum Überleben. Die Armut in den Entwicklungsländern geht jedoch weit über die Einkommensarmut hinaus. Sie bedeutet auch, jeden Tag mehr als eineinhalb Kilometer zu Fuß laufen zu müssen, bloß um Wasser und Brennholz zu beschaffen; sie bedeutet auch, an Krankheiten zu leiden, die in den reichen Ländern schon vor Jahrzehnten ausgerottet wurden. Jedes Jahr **sterben elf Millionen Kinder**, die meisten unter fünf Jahren und mehr als sechs Millionen von ihnen an **absolut vermeidbaren** Ursachen wie Malaria, Durchfall und Lungenentzündung. ↓

In einigen bitterarmen Ländern besuchen weniger als die Hälfte der Kinder die Grundschule und weniger als 20 Prozent weiterführende Schulen. Insgesamt **114 Millionen Kinder** auf der ganzen Welt erhalten nicht einmal eine Grundbildung, und **584 Millionen Frauen sind Analphabeten**.

Nachstehend werden einige grundlegende Fakten angeführt, die die Ursachen und die Erscheinungsformen der Armut illustrieren, von der mehr als ein Drittel der Menschheit betroffen ist.

Gesundheit

- Jedes Jahr **sterben sechs Millionen Kinder** vor ihrem fünften Geburtstag an Mangelernährung.
- Mehr als **50 Prozent der Afrikaner** leiden an durch Wasser übertragenen Krankheiten wie Cholera und Säuglingsdurchfall.
- **Jeden Tag** sterben **6000 Menschen** an HIV/Aids, und weitere **8200** werden mit diesem tödlichen Virus infiziert.
- Alle 30 Sekunden **stirbt ein afrikanisches Kind an Malaria** – das sind mehr als eine Million Kinder pro Jahr.
- Jedes Jahr werden ca. **300 bis 500 Millione**n Menschen mit Malaria infiziert. Etwa drei Millionen Tote sind die Folge.
- **Tuberkulose ist die Haupttodesursache im Zusammenhang mit Aids,** und in einigen Teilen Afrikas haben 75 Prozent der Menschen mit HIV auch Tuberkulose.

Hunger

- Jeden Tag gehen mehr als **800 Millionen Menschen**, davon 300 Millionen Kinder, hungrig zu Bett.
- Von diesen 300 Millionen Kindern sind nur **8 Prozent** Opfer einer Hungersnot oder anderer Notsituationen. **Mehr als 90 Prozent** leiden an langfristiger Mangelernährung und Mikronährstoffmangel. [...]

Wasser

- Mehr als **2,6 Milliarden Menschen** – über 40 Prozent der Weltbevölkerung – fehlt es an grundlegenden sanitären Einrichtungen, und mehr als eine Milliarde Menschen holen ihr Trinkwasser nach wie vor aus verunreinigten Quellen. [...]
- **Fünf Millionen Menschen,** zumeist Kinder, sterben jedes Jahr an durch Wasser übertragenen Krankheiten.

Quelle: http://www.unric.org/html/german/mdg/MP_PovertyFacts.pdf

M2 **Anzahl der Hungernden weltweit**

Region	Zeitraum	Anzahl	Anteil
Welt	2010 bis 2012	868 Mio. Menschen	12,5%
	1990 bis 1992	1.000 Mio. Menschen	18,6%
Afrika subsaharisch	2010 bis 2012	234 Mio. Menschen	26,8%
	1990 bis 1992	170 Mio. Menschen	32,8%
Südasien	2010 bis 2012	304 Mio. Menschen	17,6%
	1990 bis 1992	327 Mio. Menschen	26,8%
Ostasien	2010 bis 2012	167 Mio. Menschen	11,5%
	1990 bis 1992	261 Mio. Menschen	20,8%
Latein-amerika	2010 bis 2012	49 Mio. Menschen	8,3%
	1990 bis 1992	65 Mio. Menschen	14,6%

Im Internet unter: http://www.welthungerhilfe.de/ueber-uns/mediathek/whh-artikel/hunger-im-ueberfluss.html

Quelle: Welthaus Bielefeld, Widerspüchliches zur Welternährung. Bielefeld 2013.

M 3 Welthungerindex 2012

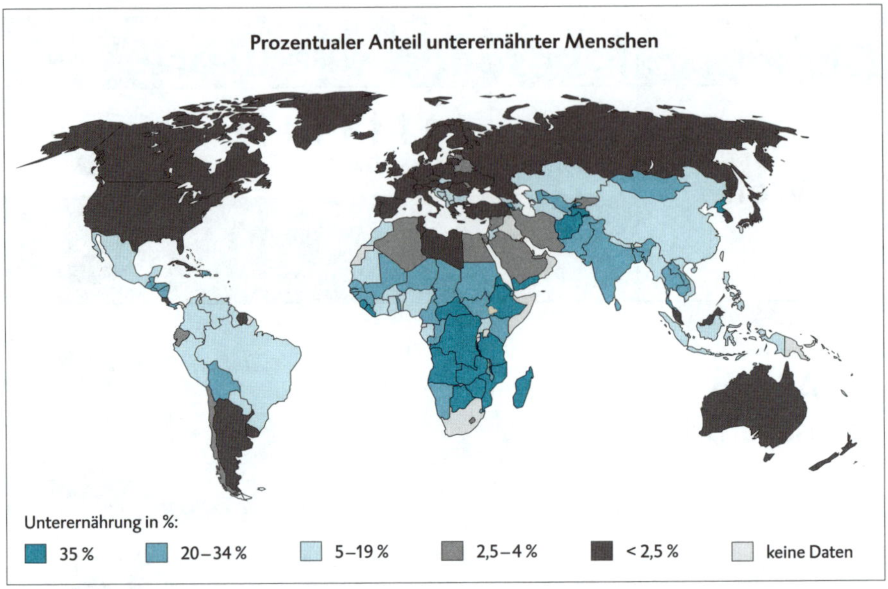

Im Internet unter: http://www.welthungerhilfe.de/pm-whi2012.html

Quelle: Deutsche Welthungerhilfe e. V.

Hinweis: Der Welthungerindex (WHI) wird einmal jährlich erstellt. Dabei handelt es sich um einen Zahlenwert, der auf der Grundlage von drei Indikatoren berechnet wird:

- dem Anteil der Unterernährten in der Bevölkerung
- dem Anteil der untergewichtigen Kinder unter fünf Jahren
- dem Anteil der Kinder, die vor Erreichen des sechsten Lebensjahrs verstorben sind

Der WHI wird seit 2006 einmal jährlich veröffentlicht, und zwar gemeinsam vom International Food Policy Research Institute (IFPRI) in Washington D.C., der Welthungerhilfe in Bonn und seit 2007 auch unter Mitwirkung des Concern Worldwide in Dublin.

Der Essay als besondere Textsorte

1 Was ist ein Essay?

Das Wort „Essay“ stammt ab vom französischen Wort „essai“: „Versuch“. Die Besinnung auf die ursprüngliche Bedeutung hilft, den Charakter dieser Textsorte zu verstehen. Man kann sagen, dass der Verfasser eines Essays einen **Versuch** unternimmt: Er versucht, **Antworten auf eine wichtige Frage** zu finden. Nicht immer gelingt ihm das. Vielmehr scheint es, als befinde er sich eher auf einer Suche, an der er den Leser teilnehmen lässt.

Der französische Politiker und Philosoph Michel de Montaigne (1533–1592) gilt als der Begründer des essayistischen Schreibens. Seine Maxime „Wie mein Geist mäandert, so auch mein Stil“ beschreibt treffend die assoziative Struktur des Essays. Skeptisch und vorurteilslos behandelt er in seinen Texten alle Bereiche des menschlichen Lebens.

Folgende Merkmale sind deshalb typisch für einen Essay:

- **Der Verfasser widmet sich einer Problemfrage von gesellschaftlicher Relevanz.** Tagespolitische Themen, z. B. die Frage, ob es richtig wäre, auf bundesdeutschen Autobahnen ein Tempolimit einzuführen, interessieren ihn nicht. Ihm geht es um Grundsätzliches.
- **Er bemüht sich nicht um Objektivität.** Vielmehr gibt er klar zu erkennen, dass er seine subjektive Sicht zum Ausdruck bringt.
- **Vom Grundsatz her ist die Darstellung argumentativ.** Daneben finden sich aber auch Passagen, in denen etwas beschrieben oder erzählt wird. An diesen Stellen erscheint der Verfasser wie ein teilnehmender Beobachter.
- **Die Struktur wirkt nicht gradlinig und zielorientiert.** Stattdessen wird es dem Leser ermöglicht, dem Gedankengang des Schreibers zu folgen. Dabei begleitet er ihn auch auf (scheinbar!) abschweifenden Wegen. Hin und wieder gibt es sogar abrupte Gedankensprünge.
- **Der Verfasser scheut nicht davor zurück, auch Gefühle zu artikulieren.** Beispielsweise kann er Ängste, Wünsche oder Hoffnungen äußern.

- **Mögliche Widersprüche oder Unstimmigkeiten werden nicht geglättet.** Im Gegenteil: Sie werden sogar hervorgehoben.
- **Die sprachliche Gestaltung ist sehr vielfältig:**
  - Neben Aussagesätzen gibt es zwischendurch auch Fragen oder Ausrufe.
  - Sprachbilder veranschaulichen die Darstellung und reichern den Text an.
  - Die Syntax unterstreicht den Eindruck des Suchens: Kunstvoll gestaltete Satzgefüge werden durch kurze Hauptsätze oder Ellipsen unterbrochen.
  - Gelegentliche umgangssprachliche Wendungen erzeugen den Eindruck von Spontaneität.
  - Der Verfasser kann seine Leser hin und wieder direkt ansprechen.

Der Verfasser eines Essays hat also viele Freiheiten. Trotzdem darf er nicht dem Irrtum erliegen, dass er völlig planlos vorgehen kann. Die Darstellung sollte keinesfalls wirr und chaotisch sein – obwohl sie auf den ersten Blick vielleicht so wirkt. Gerade darin besteht die Kunst beim Schreiben eines Essays: Es *scheint* nur so, als würde der Schreiber alle seine Gedanken zu einem Thema spontan und ungeordnet äußern. Doch in Wirklichkeit verzichtet er keinesfalls auf eine Struktur. Diese ist allerdings nur bei genauem Hinsehen zu erkennen:

- Der **Einstieg** erfolgt entweder über ein Beispiel, etwa über die Beschreibung einer bestimmten Situation. Ausgehend davon nähert sich der Verfasser allmählich der Problemfrage. Oder er benennt gleich zupackend das Thema, mit dem er sich gedanklich auseinandersetzen will.
- Im **Hauptteil** äußert der Verfasser alle seine Gedanken, die ihm beim Nachdenken über das Thema in den Sinn kommen. Dabei kann er auch Dinge ansprechen, die auf den ersten Blick eher nebensächlich wirken, fast so, als würde der Verfasser von seinem eigentlichen Thema abschweifen. Der Leser wird jedoch merken, dass jede scheinbare Abschweifung eine Funktion hat: Wie eine Art „Sprungbrett“ dient sie dazu, dem Kern des Problems näher zu kommen.
- Am **Schluss** formuliert der Verfasser ein Ergebnis. Dieses kann auch aus dem Eingeständnis bestehen, dass er auf die Problemfrage keine eindeutige Antwort gefunden hat.

Eine Anmerkung noch zur **subjektiven Darstellung:** Darunter ist *nicht* zu verstehen, dass der Schreiber das Thema überwiegend auf sich selbst und seine persönlichen Erfahrungen bezieht. Es geht ihm durchaus um eine Problemfrage von grundsätzlicher Bedeutung, und zwar für die ganze Gesellschaft. Allerdings gibt er nicht vor, diese Frage allgemein zu behandeln; er verhehlt nicht, dass der Blick, den er darauf richtet, ein persönlicher ist.

Aufgabenstellung: Lesen Sie den folgenden gekürzten Essay „Stil und Moral" von Lukas Bärfuss und bearbeiten Sie anschließend die Aufgaben.

Stil und Moral von Lukas Bärfuss

Dies, verehrte Lesende, hätte ein gescheiter, stilistisch fein ziselierter kleiner Essay werden sollen, eine kulturkritische Erörterung mit wenigen, ausgewählten und überraschenden Zitaten aus der Literaturgeschichte, ohne den üblichen Bildungsballast, den man leider in dieser Gattung sehr oft findet. Es wäre hier um die Frage gegangen, wie der Stil mit der Moral zusammenhängt, und ich hatte bereits eine These, noch nicht sehr tragfähig, aber ausbaubar. [...]

Aber dann tat ich etwas, was man in einer solchen Phase besser nicht tun sollte. Ich ging nämlich Ski laufen.

Es war der erste Sonnentag nach dem großen Schneefall; die äußerliche Erscheinung der versammelten Wintersportler quer durch die Altersgruppen ziemlich homogen. Die meisten trugen Helme, dazu dunkle oder verspiegelte Skibrillen, eher weite Hosen und Jacken in getragenen Farben. Die aktuelle Mode, nicht etwa die Funktionalität, diktierte die Garderobe.

Dann aber, mitten im Gedränge, eine junge Frau von vielleicht fünfzehn, sechzehn Jahren, in einer Ausrüstung, wie ich sie seit vielen Jahren nicht gesehen hatte. Ihre Skier waren Modelle von vor zwanzig Jahren, lang, nicht tailliert, mit schmaler Spitze; ihre Hosen enganliegend, dazu trug sie einen crèmefarbenen, taillierten Anorak, alles sehr weiblich und äußerst stilvoll.

Dies war ein sehr schönes Beispiel für jene These, die auszubreiten ich mir zur Aufgabe gemacht hatte. Den individuellen Stil kann man nämlich definieren als das Erkennen der Ansprüche einer bestimmten Situation, verbunden mit dem Willen und der Fähigkeit, eben diese Ansprüche zu ignorieren. Stil ist nie pragmatisch. [...]

Allerdings, das war das Seltsame an der Sache, die Garderobe, so sehr sie auch aus der Mode war, erschien neu und ungebraucht. Die Skier wiesen keine Kratzer und die Hosen weder abgescheuerte Stellen noch Flecken auf, was mich irritierte, zumal ihre Begleiterin die üblichen weiten Hosen und die kurzen bulligen Skier mit stumpfer Spitze trug. Ich schaute mich um. Gab es vielleicht noch mehr von diesen entzückenden Zeitreisenden? War dies ein neuer Trend auf den Pisten, eine Verweigerung des modischen Diktates?

Nein, sie war die Einzige, was mich nun vollständig für sie einnahm. Ich fühlte mich auf der Stelle wieder siebzehn, verliebte mich in dieses aparte Wesen, das sich keinen Deut um den modischen Zwang kümmerte und stattdessen ihren Stil lebte, und wie damals in der Schule überlegte ich mir, an wem ich mich vorbeidrücken müsste, um den Platz neben ihr auf dem Sessellift zu ergattern.

[...] Ein verkeilter Skistock war dann der Grund, weshalb ich das Mädchen aus den Augen verlor.

Doch als ob ein gütiger Gott uns geleitet hätte, kam ich tatsächlich neben der geheimnisvollen Frau zu sitzen, und mein zweites, etwas zweifelhafteres Glück war, dass ihre Begleiterin ebenfalls mit uns im Vierersessel saß und ich nun also in den nächsten Minuten die Gründe für ihre entzückende Garderobe erfuhr, da nämlich die junge Frau alsbald begann, der Begleiterin, die sich als ihre Betreuerin entpuppte, ihre Lebensgeschichte zu erzählen. Früh sei ihr Vater gestorben. Die Mutter habe sich darauf einen neuen Freund genommen, dem sie in eine andere Stadt gefolgt sei. Der Mann trank. Die Mutter verließ ihn, fand einen Neuen, der die Kinder schlug.

Worauf sie wiederum in eine andere Stadt gezogen, krank und arbeitslos geworden sei. Sie selbst, die junge Frau, habe vier Geschwister, und es sei das erste Mal, dass sie einen Skiurlaub machen könne.

Ein traurige Geschichte, so unpassend zu diesem blauen Tag, den gleißenden Schneekristallen in der Luft, den verschneiten Tannen, dem Gedudel aus den Alphütten, dass keiner auf dem Sessellift irgendein Wort sagte [...].

Die Erklärung für die aparte Garderobe war also nichts anderes als Armut. Die junge Frau trug die altmodischen Kleider nicht freiwillig, sondern weil sie keine andere Wahl hatte. Sie war mit ihrer Klasse in einem Skilager, und Wintersport, ich kann es Ihnen als Familienvater versichern, ist eine geradezu unanständig teure Angelegenheit. Ihre Mutter muss vor vielen Jahren, wahrscheinlich noch vor dem Tod ihres Gatten, in eine Skiausrüstung investiert haben, in die Hoffnung, an den gesellschaftlichen Vergnügungen teilnehmen zu können, doch der Tod machte ihr einen Strich durch die Rechnung. Die Ausrüstung ist der kleinste Teil der Auslagen. Die Anreise, die Fahrkarten für die Skilifte, die Petitessen[1], die sich summieren, das geht nicht, wenn man kleine Kinder und keinen Ernährer hat, und so blieb die Ausrüstung über Jahre im Keller stehen, bis die Tochter alt genug war, um sie tragen zu können, oder, besser gesagt, um sie tragen zu müssen. Denn warum soll man eine neue Skiausrüstung kaufen, wenn eine ungebrauchte im Keller steht, zwanzig Jahre alt, natürlich, aber tadellos in Schuss?

Ich war froh, als wir an der Bergstation ankamen. Das Mädchen hatte mein Mitleid gewonnen, aber meine Bewunderung verloren. [...]

Das Elend wird niemals zum Stil, und Opfer sind jeder Verfeinerung enthoben, und ich habe mich nach diesem Erlebnis gefragt, wie man sich in dieser scheußlichen Welt überhaupt noch mit Nebensächlichkeiten wie Stilfragen aufhalten kann, die einem dazu noch eine verlogene, geschönte Ansicht der Welt vermitteln, eine Schönheit in der Verweigerung sehen lassen, wo nichts anderes ist als Not und Lächerlichkeit.

Denn die Weltlage, verehrte Lesende, also alles, was in diesem Augenblick geschieht, oder nicht geschieht, ist, man kann es leider nicht anders sagen, zum Kotzen, und ich weiß natürlich, dass in der verfeinerten Umgebung eines kulturkritischen Essays die Begriffe Emesis und Vomitus[2] angebrachter wären, weil sie nämlich einerseits meine Bildung unterstreichen würden, andererseits die Grenze zu jenen zögen, die sich einen Dreck für Fremdwörter interessieren und auch für Synonyme nichts übrighaben. Aber ich hoffe, dass Sie mittlerweile verstanden haben, worum es mir hier tatsächlich geht, um das unangepasste Verhalten nämlich, um Stil und Unmoral eben.

Wie nicht wenige unter Ihnen war auch ich bisher der unausgesprochenen Ansicht, die Lektüre eines kulturkritischen Essays sei dem Weltfrieden zumindest nicht abträglich, aber ich habe eben die Seite gewechselt. In der Zeit, die Sie jetzt gerade mit Lesen vergeuden, nimmt das Elend in der Welt zu, während Sie nicht das Geringste dagegen tun und sich an der Gespreiztheit der Sätze delektieren[3].

[...]

Sie sehen, die Lektüre literarischer Essays ist in dieser Zeit moralisch nicht zu rechtfertigen, und deshalb gehe ich mit gutem Beispiel voran und höre hier nun auf.

Quelle: Lukas Bärfuss: Stil und Moral.
In: Florian Höllerer/Tim Schleider (Hrsg.):
Zur Zeit. Wallstein Verlag: Göttingen 2010,
S. 163–170

Worterklärungen

1 Petitesse (franz.): Kleinigkeit, Detail von geringer Bedeutung
2 Emesis (griech.): Erbrechen; Vomitus (lat.): Erbrechen
3 sich delektieren: sich erfreuen

Aufgabe 27 Mit welchem Thema wollte sich der Verfasser nach seinen eigenen Aussagen zunächst beschäftigen, und aus welchem Grund hat er sich dann doch eines anderen besonnen?

Aufgabe 28 Überprüfen Sie den gegebenen Text in Bezug auf die typischen Merkmale der Textsorte Essay. Notieren Sie alle Merkmale, die der Text aufweist.

Aufgabe 29 Welche Funktion hat die Beschreibung der jungen Frau im Zusammenhang mit dem Thema des Textes?

Aufgabe 30 Überlegen Sie, wie sich die Lücke zwischen dem ersten Teil des Textes und dem Schlussabsatz, also zwischen Z. 157 bis Z. 159, sinnvoll füllen ließe. Notieren Sie Vorschläge für mögliche Inhalte.

2 Vorbereitende Schritte

Entscheidend ist, dass Sie planvoll vorgehen. Nur so können Sie die Kunst vollbringen, auf dem Wege eines scheinbar ungeordneten Nachdenkens über ein Thema schließlich doch zu einem überzeugenden Ende zu gelangen. Beachten Sie: Der Hauptteil muss in seiner Gesamtheit vom Einstieg zum Thema hinführen und in den Schlussabsatz münden, und zwar so, dass der Leser dem Gedankengang mühelos folgen kann.
Als Grundlage für Ihren Essay erhalten Sie in der Regel ein Dossier, bestehend aus mehreren Texten. Ehe Sie an das Verfassen Ihres Essays gehen, erstellen Sie zunächst zu jedem Text ein Abstract, sofern die Aufgabenstellung das vorsieht (vgl. S. 22 f.). Danach wenden Sie sich der Planung des Essays zu.

TIPP

Das Dossier soll Ihnen Anregungen und Denkanstöße geben. Sie sind in der Regel nicht verpflichtet, die Ihnen vorliegenden Materialien zu berücksichtigen. Allerdings empfiehlt es sich, jeden Text genau zu lesen, um mögliche Ideen für Ihren Essay zu gewinnen.

Schritt für Schritt:

1 **Gehen Sie die Ihnen vorliegenden Texte genau durch.** Markieren Sie alle Textstellen, die Sie für wesentlich halten. Notieren Sie auch gleich Randkommentare, um den Kern der einzelnen Textinformationen festzuhalten. Das erleichtert Ihnen später die Orientierung.

2 Legen Sie eine **Stoffsammlung** an. Dafür bietet sich die Darstellung in **Form eines Clusters** an: Schreiben Sie das Thema stichpunktartig in die Mitte und tragen Sie dann zunächst die **Textinformationen**, die Sie in den einzelnen Materialien markiert und kommentiert haben, ungeordnet um das Thema herum ein.

3 Stellen Sie **eigene Überlegungen** zum Thema an. Halten Sie Ihre Einfälle ebenfalls in dem Cluster fest. Notieren Sie spontan alles, was Ihnen in den Sinn kommt.

4 **Überprüfen** Sie Ihre Eintragungen in dem Cluster kritisch. Diejenigen, die Sie beim genauen Betrachten doch für abwegig oder unwesentlich halten, streichen Sie durch.

5 Bringen Sie Ordnung in die Stichworte, die übrig geblieben sind. Überlegen Sie, welche von ihnen inhaltlich zusammenpassen. **Kennzeichnen Sie Zusammengehöriges** mit dem gleichen Zeichen, z. B. mit demselben Buchstaben.

6 Legen Sie für sich ein **Schreibziel** fest. Überlegen Sie, zu welchem Ergebnis Sie am Schluss gelangen wollen, und notieren Sie es.

7 Überlegen Sie sich, wie Sie den **Einstieg** zupackend und interessant gestalten können. Halten Sie Ihre Ideen ebenfalls schriftlich fest.

8 Bestimmen Sie die **Reihenfolge** für die Stichworte, die Sie in Ihrem Cluster notiert haben. Sie können sie einfach nummerieren.

9 Erstellen Sie einen **Schreibplan**.
Tipp: Fertigen Sie eine Skizze an, um die Inhalte des Hauptteils anzuordnen. Legen Sie als Erstes fest, wie Sie zum Thema hinführen wollen – und zu welchem Ergebnis Sie gelangen werden. Danach tragen Sie die einzelnen Gedanken ein. Es genügt, wenn Sie die Zeichen, mit denen Sie Ihre Ideen im Cluster gekennzeichnet haben, in die Kästen eintragen.

mögliche Skizze:

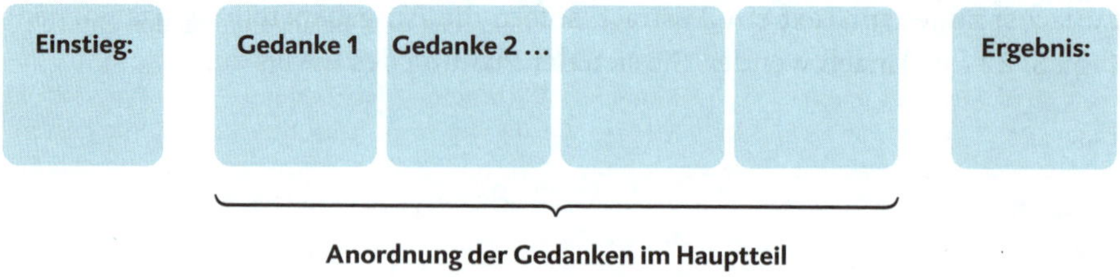

ufgabe 31 Rekonstruieren Sie den Gedankengang, an dem Lukas Bärfuss den Leser in seinem Essay „Stil und Moral“ teilnehmen lässt. Notieren Sie stichwortartig die einzelnen Gedanken.

ufgabe 32 Erstellen Sie einen Schreibplan für einen Essay zu dem Thema: *Kann Kunst die Welt verändern?*

Verfahren Sie, wie in den Arbeitsschritten 1–9 beschrieben (S. 78). Anregungen erhalten Sie durch das Dossier (Materialien 1–5).

Tipp: Befassen Sie sich in erster Linie mit dem Bereich der Literatur. Beziehen Sie Ihre eigenen Literaturkenntnisse mit ein.

M1

Stil und Moral von Lukas Bärfuss (Auszug)

Der folgende Auszug ist der Abschnitt, der in dem Textauszug auf S. 76 ausgelassen wurde.

1 Manche werden nun vielleicht argumentieren: Alles zu seiner Zeit. Es war niemals meine Absicht, gerade *jetzt* die Weltlage zu verbessern. *Jetzt* lese ich, und ohne Zweifel haben die gescheiten, gebildeten, feinsinnigen Texte dieses gescheiten, gebildeten und feinsinnigen Schriftstellers zur Folge, dass auch ich gescheiter und feinsinniger werde. Die Auseinandersetzung mit einer komplizierten Thematik wie dieser verringert meine naturgegebene Ignoranz, vertieft meine Einsicht in den wahren Kern der menschlichen Existenz, in meine eigene Geworfenheit, und ein geschärftes Bewusstsein ist doch ohne Frage die Voraussetzung, um diese Welt ein bisschen besser zu hinterlassen, als man sie vorgefunden hat.

Das ist klug argumentiert, aber leider ignoriert dieser Gedankengang die Zeit. Das Elend ist in erster Linie eine zeitliche Erscheinung, das heißt, es misst sich in Stunden, Tagen, Wochen, Jahren. Je länger ein Mensch im Elend lebt, umso kürzer fällt sein Glück aus. Und deshalb ist der Kampf gegen die Ungerechtigkeit ein Rennen gegen die Zeit. Jede Minute, die Sie mit der Lektüre von feinsinnigen, die Geworfenheit der menschlichen Existenz beleuchtenden Essays verbringen, tun Sie nicht nur nichts gegen das Elend, in Wahrheit lassen Sie es sich vergrößern, indem Sie einem Menschen in Not wertvolle Lebenszeit rauben.

Aber, höre ich nun schon den Einwand aus den hinteren Reihen, wir brauchen doch eine Initialzündung, einen Auslöser, ein Signal, das uns aus der Lethargie reißt, und was, wenn nicht die Literatur, kann uns auf die Aktion vorbereiten? Unsinn, liebe Freunde, Sie lügen sich damit selbst in die Tasche, und natürlich wissen Sie das auch.

Gemäß Brockhaus ist Apathie definiert als „ein bis zur völligen Unansprechbarkeit reichender Zustand der Gleichgültigkeit gegenüber eigenen Belangen und der Umwelt“, und ich finde, diese Beschreibung trifft ziemlich genau den Zustand, in dem Sie sich in diesem Augenblick befinden. In Ihre Lektüre vertieft, kaum ansprechbar, bemerken Sie nicht, was links und rechts vor sich geht. Man kann sagen: Je größer der Kunstgenuss, umso tiefer die Apathie, umso größer die Absonderung von den Bedürfnissen Ihrer Umwelt.

Doch, winseln Sie jetzt vielleicht, wie steht es denn um die Produktion der Werke? Das ist eine Tat, eine schöpferische Tat, und ist es nicht dieses Schöpferische, das die Welt verändert, und, da ich lese, habe ich nicht teil an diesem Akt eines Demiurgen[1]?

Nun, die Verfassung eines Textes ist tatsächlich eine Tat, aber keine, die etwas verändert. [...]

So etwas wie Fortschritt ist der Kunst unbekannt, und man muss eingestehen, dass die Gesetze der Literatur in der Politik eine äußerst schädliche Wirkung entfalten. Nehmen wir den Satz: „So etwas wie eine Gesellschaft gibt es nicht. Ich kenne nur Individuen." Zwei Menschen haben sich zu ihm bekannt, ein Schriftsteller namens Vladimir Nabokov und eine britische Politikerin mit Namen Margaret Thatcher. Für ihn bedeutete diese Absage, sich dem Kern der Persönlichkeit zu nähern, unabhängig vom System, in dem diese lebt, und ob man seine Poetik nun mag oder nicht, Nabokovs Figuren – Pnin, Humbert Humbert, Sebastian Knight – bleiben unvergessen. Er sah in ihre Herzen, zeichnete ihre Seelen und gab ihnen, in ihrer ganzen Verworfenheit, eine Würde. Und sie, die Politikerin? Ihr diente der Satz dazu, die gesellschaftliche Solidarität zu zerstören, die Gewerkschaften zu schwächen, das Individuum aus der gesellschaftlichen Einbettung zu lösen und es als loses Teilchen den Bewegungen des Marktes schutzlos auszusetzen.

Aber, werden die Letzten jetzt noch einwenden, es ist doch unbestritten, dass gewisse Werke unser Bewusstsein verändert haben. Doch, das wird bestritten, und zwar von mir. Flauberts „Madame Bovary"[2] etwa hat das Bewusstsein für die menschenverachtende Trostlosigkeit der Provinz geschaffen, und es ist ein großer Unterschied, ob man ein Bewusstsein schafft oder es verändert.

Aber muss man nicht zuerst ein Bewusstsein haben, bevor man es verändern kann? Ja, das mag sein, aber die Betrachtung von Goyas Radierungen „Die Schrecken des Krieges" schafft im Betrachter erst in zweiter Linie ein Bewusstsein für die Gräuel eines bewaffneten Konfliktes. Zuallererst schaffen Kunstwerke ein Bewusstsein für die Möglichkeiten der Kunst. Kunst ruft zur Kunst auf, und wer einen Roman zu Ende gelesen hat, fragt sich nicht, wie er die Welt verändern kann, sondern welches Buch er als Nächstes lesen soll.

Falls Sie jetzt noch immer nicht eingesehen haben, welche moralische Sauerei Ihre Lektüre darstellt, dann stellen Sie sich bitte folgende Situation vor. Eine gutgenährte, wohlhabende Person, Ihnen gar nicht unähnlich, verschlägt es in ein, sagen wir, afrikanisches Flüchtlingslager, wo gerade die Cholera ausgebrochen ist. Menschen schreien, sterben, doch statt zu helfen, sucht sich unser fiktives Ich eine einigermaßen ruhige Ecke und beginnt, sich an der Lektüre von Rilkes „Sonette an Orpheus"[3] zu erfreuen. Sie müssen zugeben, dass dieses Verhalten moralisch zumindest fragwürdig ist, und Sie müssen auch zugeben, dass im Grunde wir alle in einer etwas ruhigen Ecke eines Flüchtlingslagers leben. Die Entfernung macht das Elend bloß perspektivisch kleiner, und nur Idioten glauben, das sich entfernende Auto werde tatsächlich zum Punkt.

Quelle: Lukas Bärfuss: Stil und Moral. In: Florian Höllerer/Tim Schleider (Hrsg.): Zur Zeit. Wallstein Verlag: Göttingen 2010, S. 163–170.

Worterklärungen

1 Demiurg: griech. Handwerker, gemeint: Schöpfergott

2 Gustave Flaubert: Madame Bovary (1856): Roman über eine Frau, die an ihrer Ehe und ihrem Leben in der Provinz leidet

3 Rainer Maria Rilke (1875 – 1925): einer der bedeutendsten deutschsprachigen Dichter. Sein Gedichtzyklus „Sonette an Orpheus" (1922) ist ein Lobgesang auf die Kunst.

M 2

DER SPIEGEL

Die Utopie vom Glück

VON ANNETTE GROSSBONGARDT

Der Umbruch im 18. Jahrhundert beginnt lange vor der Revolution mit Voltaire, Montesquieu und Rousseau. Es ist die Epoche der Emanzipation und der Kritik – am Absolutismus, an der Unfreiheit, an der Rechtlosigkeit.

[...] [Voltaires] liberale Ideen machten ihn zu einem der führenden Köpfe der „Aufklärung“, wie das neue Denken der „Vernunft“ im 18. Jahrhundert genannt wird. Es war eine Zeit des Aufbruchs und des Aufbegehrens – vom „Ausgang des Menschen aus seiner selbstverschuldeten Unmündigkeit“, sprach der deutsche Philosoph Immanuel Kant. „Sapere aude – Habe Mut, dich deines eigenen Verstandes zu bedienen“, lautete einer der Wahlsprüche der Zeit, die auf Wissen, kritischen Geist, Fortschritt und Entwicklung setzte und damit ein Fundament der bürgerlichen Emanzipation legte. „Siècle des lumières“, „Jahrhundert des Lichts“, heißt die Epoche auf Französisch.

Die Aufklärer wollten eine bessere Welt – gerechte Gesetze, die für alle gelten, Meinungsfreiheit, Religionstoleranz, Menschenwürde, Freiheit. Dem Gottesgnadentum des absoluten Fürsten und einer übermächtigen Kirche setzten sie ein „Naturrecht“ entgegen, das den Menschen „von Natur aus“ frei macht und mit Rechten versieht. [...]

[Die Aufklärer] schufen ein kritisches öffentliches Meinungsklima, in dem sich die allgemeine Unzufriedenheit zunehmend Luft machte. Die Debatten vermittelten den Menschen, „dass es nicht nur die Pflicht gab zu gehorchen, sondern auch das Recht zu diskutieren“, urteilt der französische Literaturhistoriker Daniel Mornet. [...]

Nicht die Aufklärung, sondern das Volk von Paris habe die Revolution gemacht, sagte der Romanist Werner Krauss einmal überzeugend. Er sah vor allem sozioökonomische Faktoren wie die desolaten Staatsfinanzen und die horrenden Brotpreise als Auslöser. Doch die griffige These übergeht den Mentalitätswandel, den die später vielfach kritisierte Aufklärung in Gang setzte und damit ein politisches Bewusstsein schuf. „Im menschlichen Geist hat sich eine Revolution ereignet, die nichts mehr zum Stehen bringen kann“, weissagte der schon alte Voltaire. [...]

Quelle: SPIEGEL GESCHICHTE 1/2010: Die Französische Revolution

M 3

NOVO Roland Seim

Wenn Kunst als sozial schädlich deklariert wird

Dass Kunst frei sei, ist eine alte Illusion. Parallel zum modernen Kunstbegriff hat sich auch der Kontrollwillen von Staat und Gesellschaft erweitert. Zwar ist heute vieles möglich, was früher undenkbar war. Andererseits sind Zensur, Verbote und Indizierungen[1] trotz Artikel 5 des Grundgesetzes an der Tagesordnung. Die Unbeherrschbarkeit der Medien wird als Symptom einer Unbeherrschbarkeit der Bürger empfunden. [...]

Zensur ist also ein Thema von steter Aktualität. [...] Die Geistesfreiheit als Produkt der Aufklärung ist von vielen Seiten bedroht. Ob bei Erfindung des Rotationsdrucks im 19. Jahrhundert, mit Aufkommen der Kolportageromane und Groschenheftchen zu Beginn des 20. Jahrhunderts, mit Verbreitung der Comics nach dem Zweiten Weltkrieg, des Mediums Video seit den 1980er-Jahren, der Computerspiele und des Internet seit rund 10 Jahren – regelmäßig insinuieren[2] Bedenkenträger den „Untergang des Abendlandes" [...].

Heinrich Heine (1797 – 1856) wurde aufgrund seiner scharfzüngigen Kritik an den politischen Verhältnissen ein Opfer der Zensur.

Gelten viele der früher verdammten Medienobjekte heute durch den historischen Abstand als authentische Zeitzeugen für die jeweilige Befindlichkeit der Alltagskultur, so geben uns auch die Argumente der Zensurbefürworter beredtes Zeugnis über die Gesellschaftsentwicklung, über Zeitgeist und Wertewandel. „Was an Schmutz und Schund ich hab', fort damit ins Schmökergrab", lautete etwa in den 1950er-Jahren ein gängiger Spruch, unter dem Comic-Hefte auf die von Jugendschützern, Bewahrpädagogen und Moraltheologen entfachten Scheiterhaufen geworfen wurden. Galt die seit den 1970er-Jahren in Skandinavien erlaubte Freizügigkeit in der sexuellen Darstellung der deutschen Obrig- und Öffentlichkeit als Einfallstor für Sünde, Perversion und Dekadenz, so erfreut sich vieles Derartiges heutzutage breiter Zustimmung an den Kiosken, auf Litfasssäulen und in Kabelprogrammen. [...]

Neben Sexualität, Gewaltdarstellungen und Drogen rufen vor allem politische Extremstandpunkte den Zensor auf den Plan. [...]

http://www.novo-magazin.de/50/novo5086.htm; Heft 50/51 (2001)

Worterklärungen

1 indizieren: etwas auf den Index setzen, also verbieten **2** insinuieren: unterstellen

M 4 Süddeutsche.de

Warum „Pussy Riot" trotzdem gewonnen hat

von Hannah Beitzer

[…] Der Auftritt, der das Leben von Nadeschda Tolokonnikowa, Jekaterina Samuzewitsch und Maria Aljochina für immer verändern wird, dauert nur wenige Minuten. Vier Frauen in knallbunten Kleidern mit ebenso bunten Strumpfmasken auf dem Kopf stürmen in eine Kirche und zappeln vor dem Altar herum. Sie nennen sich *Pussy Riot* und singen: „Jungfrau Maria, Mutter Gottes, räume Putin aus dem Weg!" Dann werden sie von Männern in dunklen Jacken hinausbefördert. Kurz darauf werden sie verhaftet, wenig später beginnt in Moskau der Prozess gegen drei der Frauen, die hinter den Masken vermutet werden, ein Prozess, der von Anfang an als politisch motiviert kritisiert wird. […]

Solidarität mit Pussy Riot: Mit Häkelmaske und Kettensäge

Die Staatsanwaltschaft hat drei Jahre Haft für die Musikerinnen gefordert – eine harte Strafe, vor allem, da zwei der Frauen Mütter kleiner Kinder sind. In ihren Schlussplädoyers machten die Künstlerinnen deutlich, dass sie damit rechnen, im Gefängnis zu landen. „Ich habe, was den Prozess angeht, gemischte Gefühle. Einerseits erwarten wir einen Schuldspruch […]. Wir haben verloren. Andererseits haben wir aber auch gewonnen. Die ganze Welt sieht, dass der Prozess gegen uns nur gestellt ist", sagte etwa die 30-jährige Jekaterina Samuzewitsch.

Weltweit versammelten sich Menschen, um für die Freilassung der inhaftierten Mitglieder von „Pussy Riot" und Meinungsfreiheit in Russland zu protestieren.

„Ich habe keine Angst vor euch. Ich habe keine Angst vor euren Lügen, vor eurem notdürftig verschleierten Betrug und dem Urteil dieses sogenannten Gerichts", hielt die 24-jährige Maria Aljochina der Anklage entgegen, „alles, was ihr mir rauben könnt, ist die äußere Freiheit. Aber meine innere Freiheit könnt ihr mir nicht nehmen." In ihrem Plädoyer rechnete sie unbeirrt mit dem russischen Bildungssystem ab, das den

Menschen eigenständiges Denken abgewöhne.

Tatsächlich haben die Aktivistinnen – unabhängig davon, ob sie bald hinter Gittern sitzen werden oder nicht[1] – eines ihrer wesentlichen Ziele erreicht: Sie haben die ganze Welt auf die autoritären Tendenzen in ihrem Heimatland aufmerksam gemacht. Das verwackelte Video des „Punk-Gebets" ist inzwischen tausendfach im Internet verschickt worden und *Pussy Riot* sind weit über Russland hinaus zum Symbol für Widerstand und Rebellion geworden.

Überall auf der Welt initiierten Unterstützer Protestaktionen, bei denen Demonstranten mit bunten Strumpfmasken die Freilassung der Aktivistinnen fordern.

[...] Der Protest im Netz ist kaum weniger kreativ als die anarchistisch anmutenden Aktionen der Band selbst. Flink werden da Matrjoschkas, die berühmten russischen Schachtelpuppen, mit bunten Strumpfmasken entworfen, T-Shirts mit dem Logo „Free Pussy Riot" designt oder Elektro-Songs komponiert. Manch einer ruft gar zum Boykott von russischem Wodka auf.

Quelle: http://www.sueddeutsche.de/politik/prozess-gegen-russische-punkband-warum-pussy-riot-schon-jetzt-gewonnen-hat-1.1442591; erschienen am: 20.08.2012.

Anmerkung

1 Die drei Aktivistinnen wurden zu zwei Jahren Lagerhaft verurteilt. Bei einer von ihnen wurde die Strafe zur Bewährung ausgesetzt. Im Zuge einer Ende 2013 vom russischen Parlament beschlossenen Massenamnestie wurden die beiden inhaftierten Aktivistinnen kurz vor ihrer Entlassung begnadigt.

M 5 Francisco de Goya: Die Schrecken des Krieges (1810–1814)

In seinem Bilderzyklus stellte Goya (1746–1828) drastisch die Gräueltaten im Kampf zwischen den napoleonischen Soldaten und den spanischen Partisanen dar.

3 Den Schreibplan umsetzen

Wenn Ihr Schreibplan fertig ist, haben Sie eine gute Grundlage, um Ihren Essay zu schreiben. Ein gewisses Geschick erfordern lediglich noch der Beginn und der Schluss:

- Der **Einstieg** ist wie ein „Türöffner“: Er soll beim Leser Interesse wecken und ihn einladen, sich auf den ganzen Text einzulassen.
- Der **Schluss** muss wie ein abschließender „Paukenschlag“ wirken: Er sollte verwundern, verwirren, provozieren ... kurz: Er sollte so gestaltet sein, dass der Leser den Text zwar aus der Hand legen, ihn aber nicht so leicht vergessen kann.

Das Ausformulieren des **Hauptteils** ist vor allem eine Fleißarbeit, die Durchhaltevermögen erfordert. Achten Sie beim Schreiben darauf, dass Sie Ihre Aussagen auch ansprechend formulieren. Sie wollen ja erreichen, dass der Leser Ihren Text gern liest – bis zum Schluss.

Schritt für Schritt:

1 Beginnen Sie mit dem Verfassen des **Einstiegs**, also des ersten Absatzes. Nehmen Sie ein Extrablatt zur Hand und probieren Sie zunächst verschiedene Möglichkeiten aus. Wählen sie danach denjenigen Entwurf, der Ihnen bei genauer Prüfung als der gelungenste erscheint, und übertragen Sie ihn in Ihre Reinschrift.

2 Formulieren Sie danach alle Ihre Einfälle aus, die Sie in Ihrem Schreibplan notiert haben. Beginnen Sie jeweils einen neuen Absatz, wenn Sie sich dem nächsten Gedanken zuwenden. Achten Sie darauf, dass Ihre Darstellung einen **„roten Faden“** aufweist: Dem Leser muss klar sein, in welchem Bezug der nachfolgende Absatz zum vorherigen steht.
Hin und wieder darf Ihre Darstellung aber auch ruhig den Eindruck des Sprunghaften haben, sodass der Leser den Eindruck bekommt, Ihnen sei plötzlich und unerwartet noch ein interessanter Gedanke gekommen. (Trotzdem muss der Bezug zum Ganzen natürlich stets zu erkennen sein.)

3 Verfassen Sie Ihren **Schlussabsatz**. Probieren Sie zunächst wieder mehrere Möglichkeiten auf einem extra Blatt aus und übertragen Sie dann die gelungenste Version ins Reine.

…fgabe 33 Schreiben Sie einen Essay zum Thema *Kann Kunst die Welt verändern?* Berücksichtigen Sie dafür die Materialien 1–5 auf S. 79–84.

…fgabe 34 Verfassen Sie einen Essay zum Thema *Kind oder Karriere?* Werten Sie dafür zunächst das Dossier (Materialien 1–5) aus.
Hinweis: Berücksichtigen Sie auch die Sicht von Männern.

M 1

Die prekäre Work-Life-Balance ambitionierter Frauen

DIE WELT von ANJANA SHRIVASTAVA

Zu Beginn jenes glamourösen Abends in New York ist Anne-Marie Slaughter noch von der Gewissheit beseelt, dass sie in ihrem 54. Lebensjahr nun wirklich alles hat: eine Traumkarriere, zwei Kinder, einen Mann, der Professor an der Elite-Uni Princeton ist. Die Gastgeber für den Empfang der UN-Hauptversammlung sind Barack und Michelle Obama, Slaughter spielt als Leiterin des Planungsstabs im US-Außenministerium eine prominente Rolle.

Mit einem Sektglas in der Hand grüßt sie Außenminister aus der ganzen Welt. Die große, schlanke Frau, ebenfalls Professorin in Princeton und für ihren Regierungsjob freigestellt, ist im Zentrum der Macht angekommen. Doch etwas nagt an der Karrierefrau. Es sind nicht die Probleme in Afghanistan, auch nicht der Atomstreit mit Teheran. Slaughter denkt mit Falten auf der hohen Stirn an ihren ältesten Sohn. Denn der 14-Jährige, seit drei Wochen in der 8. Klasse seiner Schule in New Jersey, ignoriert seine Hausaufgaben, streikt beim Mathekurs, verweigert Gespräche mit den alarmierten Erwachsenen.

Rabenmütter kennen die USA nicht

In Amerika gibt es kein Wort für „Rabenmutter". In der von hohem Arbeitsethos durchsetzten Kultur des Landes ist es heute eher die „stay-at-home mom", die Hausfrau, die sich rechtfertigen muss. […] Die amerikanische Kultur ermutigt grundsätzlich starke Individuen, Männer wie Frauen.

An diesem Abend fühlt sich Slaughter jedoch wie eine Rabenmutter, ohne das Wort zu kennen. Dabei macht ihr niemand Vorwürfe, dass sie jeden Montag um halb fünf aufsteht, um in Princeton, New Jersey, in den Zug nach Washington zu steigen und ihre Familie bis zum Freitag hinter sich zu lassen.

Die Powerfrau Slaughter ist Mitglied einer Generation, die sich vorgenommen hatte, durch kollektiven Aufstieg die „gläsernen Decken" von Wall Street und Washington zu zerschlagen. Nun beschleicht sie das horrende Gefühl, dass die Decke ihres eigenen Heims zusammenbricht. Dieses Gefühl stürzt Slaughter nicht nur in einen Gewissenskonflikt, sondern gleich in zwei. Noch auf der Party in New York schüttet sie ihr Herz einer Freundin aus; einer Topberaterin im Weißen Haus. Slaughter erzählt, dass sie ihre Gewissensbisse zu Papier bringen und auf den einschlägigen Meinungsseiten veröffentlichen wolle. Über diesen kürzlich in dem politischen Magazin „The Atlantic" erschienenen Text, in dem Slaughter über die prekäre Work-Life-Balance ambitionierter Frauen schreibt, über die (Un-)Vereinbarkeit von Beruf und Familie, reden inzwischen die ganzen USA.

Dabei wäre er fast nicht geschrieben worden. Denn die Freundin wollte

Slaughter am liebsten einen Maulkorb verpassen. Wenn sie ihren Job in Washington wegen eines pubertierenden Jungen aufgeben wolle – okay. Aber sie dürfe dies keineswegs öffentlich machen. Schließlich sei Slaughter ein Vorbild für junge Frauen! Die dürfe man nicht entmutigen, manche würden nach der Lektüre womöglich ihre beruflichen Pläne aufgeben!

Tsunami der Aufmerksamkeit

Mit ihrem Artikel hat Slaughter einen Nerv getroffen. Denn im Powerkorridor zwischen Boston, New York und Washington existieren diese „Work-Life"-Konflikte offiziell nicht. Die Veröffentlichung von „Warum Frauen immer noch nicht alles haben können" im „Atlantic" hat einen Tsunami der Aufmerksamkeit ausgelöst. Millionen Leser hat der Essay gefunden, bei Facebook wurde er bereits 200 000 Mal empfohlen. Doch die Probleme, die Slaughter beschreibt, reichen über die USA hinaus.

Sie scheinen symptomatisch für westliche Gesellschaften. Schließlich kam der Einwand von Slaughters feministischer Freundin nicht von ungefähr. In den USA und auch in Deutschland ist es ein offenes Geheimnis, dass Frauen Führungspositionen seltener anstreben, als man es vor 30 Jahren erwartet hätte.

[...] Slaughter bedauert, dass nur Übermenschen, superreiche oder kinderlose Frauen es ganz nach oben schaffen. Also fordert sie für die Eltern der Mittelklasse – auch für Männer – flexiblere Arbeitsstunden, weniger Druck, extrem lange Stunden im Büro verbringen zu müssen, sowie eine Angleichung zwischen den Stundenplänen der Kinder und den Arbeitsplänen des Arbeitgebers. [...]

Quelle: http://www.welt.de/politik/ausland/article107612728/Die-prekaere-Work-Life-Balance-ambitionierter-Frauen.html; erschienen am: 01. 07. 2012

M 2

LESERKOMMENTARE • LESERKOMMENTARE • LESERKOMMENTARE

- **BÜRGERIN:** Es bringt nichts, die Natur ändern zu wollen. Familie macht glücklicher als Geld. Einsam im Sterbebett liegend werden Karrierefrauen dann jammern und das Leben verfluchen.
  Väter, schützt eure Töchter vor Kommerz, Karriere, Konsum und Kapitalismus. Familie, Anstand, Ehre, Stolz und Liebe sind wichtiger.
- **LANGWEILER:** Woher kommt eigentlich immer die Annahme, dass Frauen, die den Beruf einer Familie vorziehen, später „einsam und allein im Sterbebett" liegen müssen??
  Und gibt es nicht auch stressige, einengende und spießige Familien, wo mir meine Partner und Freunde näher sind??
- **GAST:** Die Gesellschaft bekommt das, was sie verdient hat: keine Kinder. Wenn ein Leben mit Familie nur noch mit zwei Einkommen möglich ist, erübrigt sich jede Diskussion. Ohne die Möglichkeit, Beruf und Familie miteinander zu vereinbaren, gibt es auch keine Familien. So einfach ist das. Da muss man auch nicht über böse Frauen, die arbeiten, ablästern. Auch in Deutschland fällt das Geld nicht (mehr) vom Himmel.

- **TRUDI:** Kinder brauchen beständige Bezugspersonen, die wirklich Muße haben, sich mit ihnen auseinanderzusetzen. Das geht nicht nach Zeitplan u. ist bei Vollzeitjobs nicht möglich. Eine bezahlte Erzieherin ist kein Ersatz für einen guten Vater oder Mutter, die sich Zeit nehmen. Kinder brauchen ein Leben lang Eltern, denen sie wichtig sind. Daher habe ich immer Teilzeit gearbeitet. Mein inzwischen erwachsener Sohn ist der größte Erfolg meines Lebens und ich lebe in ihm wirklich weiter, nur besser.

Quelle: http://www.welt.de/politik/ausland/article107612728/Die-prekaere-Work-Life-Balance-ambitionierter-Frauen.html#comment-574096417

M 3

FRIEDRICH SCHILLER

Das Lied von der Glocke

(1799, Auszug)

[…] Der Mann muss hinaus
Ins feindliche Leben,
Muss wirken und streben
Und pflanzen und schaffen,
Erlisten, erraffen,
Muss wetten und wagen,
Das Glück zu erjagen.
Da strömet herbei die unendliche Gabe,
Es füllt sich der Speicher mit köstlicher Habe,
Die Räume wachsen, es dehnt sich das Haus.
Und drinnen waltet
Die züchtige Hausfrau,
Die Mutter der Kinder,
Und herrschet weise
Im häuslichen Kreise,
Und lehret die Mädchen
Und wehret den Knaben,
Und reget ohn Ende
Die fleißigen Hände,
Und mehrt den Gewinn
Mit ordnendem Sinn.
Und füllet mit Schätzen die duftenden Laden,
Und dreht um die schnurrende Spindel den Faden,
Und sammelt im reinlich geglätteten Schrein
Die schimmernde Wolle, den schneeigten Lein[1],
Und füget zum Guten den Glanz und den Schimmer,
Und ruhet nimmer. […]

Worterklärung
1 schneeigter Lein: schneeweißes Leinen

Quelle: Friedrich Schiller: Werke und Briefe in zwölf Bänden. Bd. 1: Gedichte. Frankfurt/Main 1992, S. 59 f.

M 4

na•presseportal

Deutschland bei Frauen in Führungspositionen Schlusslicht

VON ANETTE WEIDNER

[…] Derzeit wird in Deutschland über die Einführung einer Frauenquote in den Führungsetagen der Unternehmen diskutiert. Eine Untersuchung der HR-Managementberatung Hay Group zeigt, dass Frauen dort bislang deutlich unterrepräsentiert sind. Nur auf Teamleiter-Ebene sind heute über 20 Prozent der Angestellten weiblich.
Auch innerhalb Europas sind Frauen auf Teamleiterebene nach wie vor unterrepräsentiert, wie ein Vergleich ausgewählter Länder zeigt. Vorreiter sind Polen, Schweden und Großbritannien mit über 35 Prozent weiblicher Angestellter auf dieser Ebene. Auch in der Türkei und in Ungarn ist der Frauenanteil unter den Teamleitern hoch: Er liegt in diesen beiden Ländern bei über 30 Prozent.
In den Top-Führungspositionen europäischer Unternehmen liegt der Frauenanteil unter 15 Prozent. Nur schwedische, ungarische und britische Unternehmen beschäftigen auf Bereichsleiter-Ebene jeweils 20 Prozent Frauen. In polnischen Unternehmen sind nur noch sieben Prozent der Führungskräfte weiblich, vergleichbar mit den Schlusslichtern Deutschland, Spanien und Österreich. […]

http://www.presseportal.de/pm/66526/1580155/deutschland-bei-frauen-in-fuehrungspositionen-schlusslicht-mit-bild-tuerkische-unternehmen; Pressemeldung vom 18.3.2010

M 5

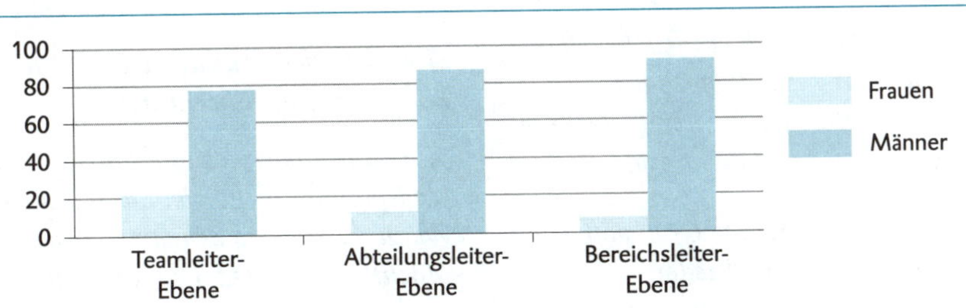

Quelle: http://www.haygroup.com/downloads/de/misc/frauen_in_fuehrungspositionen_deutschland.jpg

Aufgabe 35 Schreiben Sie einen Essay zum Thema „Versuch über das Glück“. Werten Sie dafür die vorliegenden Materialien (M 1 bis M 5) aus. Sie können auch eigene Erfahrungen berücksichtigen.

M 1

Ludwig Marcuse: Philosophie des Glücks

[...] Das große Glück ist wahrscheinlich kein Plural; aber seine Herkunft ist plural. Und alle herrischen, beschränkenden Definitionen: „Glück ist ...“ stammten aus dem Irrtum, dass Glück nur auf einem einzigen Wege entstehen kann. Dieser Irrtum geht darauf zurück, dass der oder jeder wirklich nur auf diesem oder jenem Weg Glück produzieren konnte. Ein Einzelner hatte infolge seiner begrenzten Anlagen fürs Glücklichsein (seine körperliche, charakterliche, soziale, weltgeschichtliche Beschränktheit begrenzte ihn) nur diesen einen Weg, glücklich zu werden. So definierte er das Glück auf der Grundlage seiner spezifischen Möglichkeit, es zu erlangen. Jeder Einzelne ist ein spezifisches Glückspotenzial.

Einer ist besonders begabt für körperliches Glück, ein anderer für geistiges. Einer hat Talent nur für das Glück, das der Gaumen und das Geschlecht gibt; ein Talentierterer entdeckt, dass selbst die traditionellen fünf Sinne nur eine winzige Auswahl der Pforten sind, durch die das Glück in einen einziehen kann. Einer fand im Denken alles Glück und einer im Weg-Denken. Die Geschichte des Glücklichseins ist lang und reich. Nur die ganze Geschichte, nicht eine ihrer Episoden kann das Glück definieren. [...]

Mein Glück – das kann nur meine Schöpfung sein, die niemand mir abnehmen kann. Glücklichsein ist eine Kunst, wie man seit je weiß. Um ein Künstler zu werden, braucht man Begabung, Fleiß und Vorbilder. Um ein Glücklicher zu werden, braucht man dasselbe. Wer ein Glücks-Rezept verlangt, ähnelt einem Mann, der ein Dicht-Rezept verlangt. Begabung und Bemühung muss jeder von sich aus beibringen. Doch kann er deshalb noch nicht auf die Vorbilder verzichten.

Wer aber auf das Glücklichsein verzichtet, erfüllt sein Dasein nicht. Denn jeder ist – der Anlage nach: eine neue Variante des Glücks.

Quelle: Ludwig Marcuse: Philosophie des Glücks; Copyright © 1972, 1996 Diogenes Verlag AG Zürich, S. 21 ff.

M 2

Es ist das Glück ...
von EMANUEL GEIBEL (1815–1884)

Es ist das Glück ein flüchtig Ding
Und war's zu allen Tagen;
Und jagtest du um der Erde Ring,
Du möchtest es nicht erjagen.

Leg' dich lieber ins Gras voll Duft
Und singe deine Lieder;
Plötzlich vielleicht aus blauer Luft
Fällt es auf dich hernieder.

Aber dann pack' es und halt es fest
Und plaudre nicht viel dazwischen;
Wenn du zu lang es warten lässt,
Möcht' es dir wieder entwischen.

M 3 Süddeutsche Zeitung Magazin

Der weite Weg zum Glück

von Michael Saur (Interview)

[…] Was machen glückliche Menschen anders als andere? Die Grant-Studie versucht diese Frage zu beantworten. 268 Harvard-Absolventen, Jahrgang 1910 aufwärts, wurden vom Studium bis zum Ruhestand begleitet. […] Ein Gespräch mit dem Leiter der Studie.

SZ-Magazin: Herr Vaillant, Sie haben die 268 Männer Ihrer Studie einmal als „Hunderte von Karamasows" bezeichnet, in Anlehnung an den Roman des Schriftstellers Fjodor Dostojewski.

George Vaillant: Richtig. Die Studie gewährt tiefe Einblicke in Schicksale, so wie es sonst nur dem Roman vorbehalten ist.

SZ-Magazin: Was hat Sie in erster Linie gereizt, als Sie die Studie 1967 verantwortlich übernahmen?

George Vaillant: Als ich die Akten zum ersten Mal sah, war das ein Gefühl, als hätte man mir den Schlüssel zu Fort Knox überreicht. Langzeitstudien, in denen Bestandsaufnahmen in Echtzeit durchgeführt werden, leiden nicht unter einem verzerrten Erinnerungsbild. Die Lebensläufe dieser Männer in der Länge und Tiefe verfolgen zu können war wie ein Blick durch das beste Teleskop der Welt.

SZ-Magazin: Wissen Sie nach über 45 Jahren Forschung, was Glück ist?

George Vaillant: Im poetischen Sinne ist Glück, in sein Ferienhaus zu kommen und die Wäsche sauber und ordentlich gefaltet vorzufinden. Und dabei von vier liebenden Kindern und sechs liebenden Enkeln umgeben zu sein.

SZ-Magazin: Aber ein Ferienhaus muss man sich erst mal leisten können.

George Vaillant: Das Haus muss nicht so groß sein […], sondern nur nah genug am Wasser liegen, damit man seinen Kindern das Segeln beibringen kann. Nein, das Ferienhaus meine ich im übertragenen Sinn. Reich zu sein ist kein Garant für Glück. Geld kann zweifellos Freude bereiten, doch an Reichtum gewöhnt man sich schnell. Dann wird er unbedeutend. […]

SZ-Magazin: Können Sie die Definition von Glück prägnant in einem Satz formulieren?

George Vaillant: Glück ist, nicht immer alles gleich und sofort zu wollen, sondern sogar weniger zu wollen. Das heißt, seine Impulse zu kontrollieren und seinen Trieben nicht gleich nachzugeben. Die wahre Glückseligkeit liegt dann in der echten und tiefen Bindung mit anderen Menschen.

SZ-Magazin: Wer waren die Glücklichsten in Ihrer Studie?

George Vaillant: Zwei gut ausgebildete Männer, die gelernt hatten, ihr Wissen als Lehrer erfolgreich weiterzuvermitteln. Sie hatten glückliche Familien und Ehen, die sechzig Jahre lang gehalten hatten.

SZ-Magazin: Und die Unglücklichsten?

George Vaillant: Unglück gab es in vielen unterschiedlichen Varianten. Diejenigen, die zu trinken begannen, an einer Depression oder an schlimmeren Psychosen erkrankten, waren die Unglücklichsten. Aber es gab daneben drei Rezepte für garantiertes Unglück: den Tod eines Kindes, den Tod eines Ehepartners und die Wahl des falschen Ehepartners.

SZ-Magazin: Können Sie das in Zahlen fassen?

George Vaillant: Ungefähr 25 Prozent der Teilnehmer haben ein gelungenes Leben geführt. Sie blieben von schweren seelischen und körperlichen Leiden verschont und sie blieben ihr Leben lang optimistisch. Ein Sechstel waren die „Traurig-Kranken“, die mit der Welt und sich haderten. Bei einem Drittel waren Leiden und Zufriedenheit ausgeglichen. […]

SZ-Magazin: Setzt Glück eine gewisse Reife voraus?

George Vaillant: Das kurze Glück ist das Geschwisterchen der Lust. Lust jedoch veranlasst zur Suche, ist selbstbezogen und birgt die Gefahr der Abhängigkeit. Aber jede Sucht ist immer ein Abgrund. Beim wahren Glück geht es um langfristiges Wohlbefinden, nicht um die Befriedigung von impulsiven Wünschen. Es stimmt also, wir sind für Abhängigkeiten anfälliger, wenn wir jünger sind. Insofern ist Reife wichtig.

Quelle: http://sz-magazin.sueddeutsche.de/texte/anzeigen/39739; erschienen in Heft 13 (2013)

M4 Glück, Freude, Wohlbefinden

Ergebnisse einer repräsentativen Umfrage unter Erwachsenen in Deutschland

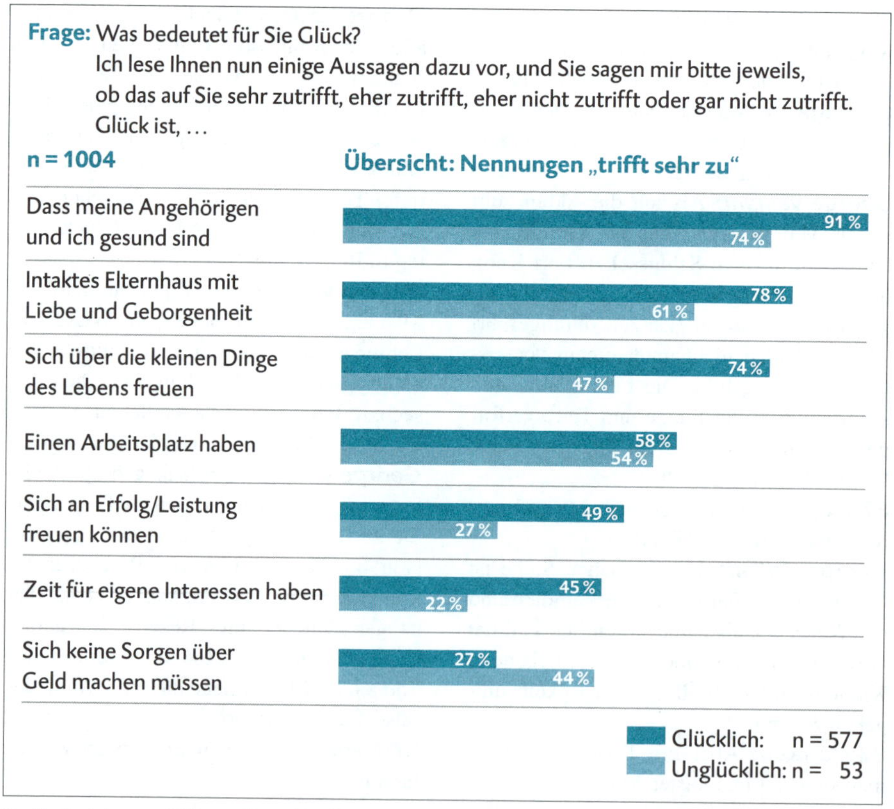

Quelle: Bertelsmann-Stiftung, Gütersloh 2008

M5

Frankfurter Allgemeine

Das Bruttoinlandsprodukt und das Glück

von Philip Plickert

[…] Wie hoch das BIP[1] in seinem Land sei, wurde der junge König von einem westlichen Journalisten gefragt. Bruttoinlandsprodukt? König Jigme Singye Wangchuck von Bhutan schüttelte den Kopf. Es komme, sagte er, nicht auf das BIP, sondern auf das Bruttonational-Glück an. Seit einigen Jahren errechnet Bhutan einen Glücks-Index. Dazu befragt der Staat die Untertanen, ob sie zufrieden und gesund sind, ob sie genug Geld fürs Leben haben (es ist nicht viel), ob sie täglich beten und meditieren. Die Wirtschaft ist einem strikten Umweltschutz untergeordnet.

Endliche Ressourcen

Auch im Westen zweifeln immer mehr, ob BIP-Wachstum erstrebenswert ist. Es gibt vielerlei Bedenken. Vor vierzig Jahren, Anfang 1972, mobilisierte der Bericht des Club of Rome über „Die Grenzen des Wachstums“ die ökologische Bewegung. Seitdem haben sich zwar die Öl-, Gas- und Metallvorkommen als viel größer herausgestellt, als der Club of Rome und sein Hauptautor, der Ökonom Dennis Meadows, annahmen. Doch ist unbestritten, dass die Ressourcen endlich sind und die Welt damit sparsam und effizient umgehen muss. Nachhaltiges Wirtschaften heißt auch, nicht durch übermäßige Kredite kurzfristig die Konjunktur anzukurbeln und kommenden Generationen Schuldenberge zu vererben.

An materiellen Maßstäben gemessen ist Bhutan ein armes Land. Und doch scheinen viele Menschen dort glücklicher zu sein als in konsumorientierten westlichen Ländern.

Die Wachstumsskepsis speist sich auch aus einem Wertewandel. Während die Schwellenländer Wirtschaftswachstum forcieren und sich dort Hunderte Millionen gerade erst aus der Armut befreien, betonen in den reichen Staaten immer mehr Menschen nicht-materielle Werte, wie der World Value Survey[2] zeigt. […] Gerade in den gutsituierten, abgesicherten Kreisen behaupten […] viele, es komme ihnen auf Materielles nicht an. […]

Quelle: http://www.faz.net/aktuell/wirtschaft/wachstumsdebatte-das-bruttoinlandsprodukt-und-das-glueck-11710161.html; erschienen am: 07.04.2012

Worterklärungen

1 Bruttoinlandsprodukt (abgekürzt: BIP): Summe der Waren und Dienstleistungen, die innerhalb einer Volkswirtschaft während eines Jahres hergestellt werden

2 World Value Survey: weltweite Umfrage über die Einstellung zu verschiedenen Werten

Texte ansprechend gestalten

Bei einem Text sind gute und kluge Gedanken nur die eine Seite der Medaille. Genauso wichtig ist die **Qualität der Darstellung**. Dem Leser wird ein Text nur dann gefallen, wenn er keine Verständnishürden bewältigen und sich nicht fragen muss: „Was meint er/sie eigentlich?" Oder: „Worauf bezieht sich das?" Hin und wieder sollte der Leser an einer Formulierung auch seine Freude haben, z. B. weil der Schreiber ein passendes Sprachbild eingefügt hat, etwa eine Redewendung oder eine Metapher.

Grundsätzlich sollte auch ein kreativ gestalteter Text in Standardsprache verfasst sein. Das gelegentliche (!) Einstreuen einer umgangssprachlichen Wendung kann aber durchaus belebend wirken und für Auflockerung sorgen.

Berücksichtigen Sie folgende Grundprinzipien beim Verfassen eines Textes:
- Achten Sie auf **Verständlichkeit**.
- Sorgen Sie für **Abwechslung**.

1 Zehn Ratschläge zum geschickten Schreiben

1. **Vermeiden Sie Wiederholungen.** Das gilt v. a. für Wörter, aber auch die Wiederholung immer gleicher Satzkonstruktionen (Subjekt – Prädikat – Objekt) wirkt monoton.
   Tipp: Ändern Sie ab und zu die Reihenfolge der Satzglieder. Beginnen Sie einzelne Sätze z. B. mit dem Objekt oder einer adverbialen Bestimmung.
2. **Sorgen Sie für Verständlichkeit.** Vermeiden Sie insbesondere unübersichtliche Satzgefüge mit mehr als zwei Nebensätzen. Gönnen Sie Ihrem Leser hin und wieder eine Atempause!
3. **Bringen Sie Bewegung in den Text.** Unterbrechen Sie den stetig dahinfließenden Strom der Satzgefüge durch knappe Hauptsätze. Wenn es sich anbietet, können Sie sogar elliptisch verkürzte Sätze verwenden, um den Rhythmus des Textes abwechslungsreich zu gestalten.
   Tipp: Gewöhnen Sie sich vor allem an, **Thesen** in Form von kurzen, übersichtlichen Hauptsätzen zu formulieren. So können sie dem Leser nicht entgehen, denn kurze Hauptsätze wirken klar und bestimmt und fallen deshalb ins Auge.

4. **Veranschaulichen Sie allgemeine Aussagen.** Führen Sie passende Beispiele an, damit der Leser sich von dem, was Sie sagen, ein Bild machen kann. Er wird Ihren Gedankengängen dann bereitwilliger folgen. Auch Sprachbilder sorgen für Anschaulichkeit und Attraktivität.
5. **Setzen Sie gezielt rhetorische Mittel ein.** Fragen oder Ausrufe wecken die Aufmerksamkeit. Insbesondere rhetorische Fragen (z. B.: *Sollen wir uns das etwa bieten lassen?*) können den Leser wachrütteln. Zugleich zeigen sie, dass sich der Schreiber seiner Sache sehr sicher ist (da er ja genau weiß, welche Antwort er auf seine Frage erwarten kann).
6. **Sprechen Sie den Leser ab und zu direkt an.** Auf diese Weise signalisieren Sie Ihrem Adressaten, dass Sie ihn im Blick haben und Verständnis für ihn aufbringen. Zeigen Sie ihm, dass Sie sich vorstellen können, welches Vorwissen er mitbringt, welche Erwartungen er hat usw.
7. **Stellen Sie ausdrücklich Zusammenhänge her.** Dies betrifft insbesondere das Verhältnis von Grund und Folge.
   Tipp: Fragen Sie sich innerlich bei jedem Satz, den Sie neu beginnen: Was hat diese Aussage mit der vorherigen zu tun? Verdeutlichen Sie die Zusammenhänge zwischen den einzelnen Sätzen, z. B. durch Einfügen von passenden Konjunktionen (z. B. *wenn, weil, obwohl*) oder Adverbien *(deshalb, trotzdem)*. Hinweise für Überleitungen finden Sie auf S. 17.
8. **Vermeiden Sie überlange Attribute.** Lagern Sie diese in einen Nebensatz aus, z. B. in einen Relativsatz. So wird Ihre Darstellung übersichtlicher.
   Beispiel:
   Der seit Langem mit seiner Familie in Deutschland lebende Mann ...
   → *Der Mann, der seit Langem mit seiner Familie in Deutschland lebt, ...*
9. **Gestalten Sie Ihren Text lebendig.** Das kann Ihnen gelingen, wenn Sie weitgehend auf Nominalisierungen verzichten. Verwenden Sie lieber Verben, um auszudrücken, was eine Person sagt, tut oder denkt.
   Beispiel:
   Das Einlegen eines Widerspruchs gegen den Bescheid durch den Antragsteller löste bei den Mitarbeitern Erstaunen aus.
   → *Die Mitarbeiter waren erstaunt darüber, dass der Antragsteller gegen den Bescheid Widerspruch einlegte.*

10. Bevorzugen Sie das Aktiv. Verzichten Sie nach Möglichkeit auf das Passiv. Es klingt meist umständlich, schon durch das Hilfsverb *werden*. Außerdem wirkt es zaghaft; der Leser wird sich fragen: *Warum sagt der Schreiber, was getan wird, statt zu sagen, wer was tut?*
Beispiel:
Der Anrufbeantworter wurde von der Sekretärin abgehört.
→ *Die Sekretärin hörte den Anrufbeantworter ab.*

TIPP

Die meisten Ratschläge lassen sich auf jede Textsorte anwenden. Einige von ihnen kommen aber eher für Texte infrage, die kreativ gestaltet sein sollen.

Aufgabe 36

Welche Ratschläge eignen sich sowohl für eine sachliche Zusammenfassung als auch für einen kreativ gestalteten Text, und welche lassen sich überwiegend einer Art von Text zuordnen? Kreuzen Sie entsprechend an.

Ratschlag Nr. …	passt vor allem zu einer sachlichen Zusammenfassung.	passt vor allem zu einem kreativ gestalteten Text.	passt zu beiden Arten von Texten.
1			
2			
3			
4			
5			
6			
7			
8			
9			
10			

2 Überzeugende Beispiele finden

Mit einem Beispiel will man dem Leser helfen, sich eine genauere Vorstellung vom Sinn einer bestimmten Aussage zu machen. Indem der Schreiber ein Beispiel anführt, bezieht er eine **allgemeine Aussage** auf einen **konkreten Sachverhalt**. Das Beispiel ist dann zugleich wie ein Beleg: Es zeigt, dass die allgemeine Aussage stimmt.

Ein überzeugendes Beispiel erfüllt folgende Kriterien:

- **Es ist glaubwürdig.** Ein Beispiel, das der Schreiber an den Haaren herbeigezogen hat, nur um überhaupt eines zu haben, ist unpassend. (Falls Ihnen kein treffendes Beispiel einfällt, sollten Sie lieber Ihre Erklärungen etwas ausführlicher gestalten, sodass der Leser Ihre Gedanken verstehen kann.)
- **Es passt zum Sachverhalt.**
- **Es stammt aus dem Erfahrungsbereich des Schreibers.** Nur dann wird es ihm gelingen, sein Beispiel anschaulich darzustellen.
- **Es stammt aus dem Erfahrungsbereich des potenziellen Adressaten.** Was nützt es, wenn sich der Schreiber auf ein Beispiel bezieht, das der Leser nicht nachvollziehen kann?

Aufgabe 37

a) Das folgende Beispiel stammt aus der Klausur einer Schülerin, ist aber völlig ungeeignet. Erklären Sie, warum. Beziehen Sie sich auf die obigen Kriterien.
Hinweis: Thema ist die Frage, ob der Umgang mit den elektronischen Medien dazu führen kann, dass unsere Sprache Schaden nimmt.

> [...] Die deutsche Sprache kann gar nicht darunter leiden, dass viele Menschen in ihrem Alltag elektronische Medien einsetzen. Die meisten von ihnen sind seit Jahren daran gewöhnt, sich mithilfe dieser neuen Technik ihr Leben zu erleichtern. Deshalb wissen sie auch, wie man eine E-Mail oder eine SMS schreibt. Wenn ich auf dem Weg zur Schule merke, dass ich mein Handy vergessen habe, fühle ich mich ganz unglücklich, geradezu unvollständig. Dann kehre ich lieber noch einmal um, um es zu holen, und nehme in Kauf, zu spät zur Schule zu kommen. [...]

b) Ergänzen Sie zu dieser These die Begründung und ein passendes Beispiel:
Der Einsatz elektronischer Medien hat keinen Einfluss auf unsere Sprache.

3 Sprachbilder verwenden

Sprachbilder erfüllen verschiedene Zwecke in einem Text:

- Zunächst einmal sind sie ein **schmückendes Beiwerk** und damit eine Zierde für jeden Text.
- Wie passende Beispiele sorgen sie für **Anschaulichkeit**.
- Sie klingen interessant, manchmal sogar überraschend und **wecken** dadurch das **Interesse** des Lesers.

Damit sie diese Zwecke erfüllen, müssen sie allerdings sorgfältig ausgewählt werden. Ungeeignet sind Sprachbilder, ...

- die nicht mehr auffallen, weil man sie im Alltag ständig hört. Dazu gehören bestimmte Sprichwörter und Redensarten wie z. B.: *Man sollte das Kind nicht mit dem Bade ausschütten.*
- die unpassend sind, weil sie zum gemeinten Sachverhalt gar nicht passen oder in sich unsinnig sind. Wenn eine Gewerkschaft z. B. meint, sie würde sich „das soziale Netz nicht durchlöchern" lassen[10], dann ist das unlogisch, denn ein Netz hat ohnehin Löcher.
- die überflüssig sind, weil sie die Darstellung eines Sachverhalts nicht durch zusätzliche Vorstellungen anreichern.
- Auch sollte man nicht zu viele Sprachbilder einsetzen, weil sie dann als störend wahrgenommen werden könnten.

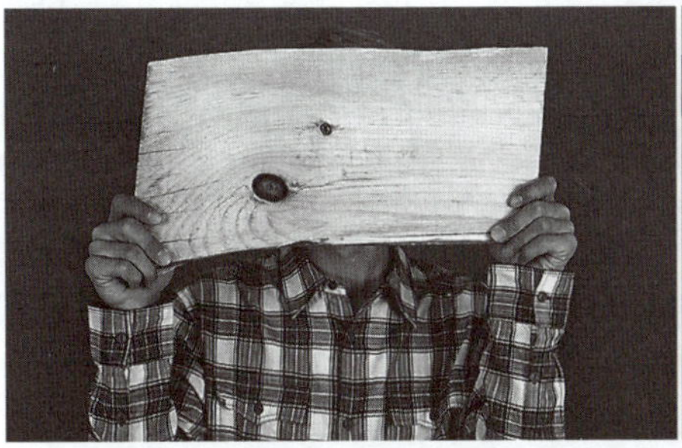

Sprachbilder, die in den alltäglichen Sprachgebrauch eingegangen sind, fallen kaum auf und eignen sich nicht, um die Aufmerksamkeit des Lesers zu gewinnen.

Aufgabenstellung: Lesen Sie den Text „Zugpferde auf dem Holzweg" und bearbeiten Sie dann die zugehörigen Aufgaben.

[10] Wolf Schneider führt dieses Sprachbild als Beispiel für eine misslungene Metapher an (vgl. Wolf Schneider: Deutsch für Kenner. Piper Verlag: München/Zürich 2008⁴, S. 236).

DIE WELT

Zugpferde auf dem Holzweg

von Sönke Krüger

Das neue Jahr steckt noch in den Kinderschuhen („Ostsee-Zeitung"). 13 Tage ist es jetzt alt, doch das ist nur die Spitze des Eisbergs („BZ"), denn es werden noch 353 weitere folgen. Tage, an denen Kurt Beck auf dem Holzweg sein wird („Stern"). Tage, an denen Gras über die Sache wächst („Rheinischer Merkur"), was man in Zeiten der Klimakatastrophe durchaus als Erdrutschsieg feiern kann („Tagesspiegel"). Auch George W. Bush profitiert vom Klimawandel: Hatte er zuletzt im Irak Schiffbruch erlitten („Süddeutsche Zeitung"), gewinnt er jetzt Oberwasser („Welt am Sonntag") durch die abschmelzenden Gletscher.

Dumm bloß, dass sie zu schnell schmelzen und ihm das Wasser inzwischen bis zum Hals steht („Berliner Kurier"). Das hätte sicher das Fass zum Überlaufen gebracht („Wirtschaftswoche"), wenn nicht kurz zuvor an ihm (dem Fass, nicht an Bush) der Zahn der Zeit genagt hätte („Berliner Morgenpost"), was ihm (dem Fass, nicht Bush) quasi den Boden aushaut („Die Zeit").

Können Sie folgen? Oder zieht Ihnen dieser Metaphern-Salat den Boden unter den Füßen weg („FAZ")? Dann sei an dieser Stelle der Schleier gelüftet („Geo") [...]: Vorsicht vor schiefen Bildern und abgedroschenen Phrasen!

All die losgetretenen Lawinen und Pilze, die aus dem Boden schießen, sind unoriginell und kraftlos, ebenso wie große Bahnhöfe und die Abermillionen von Klinken, die man sich in ungezählten Zeitungsartikeln munter in die Hand gibt. Ganz zu schweigen von entgleisten Metaphern, zum Beispiel dieser: Alten Öltanks geht es an den Kragen (hr-online). Oder jener: Matthias Sammer, der als Fußballer ein Zugpferd war, ließ sich von seiner Frau Karin vor den Schlitten spannen („Revue").

Eine Metapher ist ein Wort oder eine Redewendung von übertragener Bedeutung, eine „Sprechblume" (Jean Paul). Gelungen ist sie nur dann, wenn sie kraftvoll, anschaulich und überraschend ist, etwa so: Ein Reh? Ist eine Seele mit vier Beinen (Online-Magazin „Ohrenkuss"), oder so: Kinder sind Brücken in die Welt von morgen (Bundespräsident Horst Köhler in seiner Antrittsrede). Die meisten Metaphern und Sprachbilder sind indes abgeschmackt oder schief – so wie eine Sprechblume, die seltsame Blüten treibt.

Quelle: Welt am Sonntag vom 13. 01. 2008

Aufgabe 38

a) Erklären Sie, warum die auf George W. Bush bezogenen Sprachbilder (Z. 11–16) unsinnig sind.

b) Was wollte der Verfasser mit folgenden Sprachbildern tatsächlich sagen? Benennen Sie den gemeinten Sachverhalt mit schlichten Worten.

- einen Erdrutschsieg feiern (Z. 10)
- Alten Öltanks geht es an den Kragen. (Z. 40 f.)
- Matthias Sammer [...] ließ sich von seiner Frau Karin vor den Schlitten spannen. (Z. 42 ff.)

4 Sprachbilder finden

Ein Sprachbild darf man nicht wörtlich nehmen, denn es hat eine übertragene Bedeutung: Der sogenannte **Bildspender** stammt aus einem ganz anderen Sachbereich und dessen Eigenschaften müssen auf das Gemeinte (den **Bildempfänger**) übertragen werden. Um ein geeignetes Sprachbild zu finden, sollte man also in einem **völlig anderen Sachbereich** nach etwas suchen, das mit dem gemeinten Sachverhalt eine gewisse **Ähnlichkeit** hat. Da der Bildspender in der Regel noch zusätzliche Eigenschaften aufweist, erfolgt zugleich eine **Bedeutungserweiterung**.

Beispiel

Wenn es heißt, dass eine junge Frau vom Lande das Wagnis eingegangen sei, sich in den *Dschungel der Großstadt* zu begeben, dann ist in diesem Fall der Dschungel der Bildspender und die Großstadt der Bildempfänger. Das Gemeinte, nämlich die Großstadt, erfährt so eine Bedeutungserweiterung, denn viele Eigenschaften eines Dschungels schwingen in der Vorstellung des Lesers mit. Allerdings lassen sich nur einige von ihnen auf die Großstadt übertragen.

Um ein passendes Sprachbild zu finden, unternehmen Sie folgende **Schritte:**

Schritt für Schritt:

1 Sammeln Sie die **Eigenschaften**, die **typisch** für die Sache sind, für die Sie ein Sprachbild suchen. Notieren Sie diese.

2 Lassen Sie Ihre Fantasie spielen und überlegen Sie, in welchem ganz anderen Bereich es Dinge geben könnte, für die **genau diese Eigenschaften zutreffen**.

3 Wählen Sie eine passende Sache aus.

4 Überlegen Sie, welches **Sprachbild** sich am besten anbieten würde: eine Metapher (A = B) oder ein bildhafter Vergleich (A ist so ähnlich wie B).

TIPP

Suchen Sie nicht krampfhaft nach einem Sprachbild, wenn Ihnen kein wirklich überzeugendes einfällt!

[Au]fgabe 39

Kennzeichnen Sie diejenigen Eigenschaften eines Dschungels, die sich auf eine Großstadt übertragen lassen, mit →.

Bildspender: Dschungel	Eigenschaften	Bildempfänger: Großstadt
	dicht bewachsen	
	undurchdringlich	
	nicht überschaubar	
	dunkel	
	voller wilder Tiere	
	gefährlich	
	grün	
	heiße, feuchte Luft	

Aufgabe 40 Dem Verfasser des Textes „Zugpferde auf dem Holzweg“ gefällt das Sprachbild *Kinder sind Brücken in die Welt von morgen* (Z. 52 f.). Finden Sie eine Erklärung dafür. Gehen Sie so vor:

- Tragen Sie die Eigenschaften des Bildspenders in die mittlere Spalte der Tabelle ein.
- Kennzeichnen Sie diejenigen Eigenschaften, die sich auf den Bildempfänger übertragen lassen, mit →.
- Schreiben Sie Ihre Erklärung auf.

Bildspender	Eigenschaften	Bildempfänger
Brücken in die Welt von morgen		Kinder

Aufgabe 41 Sie halten einen Text für schwer verständlich, weil der Verfasser seine Gedanken ziemlich ungeordnet aufgeschrieben hat. Diesen Mangel des Textes wollen Sie durch ein passendes Sprachbild anschaulich zum Ausdruck bringen. Gehen Sie so vor:

- Ergänzen Sie weitere mögliche Eigenschaften des Bildempfängers. Tragen Sie sie in die mittlere Spalte der Tabelle ein.
- Lassen Sie sich von der Liste der Eigenschaften, die Sie notiert haben, inspirieren: Suchen Sie in einem anderen Bereich nach einer Sache, die solche Eigenschaften aufweist.
- Notieren Sie die Bezeichnung dafür in der Spalte für den Bildspender.

Bildspender	Eigenschaften	Bildempfänger
	unverständlich	Text

Einen Text überarbeiten

Wenn Sie einen Text fertig geschrieben haben, dürfen Sie nicht versäumen, ihn noch einmal gründlich durchzulesen. Dabei geht es nicht nur darum, Rechtschreib- oder Zeichensetzungsfehler zu korrigieren. Mindestens genauso wichtig ist es, ungeschickte Formulierungen zu erkennen und nachträglich zu verbessern. Dabei können Sie sich an den zehn Ratschlägen orientieren (S. 95 ff.).

Führen Sie Ihre Korrekturen so durch, dass der Leser keine Mühe hat, sie den entsprechenden Textstellen zuzuordnen. Am besten verfahren Sie so:

- Zeichensetzungsfehler korrigieren Sie direkt im Text.
- Kleinere Fehler, z. B. ein falsch geschriebenes Wort, streichen Sie durch. Danach schreiben Sie das Wort in der richtigen Schreibweise gut lesbar direkt darüber.
- Längere Textstellen, die noch nicht optimal formuliert sind, streichen Sie ebenfalls durch. Nehmen Sie ein extra Blatt zur Hand und schreiben Sie die verbesserten Versionen dort auf. Nummerieren Sie die Textstellen, die Sie neu formulieren, sowohl in Ihrem Text als auch auf dem Blatt.

1 Formulierungsschwächen beseitigen

Um Formulierungsschwächen zu finden, müssen Sie den Text, den Sie soeben verfasst haben, sorgfältig durchlesen. Gehen Sie am besten Absatz für Absatz vor. Versuchen Sie, jeden Satz innerlich laut zu lesen.

Zur Übung erhalten Sie im Folgenden neben einem Vorlagentext (Georg Ringsgwandl: „Angriff der Sprachretter“) einzelne Abschnitte aus einer zugehörigen Zusammenfassung und einem Leserbrief. Jeder Textabschnitt weist ausgewählte Schwächen auf, die Sie verbessern sollen.

Hinweis: Rechtschreib- und Zeichensetzungsfehler sind bereits korrigiert.

Süddeutsche Zeitung

Angriff der Sprachretter

von Georg Ringsgwandl

Der Kampf gegen Anglizismen hört nicht auf, denn die Verhunzung des Deutschen droht von allen Seiten. Aber die Sprache hat schon ganz andere Dinge überstanden.

Es ist ein Wahnsinn, was die deutsche Sprache schon alles überlebt hat. Tausend Jahre Dialektdurcheinander, Jahrhunderte, in denen die Oberschicht Lateinisch oder Französisch gesprochen hat und dann noch mal 1 000 Jahre die regierungsamtliche Strapaze seitens Adolf Hitlers und Konsorten. Jetzt aber droht der Todesstoß aus den Tiefen des world wide web: die Aktion „Lebendiges Deutsch“. Wir sollen künftig Klapprechner sagen statt Laptop, Prallkissen statt Airbag, meuten statt mobben, und wenn dich die Pubertät heimsucht, sollst du auf keinen Fall chatten, sondern netzplaudern.

Das ist kein Witz, sondern eine Initiative aus dem „Haus der Deutschen Sprache“ (HDS), erbaut von einem Fähnlein sprachbesorgter Käuze, die unerschrocken der Anglizismenflut entgegentreten. Noch ist das HDS nur eine Homepage, aber wenn sich genügend Sprachschuhplattler finden, und das steht beim nächsten Anstieg der Arbeitslosenzahlen zu befürchten, so wird daraus bald ein richtiges Haus mit Schild außen und Ausstellungen innen drin, wo zeigen wie fuckin inglish unsere Sprache fertig macht.

Appelle gehören seit je her zur Folklore der deutschsprachigen Siedlungsgebiete. Alle Daumenlang steigt ein Apostel auf den Stuhl und predigt, wir sollen unser Haus warm einpacken, mal diesel-, mal benzin-, mal gas-, mal überhaupt keine und dann plötzlich batteriegetriebene Autos kaufen, nicht rauchen, uns ballastreich ernähren, Müll trennen und dann wieder nicht, immer gibt's jemanden, der weiß, wie es sein müsste.

Bedrohung von allen Seiten

Man fragt sich nun, welche Zielgruppe diese Sprachwächter im Visier haben. Es können ja nur die sein, die bekehrbar sind zum manierlichen Deutsch. Die brauchen aber keine Nachhilfe mehr, sie kaufen schon seit Jahren die freundlich geschriebenen Sprachverbesserungsbücher von Bastian Sick und Epigonen[1]. Bei der Masse derer aber, die bzgl. dass/das-Unterscheidung schmerzfrei sind, pocht der Sprachsittenwächter vergeblich an eine fest verrammelte Tür. Drinnen sitzen Erna und Herbert im Jogginganzug auf dem Sofa und sehen fern.

Die Verhunzung des Deutschen droht von allen Seiten. Und das Problem sind aber nicht ein paar angstgebeutelte Industrieangestellte, die versuchen, ihr Gestammel mit englischen Brocken aufzumöbeln; die gefährlichste Art der Sprachverstümmelung kommt vielmehr direkt von der Regierung: Job-AQTIV-Gesetz oder Berufenet-Team sind amtlich verordnete Sprachgrausamkeiten, die mit verschärftem Kerker geahndet werden sollten.

Während die Verantwortlichen aber nach getaner Untat mit fett bezahlten Stellen bei einem russischen Gaskonzern oder einem deutschen Energieversorger belohnt werden, streicht man unschuldigen Schülern Rechtschreibfehler an, die ihnen selbst der

Werbeagenturen arbeiten oft mit originellen Wortspielen, Anglizismen und Denglisch-Ausdrücken. Mit witzigen Slogans wie „We kehr for you" – in Anspielung auf das englische „to care = sorgen, kümmern" – hat die Werbekampagne der Berliner Stadtreinigung sogar Kultstatus erreicht.

Kultusminister nicht erklären kann. Gottseidank sind die Kinder noch nicht so ausgefuchst, dass sie den Lehrer fragen, wie jemand Kanzler werden konnte, der so sprach wie Kohl. Oder Ministerpräsident, obwohl er so sprach wie Stoiber. Und wie ist Schröder durchs Abi gekommen, wo er doch selbst bei englischen Politikern einen Dolmetscher brauchte?

Agentur für Arbeit heißt es statt Arbeitsamt, liebe BürgerInnen und Bürger, Gleichstellungsstelle, Genderkompetenz, verhaltenskreative Kinder, Förderschule und so weiter, all dies sind nicht anglizistisch „durchrasste", aber absolut hinterfotzige Wortklingeleien. Ist diese Art heimtückischer Schönsprech der sprachliche Ausdruck zunehmend geschickterer Ausübung von Herrschaft?

Vor fast 300 Jahren schrieb Johann Sebastian Bach in ein Klavierübungsbuch „Explication unterschiedlicher Zeichen, so gewisse manieren, artig zu spielen, andeuten". Auch er, der Nationalheld, kannte also wenig Gnade mit dem Deutschen. Wenn man sich so anschaut, was sie alles erlebt hat, so kommt einem die deutsche Sprache vor wie eine zarte schöne Frau. Jeder meint, er müsse sie beschützen, dabei ist sie zäher als alle glauben.

Die Vorstellung, dass alle von klein auf astrein Deutsch lernen und es später ein Leben lang in Beruf und Familie vollstrecken, hat etwas Beklemmendes. Mir ist es lieber so, wie es ist: Eine sprachliche Elite spricht astreines Deutsch und drumherum wuchert eine Wildnis von Dialekten, Mixturen aus gebrochenem Deutsch und Fremdsprachen, Fachchinesisch vom Installateur bis zum Hirnchirurgen, und dazwischen wuseln die Journalisten mit permissiver[2] Orthographie.

Sprachliche Unbeholfenheit ist kein eindeutiges Merkmal, aber sie macht es einem immerhin einfacher zu erkennen, wen man vor sich hat. Früher, als man den Herrn oder die Dame körperlich vor sich hatte, kamen einem Kleidung, allgemeiner Pflegezustand, sogar geruchliche Faktoren bei der Beurteilung des anderen zu Hilfe. Heute dagegen, wo die meisten Kontakte über Telefon, SMS oder E-Mail geschehen, ist die Sprache das einzige Kriterium zur Einschätzung des Gesprächspartners.

[...]

Quelle: Süddeutsche Zeitung vom 10./11. 1. 2009

Worterklärungen
1 Epigonen: (abwertend) Nachahmer
2 permissiv: frei gewähren lassend; hier: in Bezug auf Rechtschreibung gleichgültig

Aufgabe 42 Überarbeitung einer Zusammenfassung von „Angriff der Sprachretter“

a) Der erste Abschnitt der Zusammenfassung leidet darunter, dass die Satzstrukturen alle ähnlich sind: Subjekt – Prädikat – Objekt. Gestalten Sie den Satzbau abwechslungsreicher.

Tipp: Sie können natürlich nach wie vor einzelne Sätze mit dem Subjekt beginnen lassen. Achten Sie aber darauf, dass der Satzbau insgesamt weniger monoton klingt, indem Sie zumindest hin und wieder andere Satzglieder an den Anfang stellen.

Georg Ringsgwandl setzt sich in seinem Text „Angriff der Sprachretter“, erschienen am 10. 1. 2009 in der Süddeutschen Zeitung, kritisch mit einer Aktion des „Hauses der Deutschen Sprache“ auseinander. Der Verein wehrt sich gegen das Eindringen von Anglizismen in die deutsche Sprache, indem er Vorschläge zur Eindeutschung gängiger englischsprachiger Wörter macht. Der Verfasser hält eine solche Initiative für unnötig. Er glaubt allerdings nicht, dass die Mitglieder des „Hauses Deutscher Sprache“ mit ihrer Initiative Erfolg haben werden. Die Mehrheit der Bürger wird seiner Meinung noch nicht dazu bereit sein, das englische Wort „Airbag“ durch ein deutsches Wort wie „Prallkissen“ zu ersetzen.

b) Beseitigen Sie im folgenden Abschnitt alle unnötigen Wortwiederholungen. Streichen Sie sie durch und notieren Sie jeweils das passende Ersatzwort am rechten Rand.

Tipp: Überlegen Sie, wodurch sich eine Wortwiederholung am besten vermeiden lässt: durch ein Pronomen, ein Synonym oder einen allgemeineren Begriff?

Der Verfasser sieht die deutsche Sprache durch das Eindringen von englischen Wörtern auch gar nicht in Gefahr. Es sei schon immer der Fall gewesen, dass Wörter aus anderen Sprachen in die deutsche Sprache eingedrungen seien, etwa aus der lateinischen oder französischen Sprache. Die deutsche Sprache habe das stets unbeschadet überstanden. Bedroht sieht Ringsgwandl die deutsche Sprache von ganz anderer Seite: von den Behörden. Die Behörden würden seit einiger Zeit bestimmte Kunstwörter verwenden, z. B. das Wort „Job-AQTIV-Gesetz“. Solche Wörter würden den wahren Sachverhalt verschleiern, was er für undemokratisch hält.

c) Sorgen Sie im folgenden Abschnitt für mehr Verständlichkeit, indem Sie unübersichtliche Satzgefüge „zertrümmern“.
Tipp: Sie müssen nicht alle Wörter verwenden. Lassen Sie diejenigen, die Ihnen entbehrlich erscheinen, einfach weg. Achten Sie aber darauf, dass der Sinn erhalten bleibt.

Der Verfasser hält es im Übrigen gar nicht für wünschenswert, dass alle Personen, die in Deutschland leben, ein einheitliches Standarddeutsch sprechen, sondern findet es sogar besser, wenn die meisten Menschen einfach so sprechen, wie sie es wollen, abgesehen von einer kleinen Elite, die ohnehin sprachbewusst sei und immer schon Wert darauf gelegt habe, stets ein einwandfreies Deutsch zu sprechen. Dass Ringsgwandl es sogar befürwortet, wenn jeder seine sprachlichen Vorlieben pflegt, z. B. einen bestimmten Dialekt oder gar ein gebrochenes Deutsch, begründet er damit, dass die Menschen dann schon aufgrund der Sprache, die sie verwenden, einer bestimmten Schicht zugeordnet werden könnten, was im Zeitalter der elektronischen Medien keineswegs mehr selbstverständlich sei, da die erste Kontaktaufnahme heutzutage vor allem über SMS oder E-Mails erfolge, sodass andere Hinweise auf die Zuordnung einer Person vollkommen entfallen seien, etwa die durch Kleidung oder Geruch.

d) Veranschaulichen Sie die folgenden Aussagen, indem Sie an den mit *) gekennzeichneten Stellen Beispiele einfügen.

Der Verfasser geht davon aus, dass viele Menschen ganz andere Probleme mit der deutschen Sprache haben.*) Sie kämen gar nicht auf die Idee, darüber nachzudenken, ob sich der eine oder andere Anglizismus durch ein deutsches Wort ersetzen ließe.*) Der Durchschnittsbürger verfolge im Alltag andere Interessen. *)

Aufgabe 43 Überarbeitung eines Leserbriefs zu „Angriff der Sprachretter“

a) Im ersten Satz des Leserbriefs fehlt eine wichtige Information. Ergänzen Sie diese.

Auf den ersten Blick wirkt Ringsgwandls Artikel, mit dem er über die Bemühungen des „Hauses der Deutschen Sprache" herzieht, recht amüsant. Über seine deftigen Sprachbilder („Fähnlein sprachbesorgter Käuze", „Sprachschuhplattler") habe ich mehrmals geschmunzelt. Er hat ja auch recht: Unsere Sprache ist seit ihren Anfängen in einem ständigen Wandel begriffen, und fremdsprachige Wörter sind immer hinzugekommen, ohne dass diese einen nennenswerten Schaden angerichtet hätten. Beispielsweise haben wir viele Wörter aus dem Griechischen, dem Lateinischen und dem Französischen übernommen. Geschadet hat es nicht – im Gegenteil: Angenommen, wir hätten es geschafft, das Deutsche über einen Zeitraum von gut tausend Jahren gegen jeglichen fremdsprachigen Einfluss abzuschotten, dann wäre unser heutiger Wortschatz nach wie vor der eines Bauernvolkes. Wir hätten vielleicht die Wörter „Feld" und „Forke", aber ein „Theater", einen „Globus" und eine „Toilette" hätten wir nicht. Ohnehin sind die meisten Fremdwörter längst zu Lehnwörtern geworden, also voll ins Deutsche integriert. Da wird unsere Sprache auch das Eindringen von Anglizismen überstehen.

b) Wählen Sie aus dem obigen Abschnitt zwei Aussagesätze aus, um sie in rhetorische Fragen umzuwandeln. Unterstreichen Sie die Sätze zunächst und schreiben Sie diese dann als rhetorische Fragen auf.

c) Teilen Sie die Sätze im Fettdruck auf mehrere Sätze auf.

Bei genauerem Hinsehen finde ich die Ausführungen des Verfassers aber auch ein wenig ärgerlich, denn seine Darstellung strotzt nur so vor Überheblichkeit. Da spricht er von „Erna und Herbert", die im Jogginganzug auf dem Sofa sitzen und fernsehen und Schwierigkeiten haben, „dass" und „das" zu unterscheiden. Auf mich wirkt das so, als würde Ringsgwandl solche Menschen verachten. **Er scheint sich wohl selbst zur „sprachlichen Elite" zu zählen, die erstklassiges Deutsch spricht und schreibt, während er von fast allen anderen Bürgern denkt, sie könnten nur Zwei- und Drei-Wort-Sätze sprechen, obwohl ihm klar sein dürfte, dass das natürlich nicht stimmt.** Eigentlich sollte er wissen, dass jemand, der Schwierigkeiten hat sich zu artikulieren, in unserer Gesellschaft benachteiligt ist.

d) Der folgende Absatz ist geprägt vom Nominalstil. Formulieren Sie die Sätze um, indem Sie anstelle von Nomen passende Verben und Adjektive verwenden.
Hinweis: Sie können auch Wörter durch andere austauschen. Entscheidend ist, dass der Sinn erhalten bleibt.

Wem es beim Vortrag seiner Bedürfnisse und Interessen an Formulierungsfähigkeit fehlt, der ist auch nicht in der Lage, seine Rechte in Klarheit und Verständlichkeit zum Ausdruck zu bringen. Meiner Meinung nach könnte das in der Folge sogar eine Gefährdung unserer Demokratie mit sich bringen, denn die Gewährleistung der Gleichheit aller ist so nicht gegeben. Vor Kurzem konnte man in der Presse lesen, dass in Deutschland Millionen von Menschen, die eigentlich Anspruch auf staatliche Unterstützung haben, darauf verzichten. Über die Gründe existieren bisher nur Verlautbarungen von Vermutungen, z. B. die Annahme, die Betroffenen würden aus Scham vom Aufsuchen der Behörde absehen. Die Möglichkeit besteht durchaus, aber meine Annahme ist, dass es zumindest einige Bedürftige gibt, die ihre Ansprüche auch deshalb nicht zur Geltung bringen, weil es ihnen schwerfällt, das entsprechende Formular für die Antragstellung auszufüllen.

e) Im nächsten Absatz stechen zwei Textstellen etwas heraus, weil sie umgangssprachlich formuliert sind. Markieren Sie diese Passagen und formulieren Sie sie ins Standarddeutsche um.

Hier gegenzusteuern wäre eine wichtige Aufgabe der Medien. Leider erlebt man täglich das Gegenteil: Da wird im Fernsehen und im Rundfunk gestammelt, was das Zeug hält. Auch die Printmedien bilden nicht unbedingt eine rühmliche Ausnahme. Eigentlich sollte man annehmen, dass Journalisten für die Bürger dieses Landes in sprachlicher Hinsicht Vorbilder sind. Aber das ist schon lange nicht mehr der Fall. Das sieht man auch in Ringsgwandls Text. Ich finde, ein Wort wie „hinterfotzig" ist echt daneben.

f) Ein Schlussabsatz, der nur aus einem einzigen Satz besteht, ist nicht befriedigend. Ergänzen Sie noch einen oder zwei weitere Sätze, um den letzten Abschnitt abzurunden.

Ich hätte mir gewünscht, dass der Verfasser etwas mehr Bescheidenheit an den Tag gelegt hätte – und mehr Nachdenklichkeit.

2 Wiedergabe von Äußerungen einer Person in Form von indirekter Rede

Mit der indirekten Rede zeigt man an, dass man die Äußerung einer Person (oder auch die Meinung des Verfassers) wiedergibt und keine Tatsachen darstellt. Dafür verwendet man den Konjunktiv I.

Der Konjunktiv I wird so gebildet:
Stamm eines Verbs + e + Personalendung

Dabei werden einige Wörter ausgetauscht, damit für den Leser deutlich wird, dass der Schreiber nicht von seinem Hier-und-jetzt-Standpunkt ausgeht:

- aus *ich* wird *er* oder *sie,*
- aus *hier* wird *dort,*
- aus *jetzt* wird *zu diesem Zeitpunkt,*
- aus *morgen* wird *am nächsten Tag,*
- aus *gestern* wird *am Tag zuvor* usw.

Beispiel *Er sagt: „Ich will morgen ..." → Er sagt, er* **wolle** *am nächsten Tag ...*

In einigen Fällen verwendet man ersatzweise den Konjunktiv II, und zwar dann, wenn sich die Form des Konjunktivs I nicht von der Präsensform des Indikativs unterscheiden lässt. Das ist vor allem dann oft nötig, wenn man eine Äußerung oder Meinung von mehreren Personen wiedergeben will.

Der Konjunktiv II wird so gebildet:
Präteritumform des Verbs + e + Personalendung; dabei werden die Vokale a, o und u häufig zu Umlauten.

Beispiel *Sie meinen, sie haben ... → Sie meinen, sie* **hätten** *...*

Und wenn sich auch der Konjunktiv II nicht von der Präteritumform des Indikativs unterscheiden lässt, greift man zur Umschreibung mit *würde/n.*

Beispiel *Sie sagten, sie gingen ... → Sie sagten, sie* **würden ... gehen** *...*

TIPP

Die Umschreibung mit *würde/n* können Sie auch verwenden, wenn Ihnen die korrekte Form des Konjunktivs II allzu ungewöhnlich erscheint. Allerdings sollten Sie das nicht zu oft tun; andernfalls führt dies zu monotonen Wiederholungen (*würde* ... und *würde* ... und *würden* ...).

Beispiel *Sie sagten, sie frören. → Sie sagten, sie* **würden frieren**.

3 Die wichtigsten Textsorten im Überblick

Abstract	
Inhalt	Schreibziel: äußerst knappe Information über die entscheidenden Textinhalte
Aufbau	Text und Quelle vorangestellt, danach in Kürze Information über die zentralen Inhalte
Darstellung	• sachlich, neutral • Tempus: Präsens (bei Vorzeitigkeit Perfekt) • nur Anführen von Fakten • Verzicht auf Wiedergabe von Äußerungen einer Person • keine Beispiele
Essay	
Inhalt	Schreibziel: persönliche Auseinandersetzung mit einem gesellschaftlich relevanten Thema
Aufbau	• Interesse weckender Einstieg, z. B. über ein Beispiel • danach Darstellung vielfältiger Gedanken zum Thema • Aufgreifen ganz verschiedener Aspekte • abschließendes Fazit nicht unbedingt erforderlich (am Schluss auch Ausdruck von Ratlosigkeit möglich)
Darstellung	• vielfältig, abwechslungsreich • zur Veranschaulichung Anführen von Beispielen • gelegentlich direkte Ansprache des Lesers möglich • Umgangssprache in Maßen erlaubt • wünschenswert: Einsatz rhetorischer Mittel (z. B. Fragen, Ausrufe, Sprachbilder o. Ä.)
Kommentar	
Inhalt	Schreibziel: ausführliche Meinungsäußerung zu einem Sachverhalt (z. B. zu einer bestimmten Nachricht)
Aufbau	• am Anfang Bezugnahme auf Sachverhalt • danach argumentative Auseinandersetzung damit; Meinungsbekundung üblicherweise vor der eigentlichen Argumentation (evtl. auch danach) • am Schluss Hervorheben des Hauptgedankens, evtl. auch Mahnung (z. B. Hinweis auf mögliche negative Folgen)
Darstellung	• sachlich, aber nicht neutral • Tempus: Präsens (bei Vorzeitigkeit Perfekt) • Umgangssprache in Maßen erlaubt • geschickt: Einsatz rhetorischer Mittel

Leserbrief	
Inhalt	Schreibziel: • Reaktion auf einen Text • argumentatives Darlegen der persönlichen Meinung, dabei Einbringen zusätzlicher Gedanken • evtl. auch Bezugnahme auf persönliche Erfahrungen
Aufbau	• am Anfang Bezugnahme auf Text, knapper Hinweis auf Inhalt des Textes • danach Meinungsäußerung mit nachfolgender Argumentation • am Schluss noch einmal Hervorheben des wichtigsten Gedankens
Darstellung	• sachlich, aber nicht neutral, sondern subjektiv und möglichst lebendig • Tempus: Präsens • Veranschaulichung durch Anführen von Beispielen, Wiedergabe von Äußerungen anderer in Form von indirekter Rede • maßvoller Gebrauch von Umgangssprache erlaubt • geschickt: Einsatz rhetorischer Mittel
Offener Brief	
Inhalt	Schreibziel: • Auseinandersetzung mit einer Meinungsäußerung (oder einem bestimmten Verhalten) des Adressaten • Adressat: prominente Persönlichkeit
Aufbau	• Beginn mit direkter Anrede des Adressaten, danach Bezugnahme auf Anlass des Briefes (z. B. Verweis auf Meinungsäußerung des Adressaten) • anschließend argumentative Auseinandersetzung • am Schluss Verweis auf zentralen Gedanken • evtl. auch Appell an den Adressaten
Darstellung	• wie beim Leserbrief • Tempus: beginnend mit Perfekt *(Sie haben neulich gesagt, dass …)*, danach Präsens • Besonderheit: gelegentlich direkte Anrede des Adressaten einfließen lassen • Ausdruck von Betroffenheit zeigen • neben Gedanken auch Gefühle äußern • Umgangssprache in Maßen erlaubt • geschickt: Einsatz rhetorischer Mittel

Rede	
Inhalt	Schreibziel: • Vorbereitung eines mündlich vorzutragenden Textes • Auseinandersetzung mit einem Thema, in der Regel aufgrund eines bestimmten Anlasses (z. B. einer Ausstellungseröffnung)
Aufbau	• zupackender Einstieg, um das Interesse der Zuhörer zu wecken • danach Darlegen wichtiger Gedanken zum Thema, hinstrebend auf ein Ziel (eine Art Fazit) • evtl. auch mit einem Appell schließend
Darstellung	• möglichst interessant und lebendig • Tempus: Präsens • weitgehender Verzicht auf unübersichtliche Satzkonstruktionen und unnötige Fremdwörter • zur Veranschaulichung Anführen von Beispielen • hin und wieder direkte Ansprache des Publikums • wichtig: Einsatz rhetorischer Mittel
Zusammenfassung eines Sachtextes	
Inhalt	Schreibziel: knappe Information über die entscheidenden Textinhalte → nur das Wesentliche
Aufbau	• in der Einleitung zunächst Informationen über Titel, Textsorte, Quelle und Thema, danach Auskunft über die Kernaussage • im Hauptteil zusammenfassende Darstellung der wesentlichen Einzelheiten • im Schlussabsatz pointierter Verweis auf die entscheidende Textinformation
Darstellung	• sachlich, neutral • Tempus: Präsens (bei Vorzeitigkeit Perfekt) • Beispiele nur dann, wenn sie für das Verständnis unerlässlich sind • Wiedergabe von Äußerungen einer Person (auch Meinungsäußerungen des Verfassers) in Form von indirekter Rede • wichtig: Aufzeigen von Zusammenhängen

Lösungen

Die Basis: Texte verstehen

Aufgabe 1

- Schritt 1: Thema: Zeitungssterben in Deutschland; Textsorte: Bericht
- Schritt 2 bis 5:

Legende: *blau hinterlegt: allgemeine Aussage*
blau hinterlegt/!!!: Kernaussage
unterstrichen: Erklärung, z. B. Grund
Randkommentare links: Struktur (Abfolge der Inhalte)
Randkommentare rechts: Funktion der Aussage

Quo vadis Printprodukt? –
Vom Sterben der Holzmedien

Randkommentar links	Text	Randkommentar rechts
zusammenfassender Überblick über das Zeitungssterben; Anlass: Insolvenzmeldung der „Frankfurter Rundschau“	**Das Zeitungssterben hat Deutschland erreicht – so die einhellige Meinung der Presse nach der Insolvenzmeldung um die „Frankfurter Rundschau“. Der augenscheinliche Grund: Das Internet und das veränderte Medienverhalten der jüngeren Generation machen das Printgeschäft kaputt. Auflage und Printumsätze gehen zurück. […]**	!!! *Grund* *Folge*
Grund für Insolvenz: hoher Verlust, rückläufige Auflage; seit Jahren Gerüchte über Zeitungssterben	Das Ende war abzusehen. 16 Millionen Euro Verlust machte die „Frankfurter Rundschau“ im laufenden Jahr. Auch die Auflage war zuletzt rückläufig. Gerüchte über Zeitungssterben prägen seit Jahren die Medienberichterstattung. Es war fast, als wartete man nur darauf, dass es endlich losgeht. Letzte Woche überschlugen sich dann die Meldungen:	*Grund* *Grund*
Beispiele: „Frankfurter Rundschau“, „Prinz“, Wirtschaftstitel, Nachrichtenagentur	„Frankfurter Rundschau“ insolvent, Stadtmagazin „Prinz“ nur noch digital. Das Schicksal der Wirtschaftstitel von Gruner + Jahr ist weiter ungewiss und die Pleite der Nachrichtenagentur dapd passt ebenfalls ins Bild.	*Beispiele*

■ Sinkende Zahlen

erstmals überregionale Zeitung insolvent, war vorhersehbar

Tatsächlich steht seit letzter Woche mit der „Frankfurter Rundschau" erstmals eine der großen, überregionalen Tageszeitungen in Deutschland vor dem Aus. Das Zeitungssterben hat sich aber über zwei Jahrzehnte angekündigt. [...] !

Anzahl der Tageszeitungen und Entwicklung der Auflage rückläufig; Beleg anhand von Zahlen

Gab es im Jahr 1992 noch 426 Tageszeitungen, sind es 2012 nach Angaben des Bundesverbands Deutscher Zeitungsverleger (BDZV) nur noch 333 Tageszeitungen. Auch die verkaufte Auflage der Tageszeitungen ist seit Jahren rückläufig. Derzeit werden täglich knapp über 18 Millionen Exemplare verkauft. Zum Vergleich: 1991 waren es 27,3 Millionen.

Erläuterung/Belege — *Beleg*

■ Auch ePaper retten Zeitungen nicht

kein Ausgleich durch ePaper; Verkaufszahlen vergleichsweise niedrig

Beispiele: BILD-Zeitung, „Frankfurter Rundschau"

Die ePaper-Ausgaben der Zeitungen können den Auflagenschwund bisher nicht auffangen. Laut einer aktuellen Meldung des BDZV werden täglich etwas weniger als 230 000 ePaper in Deutschland verkauft. Selbst eine überregionale Zeitung wie die „Bild" kommt nur auf eine Auflage von rund 24 000 ePaper. Und das ist noch vergleichsweise viel. Bei der nun in ihrer Existenz bedrohten „Frankfurter Rundschau" sind es gerade einmal 1 554 [...]. !

Erläuterung/Belege

http://www.absatzwirtschaft.de/content/crm-vertrieb/news/quo-vadis-printprodukt-vom-sterben-der-holzmedien;78568;0; erschienen am: 19. 11. 2012

- Schritt 6: Bezug zwischen Überschrift und Text
  Der erste Teil der Überschrift ist in Form einer Frage verfasst: „Quo vadis, Printprodukt?" Es scheint, als würde der Verfasser sich fragen, wie die Zukunft der Printmedien aussieht. In Wirklichkeit ist es für ihn schon sicher, dass die gedruckten Zeitungen nach und nach eingehen werden. Sie liegen bereits im „Sterben", wie es im zweiten Teil der Überschrift heißt. Das entspricht im Kern auch der entscheidenden Textinformation.

Aufgabe 2

- Schritt 1: Thema: Überangebot als Grund für das Zeitungssterben; Textsorte: Kommentar
- Schritt 2 bis 5:

Überangebot ist der Medien Tod

VON CHRISTIAN JAKUBETZ

Bezugnahme auf allgemeine Meinung: Internet schuld am Zeitungssterben; Einspruch: Internet hat Entwicklung nur beschleunigt	Das Internet ist verantwortlich für den Niedergang klassischer Medien. Heißt es zumindest. Diese ganzen großen Konzerne, dazu Nutzer, die neuerdings alles umsonst haben – das sollen die wichtigsten Gründe sein. […] Dabei geht das alles am eigentlichen Kern vorbei. Das Internet wirkt nur wie ein Brandbeschleuniger in einem Haus, dessen Zusammenbruch schon viel früher begann. […]	! *Erläuterung scheinbare Gründe*
Internet erst seit einigen Jahren Massenphänomen	[…] Zu einem richtigen Massenphänomen ist die Digitalisierung mit all ihren gravierenden Folgen […] erst seit einigen Jahren geworden, das dafür aber auch richtig. In einem Umfang, der heute Angebote ungeahnter Größenordnung möglich macht. Ganz egal, ob man heute von Texten, von klassischem Radio, von Bewegtbild, Fernsehen, Kino, Serien spricht – die Angebote in allen Sparten sind so riesig groß geworden, dass niemand mehr in der Lage ist, sie noch zu konsumieren.	*Begründung*
(heute) riesiges Angebot → nicht mehr zu konsumieren		!
Internet nur vordergründig der Grund fürs Zeitungssterben; Niedergang begann vor dem Internet: Anfang der 90er-Jahre	Man kann also, vordergründig betrachtet, mal wieder das Netz für ungefähr alles verantwortlich machen. Der schleichende Niedergang von Massenmedien begann allerdings schon früher, viel früher. Er begann, schaut man nur auf Zahlen, bei Tageszeitungen beispielsweise schon Anfang der 90er-Jahre, wo sich die Auflagen nach einem kurzen Einheits- und Wendeboom seither stetig nach unten entwickelten. Gefühlt begann die Entwertung der gedruckten Presse möglicherweise schon früher, als beispielsweise diese ganzen Wochen- und Anzeigenblätter begannen, die Briefkästen vollzustopfen. Nicht nur gefühlt landeten die Blätter bei jedem Zweiten im Müll, auch statistisch lässt sich das belegen: Kostenlos verteilte Blätter sind beliebte Wegwerfobjekte […]. Was aber sind Medien wert, die weggeworfen werden, die man wegschaltet, die man nicht mehr überblickt, nicht mehr will und möglicherweise auch gar nicht mehr braucht?	*scheinbarer Grund* *Erläuterungen* *Beispiele*
kostenlose Angebote werden weggeworfen		*Folge* *Folge (in Form einer rhetorischen Frage formuliert)*

Nüchtern betrachtet handelt es sich dabei also um ein Überangebot – und um zu verstehen, was passiert, wenn ein Angebot die Nachfrage übersteigt, dazu muss man nicht Wirtschaftswissenschaften studiert haben.

(Hinweis auf) Folge: Überangebot führt zur Entwertung

Bezugnahme auf eigene Erfahrungen; Beispiel: durch Kabelzugang plötzlich viele Radio- und Fernsehsender; anfängliche Begeisterung

Realistisch betrachtet: Das erste Mal das Gefühl, den ganzen Medienwust nicht mehr überblicken zu können, hatte ich Mitte der 90er-Jahre, als ich neben meinen gewohnten Zeitungen durch einen Kabelzugang plötzlich eine gut zweistellige Zahl von Radiosendern und rund 35 Fernsehsender und zudem noch eine ganze Ecke an On-demand-Angeboten im Pay-TV hatte. Ich fand das zuerst großartig, die Vorstellung, endlich mit der medialen Mangelwirtschaft Schluss machen zu können und eine richtige Auswahl an allem Möglichen zu haben, hatte mich zunächst so begeistert, dass ich am Anfang ganze Abende damit verbrachte, neue TV- oder Radiosender zu entdecken, mir Spielfilme auf Abruf anzuschauen und den Samstagnachmittag schon alleine deswegen mit Pay-TV zu verbringen, weil ich endlich mal nach Wunsch in alle Bundesliga-Spiele reinschauen konnte.

(persönliche) Beispiele

rasche Ernüchterung

Erfahrung: mehr an Quantität, aber nicht an Qualität

Der Reiz ließ schnell nach. Beim Radio merkte ich, dass es offenbar sehr viel weniger reizvolle Angebote und Formate als Frequenzen gab, beim Fernsehen stellte ich schnell fest, wie schwierig es ist, wenigstens einen halben Tag lang ansprechendes Programm zu machen und meine zunehmenden Irgendwasblätter landeten eh nur noch ungelesen im Altpapier. Natürlich, es war ein schönes Gefühl, wählen zu können und (theoretisch) zu wissen, man könnte jetzt auch anders, wenn man wollte. Was aber alles an zwei Feststellungen nichts änderte: zum einen, dass mehr nicht unbedingt auch besser bedeutet […]. Zum anderen, dass der Wert der Medien für mich sank. Langsam, schleichend, aber auch stetig. […]

Wert der Medien gesunken

Folge

Klage der Medienhäuser über begangene Fehler: kostenfreier Zugang zu Inhalten; Versuch der Korrektur (Bezahlmodelle)

Man mag heute darüber lamentieren, wie das viele Medienhäuser tun: dass es der „Geburtsfehler" des Internets gewesen sei, die Inhalte dort kostenlos anzubieten. Hätte man von Anfang an Geld verlangt, wären der Journalismus und vor allem die Tageszeitungen nicht in der Malaise, in der sie sich heute befinden. Manche träumen auch tatsächlich noch davon, diesen Geburtsfehler 15 Jahre später korrigieren zu wollen,

(ausführliche) Begründung

indem man jetzt einfach und geschlossen für die hochwertigen Inhalte Geld verlangt. Doch das ist zu kurz gedacht, viel zu kurz. Wenn wir heute von medialen Angeboten im digitalen Zeitalter sprechen, dann geht es nur sehr vordergründig um die vermeintliche Zahlungsunlust des Publikums oder eine Gratismentalität, die quasi mit der Geburt des Internets wie ein Meteoriteneinschlag über uns gekommen ist. Es geht schlicht und ergreifend darum, dass wir viel von dem haben, von dem wir früher mal dachten, es könnte davon gar nicht zu viel davon geben. Auch wenn das irrsinnig klingt, in Zeiten, in denen in anderen Regionen der Welt immer noch um jedes freie Wort gekämpft werden muss: Wir haben zu viele Medien, vor allem haben wir zu viel von dem, was der Brite so wunderbar lakonisch „more of the same" nennt. [...]

Einspruch: falsche Schlussfolgerung

Überangebot der Medien wahrer Grund für Krise der Medien

insbesondere auch Überangebot ähnlicher Inhalte

!!! *Kernaussage Teil 1*

!!! *Kernaussage Teil 2*

Dem Dilemma wird kaum zu begegnen sein, indem man jetzt die Limitierung von Medienangeboten fordert. [...] Der eigentliche Kern ist diese Entwertung von Medien, die seit vielen Jahren wie eine sanfte Erosion vor sich geht – und die nicht mal etwas Schlechtes sein muss: Für den Nutzer ist dieses Angebot wie ein Schlaraffenland, wenn man versteht, damit umzugehen. So viel Auswahl war noch nie. [...]

Entwertung der Medien nicht unbedingt negativ: Nutzer muss Auswahl treffen

! *Forderung*

Die Rekonstruktion des Gedankengangs zeigt deutlich, dass die Argumentation des Verfassers sehr subjektiv ist, denn seine persönlichen Erfahrungen nehmen viel Raum ein und stehen im Mittelpunkt.

- Schritt 6: Bezug zwischen Überschrift und Text
  Der Verfasser nennt in der Überschrift gleich seine Kernthese: Er meint, dass der Grund für die Krise der Medien in deren Überangebot liege. Damit widerspricht er der gängigen Meinung, dass das Internet mit seinen kostenlosen Angeboten den Niedergang der Medien verursacht habe. Für ihn hat die unüberschaubare Fülle der Angebote nach und nach zu deren Entwertung geführt.

Aufgabe 3

a) Alle drei Diagramme beschäftigen sich mit der Krise der Tageszeitungen: Im ersten Diagramm geht es um die abnehmende Anzahl der Tageszeitungen; das zweite Diagramm zeigt den Rückgang der Auflagenzahlen, und das dritte Diagramm stellt die ePaper-Auflage einiger Zeitungen dar.
Die Anzahl der gedruckten Tageszeitungen hat in der Zeit von 1992 bis 2012 stetig abgenommen. Auch die Anzahl der verkauften Exemplare ist kontinuierlich zurückgegangen. Die Auflage elektronischer Zeitungen gleicht den Verlust bei den gedruckten Zeitungen nicht aus.

b) Die Zahlen des zweiten Diagramms sind in Millionen angegeben.

c) Auffällige Zahlen: Im zweiten Diagramm sind die Zahlen bei 2003, 2004 und 2005 sowie 2007, 2008 und 2009 einzukreisen. Die Auflagenzahl des ePapers bei der Bild-Zeitung, der Süddeutschen Zeitung und der Frankfurter Allgemeinen sind im dritten Diagramm auffällig.

d) Der Rückgang der Auflagen fiel zwischen 2003 und 2004 besonders stark aus: In diesem Zeitraum sank die Zahl der verkauften Zeitungen um fast eine Million: um 900 000. Fast genauso dramatisch war die Entwicklung zwischen 2007 und 2008: In diesem Jahr lag der Rückgang bei 800 000. Zu einer Phase der Stagnation kam es zwischen 2004 und 2005. Gering war der Rückgang auch zwischen 2008 und 2009. Fazit: Man kann nicht sagen, dass die Auflagenzahlen der Zeitungen von Jahr zu Jahr im gleichen Maß gesunken sind. Es gab einige Schübe – wie in den Jahren 2003/2004 und 2007/2008 –, denen eine kurze Pause folgte. Der Rückgang schreitet aber unaufhaltsam fort. In den Jahren 2009/10, 2010/11 und 2011/12 sanken die Auflagenzahlen jeweils um 400 000 bis 600 000.

e) Zu markieren sind diese Textstellen:
   - Gab es im Jahr 1992 noch 426 Tageszeitungen, sind es 2012 nach Angaben des Bundesverbands Deutscher Zeitungsverleger (BDZV) nur noch 333 Tageszeitungen. (Z. 30 ff.)
   - Derzeit werden täglich knapp über 18 Millionen Exemplare verkauft. (Z. 35 ff.)
   - Selbst eine überregionale Zeitung wie die „Bild“ kommt nur auf eine Auflage von rund 24 000 ePaper. (Z. 44 ff.)
   - Bei der nun in ihrer Existenz bedrohten „Frankfurter Rundschau“ sind es gerade einmal 1 554. (Z. 47 ff.)

f) Die Angaben über die Anzahl der verkauften Printausgaben, die den ersten beiden Diagrammen zu entnehmen sind, entsprechen den Aussagen des Berichts. Dagegen gibt es Unterschiede zwischen den Zahlenangaben im dritten Diagramm und dem Bericht: Laut Diagramm wurden im vierten Quartal von der Bild-Zeitung 26 781 ePaper verkauft (laut Bericht nur 24 000), und von der Frankfurter Rundschau 2057 (laut Bericht nur 1 554).
Es gibt aber eine Erklärung für diese Differenzen: das Erscheinungsdatum. Das Diagramm nennt die Zahlen des gesamten vierten Quartals, muss also zu Beginn des Jahres 2013 veröffentlicht worden sein. Der Bericht ist bereits am 19. 11. 2012 erschienen; er kann daher die Zahlen für die letzten Wochen des Quartals noch nicht berücksichtigen.
Obwohl die Zahlen der verkauften ePaper im Diagramm etwas höher ausfallen als im Bericht, bestätigen sie doch den allgemeinen Trend: Die Verluste bei den Auflagen der gedruckten Exemplare werden bei Weitem nicht durch den Anstieg der verkauften ePaper ausgeglichen.

g) Die Zahlen stammen vom Bund deutscher Zeitungsverleger und von der Informationsgemeinschaft zur Feststellung der Verbreitung von Werbeträgern. Beide Gruppen verfolgen vor allem wirtschaftliche Interessen. Es geht ihnen anscheinend nicht um die Inhalte der Zeitungen und auch nicht um die Bedürfnisse der Zeitungsleser.

Den Inhalt eines Sachtextes zusammenfassen

Aufgabe 4

Einleitung:	
Textsorte:	Bericht
Titel:	„Quo vadis, Printprodukt? – Vom Sterben der Holzmedien“
Verfasser:	nicht genannt
Quelle:	Internet (unter www.absatzwirtschaft.de), erschienen am 19. 11. 2012
Thema:	Zukunft der Printmedien
Kernaussage:	Die Printmedien werden nach und nach vom Markt verschwinden; Grund: Internet und Medienverhalten der Jüngeren
Hauptteil:	
Informationen:	
1	Anlass: Insolvenzmeldung der „Frankfurter Rundschau“
2	Niedergang der Printmedien seit Langem erwartet
3	Verweis auf sinkende Zahlen (sinkende Anzahl der Tageszeitungen, Rückgang der Auflagen)
4	kein Ausgleich durch elektronische Zeitungen; Zuwächse geringer als Rückgänge bei Printmedien
Schluss:	
Hauptinformation:	• düstere Prognose aus wirtschaftlicher Sicht (betr. Zeitungsverlage, Werbebranche) • Medienwelt wird sich vollkommen ändern, bedingt durch verändertes Nutzerverhalten

Aufgabe 5 *Formulierungsvorschlag:*

In dem Bericht „Quo vadis, Printprodukt? – Vom Sterben der Holzmedien“, erschienen am 19. 11. 2012 auf der Internetseite *www.absatzwirtschaft.de*, geht es um die Entwicklung der gedruckten Tageszeitungen. Der Verfasser stellt fest, dass in Deutschland ein Zeitungssterben eingesetzt hat.

Die Insolvenzmeldung der „Frankfurter Rundschau“ ist der Anlass für den Autor, sich mit der Zukunft der Printmedien zu befassen. Der Konkurs des Blattes erscheint ihm deshalb so bedeutsam, weil der Niedergang hier zum ersten Mal eine renommierte überregionale Tageszeitung betrifft.

Allerdings kommt diese Insolvenz nicht unerwartet: Der Verlag hat im Jahr zuvor nur Verluste gemacht, und es hat schon seit Längerem Gerüchte darüber gegeben, dass in Deutschland der Fortbestand vieler Zeitungen bedroht sei. In dem Zusammenhang verweist der Verfasser auf weitere Printmedien, deren Ende ebenfalls absehbar sei.
Die Vorboten für das zu erwartende Zeitungssterben stützt der Verfasser durch Angabe von Zahlen, die zeigen, dass zum einen die Anzahl der Tageszeitungen in den letzten zwei Jahrzehnten abgenommen hat und zum anderen die Auflagenzahlen aller Zeitungen im selben Zeitraum zurückgegangen sind.
Einen Ausgleich durch Zuwächse bei den elektronischen Zeitungen erkennt er nicht. Zwar sieht er in der verstärkten Nutzung des Internets und im veränderten Medienverhalten der jüngeren Generation den Grund für den Niedergang der Printmedien, doch ein Umsteigen auf elektronische Ausgaben sei nicht zu beobachten; die Anzahl der Abonnenten sei dort nach wie vor niedrig.
Die Prognose für die weitere Entwicklung der gedruckten Medien ist also düster. Immer weniger Menschen scheinen Wert darauf zu legen, eine gedruckte Zeitung in der Hand zu halten. Offenbar haben die Bürger inzwischen ihr Medienverhalten verändert, denn auch die elektronisch angebotenen Ausgaben stoßen auf wenig Interesse.

(267 Wörter)

Aufgabe 6 *Formulierungsvorschlag:*

In seinem Kommentar „Überangebot ist der Medien Tod" geht Christian Jakubetz der Frage nach, weshalb es zu einer Krise der Medien gekommen ist. Der Verfasser hält die übliche Erklärung, das Internet sei an dieser Entwicklung schuld, für falsch. In Wirklichkeit – so seine These – sei der Niedergang der klassischen Medien eine Folge des Überangebots.
Seiner Meinung nach hat der Niedergang von Tageszeitungen, Rundfunk und Fernsehen bereits seinen Anfang genommen, als es das Internet noch gar nicht gab. Begonnen habe die Entwertung gedruckter Tageszeitungen schon vor vielen Jahren, nämlich mit der regelmäßigen Verteilung kostenloser Anzeigenblätter. Diese Blätter hätten die meisten Menschen gleich in den Müll entsorgt, weil sie kostenlos verteilte Angebote für wertlos gehalten hätten. Am Beispiel seiner eigenen Erfahrungen beschreibt Jakubetz ausführlich, wie es zu einem Bedeutungsverlust von Radio und Fernsehen gekommen sei: Als er durch einen Kabelanschluss plötzlich sehr viele Sender habe empfangen können, sei er zwar zunächst von der großen Auswahl begeistert gewesen, doch habe sich

bald Ernüchterung eingestellt. Schnell habe er die mangelnde Qualität der vielen Programme bemerkt und dann das Interesse daran verloren.
Dass es ein Fehler der Medien gewesen sei, so viele Angebote kostenlos ins Netz zu stellen, glaubt Jakubetz nicht. Deshalb hält er auch nichts davon, attraktive Inhalte künftig kostenpflichtig zu machen, in der Hoffnung, so deren Wertschätzung wieder zu steigern. Für ihn liegt das Problem darin, dass das Angebot zu groß und damit undurchschaubar geworden sei. Hinzu komme, dass es kaum Unterschiede zwischen den Inhalten gebe. Im Grunde seien alle Angebote ähnlich.
Trotzdem sieht der Verfasser die Entwicklung der Medien nicht negativ. Er meint, für den Nutzer sei dieses große Angebot geradezu ein „Schlaraffenland" (Z. 126) – unter der Voraussetzung, dass er in der Lage sei, gezielt eine passende Auswahl zu treffen.

(287 Wörter)

Aufgabe 7 *Lösungsvorschlag:*

In seiner Glosse „Warum lese ich das? Vermutlich, um mich aufzuregen" übt Harald Martenstein auf humorvolle Art Kritik an der Rubrik „Leute", die in den deutschen Tageszeitungen auf der Seite für Vermischtes zu finden ist.

Einleitung: Benennen von Textsorte, Titel, Verfasser und Thema

Er hält die Meldungen, die dort regelmäßig abgedruckt sind, für albern und bringt das durch eine überspitzt-komische Darstellung zum Ausdruck.

Aussage zur Meinung des Verfassers

Vordergründig kritisiert sich der Verfasser selbst, und zwar dafür, dass auch er solche Meldungen liest. In Wirklichkeit ist seine Kritik aber an die Medien gerichtet, insbesondere an seriöse Tageszeitungen. Er findet es falsch, dass sie belanglose Nachrichten über mehr oder weniger prominente Persönlichkeiten überhaupt veröffentlichen.

vordergründige Kritik an sich selbst

Immer wieder würden Äußerungen Prominenter zitiert, die vollkommen bedeutungslos und damit überflüssig seien. Mit seiner Kritik an deutschen Tageszeitungen relativiert der Verfasser zugleich einen gängigen Vorwurf gegenüber dem Internet: Nicht nur im Netz würden Gerüchte und Belanglosigkeiten verbreitet, sondern auch in den Printmedien.

Kern der Kritik an den Medien: Veröffentlichung von Belanglosigkeiten

kein Unterschied zwischen Printmedien und Internet

Martenstein veranschaulicht seine Kritik anhand von mehreren lächerlich wirkenden Beispielen. So habe der

Beispiele zur Veranschaulichung der Kritik

Designer Joop sich einmal über den Kleidungsstil der Hamburgerinnen mokiert, die fast alle blaue Strumpfhosen trügen. Der Verfasser hält das Veröffentlichen einer solchen Äußerung nicht nur für überflüssig, sondern auch für falsch und wirft der Zeitung vor, nicht ausreichend recherchiert zu haben.

Imitation von Zeitungsmeldungen

Der Text ist geprägt von Übertreibungen und provokanten Falschaussagen. Um zu zeigen, wie absurd Beiträge dieser Art sind, imitiert Martenstein selbst einige solcher Zeitungsmeldungen. Zum Beispiel behauptet er, dass die Moderatorin Barbara Schöneberger glaube, man dürfe keinen Abflussreiniger trinken.

Kopie des Stils der Meldungen

Lächerlich wirken seine Beispiele auch deshalb, weil er den Stil, in dem derartige Meldungen verfasst sind, konsequent kopiert, etwa, indem er stets das genaue Alter und den Beruf eines Prominenten angibt („Bonnie Strange, 26, Model …“, Z. 46).

Ton: salopp, zum Teil umgangssprachlich

Der Ton, in dem Martenstein seine Kritik äußert, wirkt sehr salopp, denn die Darstellung ist des Öfteren der Umgangssprache angenähert. Fast hat man den Eindruck, er würde seine Ausführungen mündlich vortragen, z. B. wenn er sagt: „Und wenn schon! Was ist das für eine Meldung?“ (Z. 28 f.)

keine ernsthafte Argumentation

Dem Verfasser scheint es Vergnügen zu bereiten, deutsche Zeitungen für ihre Meldungen in der Rubrik „Leute“ zu kritisieren. Um eine ernsthafte Argumentation geht es ihm nicht. Dazu passt, dass er an keiner Stelle die Quelle nennt, aus der seine Beispiele stammen.

Text typisch für Glosse: Kritik auf witzige Art

Der Text ist typisch für eine Glosse: Indem der Verfasser seine Kritik an den Printmedien auf eine witzige Art vorbringt, lenkt er den Blick seiner Leser auf ein bestimmtes gesellschaftliches Phänomen: die Neugier der Menschen am Alltag von Prominenten.

(403 Wörter)

Aufgabe 8 *Lösungsvorschlag:*

Autor: David Böcking

Titel: Zeitungssterben: Fair Trade für die Schreiberlinge

Anlässlich der Insolvenzen der Zeitungen „Financial Times Deutschland“ und „Frankfurter Rundschau“ setzt sich Böcking mit den Arbeitsbedingungen von Journalisten auseinander. Er warnt die Leser davor, den Niedergang der gedruckten Tagespresse nicht ernst zu nehmen. Die Informationen, die man kostenlos im Internet bekomme, würden den Verlust von Traditionszeitungen nicht ausgleichen. Böcking meint, dass Qualitätsjournalismus Geld koste, und Leser, die Wert darauf legten, gut informiert zu sein, müssten auch bereit sein, dafür zu zahlen. (72 Wörter)

Aufgabe 9 Quelle: BDVZ, IVW

Schaubild: Auch die verkaufte Auflage ist seit Jahren rückläufig

Lösungsvorschlag:

Das Kurvendiagramm zeigt, wie die Zahl der verkauften Tageszeitungen in Deutschland im Zeitraum von 2003 bis 2012 immer weiter abgenommen hat. Zwischen 2003 und 2012 sank die Auflage von 22 600 000 auf 18 400 000. Zwar gab es auch zweimal eine Pause bzw. nur einen sehr geringen Rückgang der Verkaufszahlen, nämlich in den Jahren 2004/2005 (kein Rückgang) und 2008/2009 (Rückgang um nur 50 000). In allen anderen Jahren sank die Auflagenzahl aber um mehrere Hunderttausend; am stärksten im Jahr 2003/2004 (900 000). Im letzten Berichtsjahr (2012) betrug der Rückgang zum Vorjahr 400 000. Die Auflagenzahlen sind also kontinuierlich gesunken.

(100 Wörter)

Quelle: BDVZ, IVW

Schaubild: Das ePaper kann den Schwund bisher nicht auffangen

Lösungsvorschlag:

Dem Balkendiagramm ist zu entnehmen, dass die Anzahl der Abonnements von überregionalen Zeitungen in elektronischer Form, sogenannter ePaper, im Jahr 2012 bei rund 70 000 lag. Dies reichte nicht aus, um den Rückgang der Auflagenzahlen bei den gedruckten Zeitungen auszugleichen. Mit 26 781 Abonnenten lag die „Bild-Zeitung“ mit ihrem ePaper an der Spitze. Danach folgten die „Süddeutsche Zeitung“ mit 15 219 Abonnenten und die „Frankfurter Allgemeine Zeitung“ mit 13 304 Abonnenten. Schlusslicht ist das „neue deutschland“ mit nur 785 Abonnenten.

(80 Wörter)

Aufgabe 10

Eher Kriterien der Darstellung:	Eher inhaltliche Kriterien:
Angemessenheit	Plausibilität
Anschaulichkeit	Vollständigkeit
Interessantheit	Widerspruchsfreiheit
Klarheit	
Strukturiertheit	Strukturiertheit
Verständlichkeit	Verständlichkeit
Zielorientiertheit	

TIPP

Die Lösung gibt deutlich zu erkennen, dass die Darstellung für die Bewertung eines Textes von herausragender Bedeutung ist. Das heißt natürlich nicht, dass die Inhalte zweitrangig sind. Es zeigt aber, dass die Art und Weise, wie der Schreiber seinen Text gestaltet, maßgeblich dazu beiträgt, wie dieser auf die Leser wirkt.

Aufgabe 11

Kriterien:			
Angemessenheit	?	Strukturiertheit	
Anschaulichkeit	✓	Verständlichkeit	✓
Interessantheit	✓	Vollständigkeit	
Klarheit		Widerspruchsfreiheit	
Plausibilität		Zielorientiertheit	

Bewertung: Der Text überzeugt nicht.

Begründung: Es ist nicht ersichtlich, welches Ziel der Verfasser verfolgt. Er spricht den Leser zwar mehrmals direkt an, um zu erfahren, was dieser denn in den Zeitungen lesen wolle. Zugleich meint er die Antwort bereits zu kennen: Es gebe immer eine Art „Mainstream“, dem ein Journalist folgen müsse, um möglichst viele Leser zu erreichen (vgl. Z. 25 ff.). Allerdings wechsle der ständig (vgl. Z. 29), sodass keine klare Linie zu erkennen sei. Weshalb der Verfasser den Leser nach seinen Interessen fragt, sagt er nicht.

Dass das Ziel des Verfassers kaum zu ermitteln ist, liegt vor allem an der unklaren Strukturierung des Texts. Zwar sind einige Zwischenüberschriften eingefügt, die den Eindruck erwecken, die Darstellung sei zielorientiert und transparent. Bei genauerem Hinsehen merkt der Leser aber schnell, dass die Gedankenführung sehr sprunghaft ist: Fragen und Bitten an den Leser (vgl. Z. 16 ff.) wechseln ab mit Kritik an ihm (vgl. Z. 23 ff.), gefolgt von Selbstmitleid (vgl. Z. 32 ff.) und Klagen über die Macht der Marketingabteilung (vgl. Z. 36 ff.).

Zu kritisieren ist auch, dass der Verfasser solch ein schlechtes Bild von seinen Lesern hat; es kommt mir fast so vor, als würde er sie verachten. Offenbar hält er sie für bequem und faul: Er traut den meisten gar nicht zu, dass sie seinen Text überhaupt vollständig lesen (vgl. Z. 55 ff.). Zudem scheint er die Leser für begriffsstutzig und dumm zu halten, denn an einer Stelle erklärt er ihnen ausdrücklich, dass gerade von ihnen die Rede sei (vgl. Z. 52 f.).

Auch die Darstellung ist wenig überzeugend. Wahrscheinlich will der Verfasser den Eindruck erwecken, dass er das Problem des Zeitungssterbens nicht wirklich ernst nimmt, denn seine Sprache klingt sehr salopp. Doch die häufige Verwendung von Umgangssprache und elliptisch verkürzten Sätzen (z. B.: „Okay, nicht jammern." in Z. 32) wirkt eher unangemessen.

Gestaltendes Erschließen eines Textes

Aufgabe 12

Textstellen, die als fragwürdig markiert werden könnten:

- „[...], dass unsere Gesellschaft für alle, insbesondere aber für die Jugend, immer weniger lebenswert geworden ist." (Z. 9 ff.)
- „Leben ist kein Vergnügen mehr." (Z. 22)
- „Anstelle von Selbstverwirklichung und der puren Freude am Dasein regieren Zukunftsangst und Depression den Alltag." (Z. 22 ff.)
- „Eine menschenverachtende Leistungsideologie [...] ist dabei, die für das Zusammenleben der Menschen so wichtigen Werte wie Toleranz, Solidarität, Gerechtigkeit und Mildtätigkeit zu verdrängen." (Z. 26 ff.)
- „Das Prinzip ‚homo homini lupus' macht nur jene glücklich und zufrieden, die von einer der amerikanisierten, durch die Wirtschaft finanzierten Ausbildungsfabriken zu amoralischen Egowesen geformt wurden." (Z. 32 ff.)
- „Die anderen, noch nicht komplett angepassten jungen Menschen [...] richten die Aggression im Alkohol- und Drogenkonsum gegen sich selbst oder flüchten sich in Passivität und Gleichgültigkeit gegenüber der Gesellschaft. (Z. 37 ff.)
- „Die einzig berechtigten Werte scheinen materielle Werte zu sein." (Z. 55 ff.)
- „Bildung wird durch Ausbildung ersetzt." (Z. 64)
- „Kritische Reflexionen sind nicht mehr gefragt." (Z. 70 f.)

- „Motiviertes und fleißiges Tun nach Vorgaben ohne eigenständiges Denken ist gefragt."(Z. 78 ff.)
- „Denn der Erfolg ist von der Inszenierungsfähigkeit abhängig, nicht von der Leistung und schon gar nicht von der Klugheit." (Z. 96 ff.)
- „Denn klug sein ist nicht mehr cool in unserer Gesellschaft." (Z. 99 f.)
- „Bildung wird also unter das Diktat des Ideals des ‚homo oeconomicus' gestellt [...]" (Z. 119 ff.)
- „Vor allem die junge Generation orientiert sich weitgehend am individuellen ökonomischen Vorteil und ist dafür bereit, persönliche Überzeugungen und Vorlieben zurückzustellen [...]" (Z. 152 ff.)
- „Arbeit und Selbstverwirklichung ist für einen immer größer werdenden Teil der Jugend nicht mehr miteinander zu verbinden." (Z. 157 ff.)

Mögliche Kritikpunkte:

- Darstellung zu pauschal, zu negativ
- überzogen negatives Bild, insbesondere von den Jugendlichen
- unpassende Verallgemeinerungen: „[d]ie Jugend" (Z. 1), „für alle" (Z. 10), „die Menschen" (Z. 19 f.) „[j]eder, der ..." (Z. 109)
- Zusammenhänge zu einfach gesehen; Realität viel komplexer

ufgabe 13 Ich halte die Meinung des Verfassers für falsch. Die Jugendlichen von heute sind anders, als er sie darstellt. Seine Sicht auf die junge Generation ist zu negativ, zu einfach und zu allgemein.

ufgabe 14 Es gibt unter den Jugendlichen ganz unterschiedliche Persönlichkeiten. Nicht alle jungen Leute denken in erster Linie ans Geldverdienen, und nicht alle haben hauptsächlich ihren persönlichen Vorteil im Blick.

Mögliche Beispiele: Einige engagieren sich schon während ihrer Schulzeit für den Umweltschutz oder sind in Sportvereinen aktiv. Andere durchlaufen nach dem Ende ihrer Schulzeit zunächst ein soziales Jahr, ehe sie ihre Berufsausbildung in Angriff nehmen oder ein Studium beginnen. Dabei erhalten sie für ihren Einsatz kaum mehr als ein Taschengeld.

Aufgabe 15

- **Sicht des Schreibers:** ist mit der pauschalen Verurteilung der Jugendlichen nicht einverstanden; findet, dass es innerhalb seiner Altersgruppe große Unterschiede gibt; hält die Darstellung des Verfassers für zu einfach und auch für überzogen.
- **Sicht des Adressaten:** hält die Jugend von heute für egoistisch, glaubt, sie würde die Bildung hintanstellen und sich nur dafür interessieren, viel Geld zu verdienen; macht den Jugendlichen aber keine Vorwürfe, sondern sieht sie eher als Opfer einer Gesellschaft, die unter dem Diktat der Wirtschaft steht.
- **Besonderheiten der Textsorte:**
  - äußere Form: Briefkopf, Datum, Anrede, Grußformel mit Unterschrift am Schluss
  - Inhalt: Vorstellen der eigenen Person, Bezugnahme auf Anlass des Schreibens, hier: Verweis auf Text, Bekunden der eigenen Position, danach genauere Auseinandersetzung mit Inhalt des Vorlagentextes, abschließende Bekräftigung der eigenen Position

Aufgabe 16

Hinweis: Es ist nicht nötig, dass Sie Ihre Eintragungen in der Tabelle so detailliert vornehmen wie in der Musterlösung. Sie können sich auf einige Aspekte beschränken, die Sie für wesentlich halten.

Thesen des Vorlagentextes:	Eigene Thesen:	Begründungen:	Beispiele:
Zukunftsangst und Depression im Alltag (Z. 24 f.)	überzogen	betrifft nur Einzelne	
menschenverachtende Leistungsideologie verdrängt wichtige Werte wie Toleranz und Hilfsbereitschaft (Z. 26 ff.)	überzogen	Werte wie Toleranz und Hilfsbereitschaft sehr wohl immer noch wichtig	Epoche der Aufklärung nach wie vor Unterrichtsthema → Wert der Toleranz; Spendenbereitschaft nach Katastrophen
durch Wirtschaft finanzierte Ausbildungsfabriken → amoralische Egowesen (Z. 35 ff.)	zu allgemein, völlig überzogen	Nicht alle Jugendliche sind Egoisten!	soziales Jahr, Ehrenamt

Thesen des Vorlagentextes:	**Eigene Thesen:**	**Begründungen:**	**Beispiele:**
nicht komplett angepasste Menschen: richten Aggression gegen sich selbst oder werden passiv und gleichgültig (Z. 37 ff.)	Ausnahmefälle, nicht die Regel; unpassendes Schwarz-Weiß-Denken	eher Symptom eines Krankheitsbildes (z. B. bei Borderline oder Depressionen)	Gegenbeispiele unter Mitschülern bzw. im Freundeskreis
materielle Werte als einzige Werte, die zählen (Z. 55 ff.)	viele andere Werte für wesentlich erachtet	wichtig: sozialer Zusammenhalt	Familie, Freundschaft, Liebe
Bildung durch Ausbildung ersetzt (Z. 64)	übertrieben, auch unzutreffend	nach wie vor klassische Bildung in Schulen	Lektüre klassischer Literatur vorgesehen; Kunst- und Musikunterricht
gefragt: Tun nach Vorgaben ohne eigenständiges Denken (Z. 78 ff.)	Mitdenken für wirtschaftlichen Erfolg nötig!	fehlende Reflexion der Mitarbeiter treibt Unternehmen in Ruin	
Erfolg von Inszenierungsfähigkeit abhängig (Z. 96 ff.)	kein Erfolg ohne fachliches Wissen und Können denkbar	Blender schnell entlarvt	Vorgaukeln von Fremdsprachenkenntnissen nicht möglich
vor allem junge Generation orientiert sich am wirtschaftlichen Vorteil (Z. 152 ff.)	unzulässige Verallgemeinerung, gilt nicht für alle Jugendlichen	Engagement auch im sozialen Bereich, in Sport oder Kultur	
Arbeit und Selbstverwirklichung für die meisten nicht mehr zu verbinden (Z. 157 ff.)	These zu pauschal	nicht nur „Bildungselite“ kann sich selbst verwirklichen	Wahl eines sozialen Berufs nicht aufgrund finanzieller Erwägungen
	Zusätzlicher Gedanke: Druck nicht nur durch Arbeit	Neue Medien: ständige Erreichbarkeit erwartet (betr. nicht unbedingt Arbeit)	Mitgliedschaft in sozialen Netzwerken: evtl. Hunderte von „Freunden“, die schnelle Rückmeldungen erwarten

Aufgabe 17

Einleitung:	
Hinführung zum Thema	• Bezugnahme auf Vorlagentext • Vorstellen der eigenen Person • Hinführung zur Problemfrage: Sind die Jugendlichen von heute alle Egoisten?
Hauptteil:	
Erster Teil	Zusammenfassende Darstellung wesentlicher Aussagen des Verfassers: • Gesellschaft nicht mehr lebenswert • Grund: Leben unter dem Diktat der Wirtschaft • Folgen: – Ausbildung statt Bildung – Verlust wesentlicher Werte – nur noch Egoisten und Angepasste, vor allem unter den Jugendlichen – Arbeit und Selbstverwirklichung nicht mehr zu verbinden → Bekunden der eigenen Position: Ansicht des Verfassers unzutreffend
Zweiter Teil	• Jugendliche nicht durchweg Egoisten, dabei Bezugnahme auf eigene Erfahrungen • Hilfsbereitschaft nicht verloren gegangen **Beispiel:** Spendenbereitschaft nach Katastrophen • nach wie vor sehr wohl Vermittlung klassischer Bildungsinhalte **Beispiel:** Lektüre von Lessings Drama „Nathan der Weise“: Wert der Toleranz im Vordergrund → Lektüre nicht im Dienste ökonomischer Interessen • nicht nur „Bildungseliten“ gelingt Selbstverwirklichung **Beispiel:** soziale Berufe bringen auch Freude und persönlichen Gewinn • Gesellschaftliche Probleme nicht nur durch wirtschaftliche Zwänge **Beispiel:** Stress durch neue Medien → Gefühl, ständig erreichbar sein zu müssen
Schluss:	
Abschließende Worte an den Verfasser	Appell: • weniger verallgemeinern • weniger übertreiben • Komplexität gesellschaftlicher Zusammenhänge berücksichtigen

ufgabe 18 *Lösungsvorschlag:*

Briefkopf

Sehr geehrter Herr Heinzlmaier,

mit großem Interesse habe ich das Vorwort zu Ihrem Buch „Performer, Styler, Egoisten" gelesen. Darin zeichnen Sie ein sehr düsteres Bild von unserer Gesellschaft. Insbesondere von der jungen Generation haben Sie anscheinend eine schlechte Meinung: Sie halten die meisten jungen Menschen für Egoisten, die nur ans Geldverdienen denken. Als einer derjenigen, der dieser jungen Generation angehört – ich bin Schüler eines Gymnasiums und stehe kurz vor dem Abitur –, möchte ich das, was Sie über uns Jugendliche behaupten, nicht so stehen lassen. Es ist nämlich keineswegs so, dass wir nur unseren materiellen Vorteil verfolgen!

***Einleitung**: Anrede, Bezugnahme auf Vorlagentext*

Vorstellen der eigenen Person

Hinführung zur Fragestellung/zum Problem

Ich sehe sehr wohl, dass Sie uns Jugendlichen keineswegs einen Vorwurf machen. Im Gegenteil: Eigentlich sind wir für Sie nur Opfer einer Entwicklung, die Sie zutiefst beklagen: Sie meinen, ökonomisches Denken würde das Leben in unserer Gesellschaft so sehr bestimmen, dass wir dem alles Übrige untergeordnet hätten. Das beginne schon in Schule und Ausbildung. Ziel sei nicht mehr eine humanistische Bildung, sondern eine Art „Abrichtung", die allein dazu diene, uns junge Menschen zu gefügigen Handlangern profitsüchtiger Unternehmen zu machen. Kritikfähigkeit und eigenständiges Denken seien nicht mehr gefragt, sondern es gehe nur noch darum, reibungslos zu funktionieren. Auf der Strecke geblieben seien wesentliche Werte wie z. B. Toleranz, Gerechtigkeit und Hilfsbereitschaft.

***Hauptteil, 1. Teil**: zusammenfassende Darstellung wesentlicher Inhalte des Vorlagentextes: Jugendliche als Opfer, stehen unter dem Diktat profitsüchtiger Unternehmen*

wichtige Werte verlorengegangen

Ihrer Ansicht nach unterwerfen sich die meisten Jugendlichen dem Diktat der Wirtschaft und passen sich an, indem sie bereit sind, alle Anforderungen, die an sie gestellt werden, blind zu erfüllen. Es gebe kaum Unangepasste, und die seien über die gesellschaftliche Entwicklung so schockiert, dass sie nur noch zwei Verhaltensweisen ken-

Anpassung der meisten Jugendlichen

nur wenige Unangepasste

nen würden: Entweder richten sie ihre Aggressionen gegen sich selbst, z. B. indem sie sich mit Alkohol oder Drogen betäuben – oder sie sind so verzweifelt, dass sie sich enttäuscht und deprimiert vollkommen zurückziehen.

Das Leben in einer solchen Gesellschaft halten Sie für nicht mehr lebenswert. Sie glauben, dass es nur noch einigen Wenigen gelinge, Arbeit und Selbstverwirklichung miteinander zu verbinden. Das sind in Ihren Augen diejenigen, die zur „Bildungselite" zählen.

Leben nicht mehr lebenswert: Arbeit und Selbstverwirklichung nicht mehr zu verbinden

Ehrlich gesagt: Ich finde Ihre Ausführungen wenig überzeugend. Ihre Urteile kommen mir recht pauschal vor. Sie scheinen zu denken, dass die meisten jungen Menschen sich gedankenlos in den Dienst wirtschaftlicher Interessen stellen und dadurch zu Egoisten werden, für die lediglich materielle Werte zählen.

***Hauptteil, 2. Teil**: Benennen der eigenen Position: Ausführungen wenig überzeugend, Urteile pauschal*

Was mich betrifft: Ich glaube nicht, dass ich immer nur an meinen Vorteil denke, und von meinen Freunden kann ich das auch nicht sagen. Während unserer Schulzeit waren wir z. B. mehrmals in Polen, um einen verwahrlosten jüdischen Friedhof in Ordnung zu bringen und zu pflegen. Geld haben wir dafür nicht bekommen. Übrigens waren es Lehrer unserer Schule, die dieses Projekt auf den Weg gebracht haben. Mit „Bildungsökonomie" hat das wohl kaum etwas zu tun. Keiner der Teilnehmer hat auch nur entfernt daran gedacht, einen Gewinn aus seinem Engagement zu ziehen. Natürlich haben wir letztlich doch alle davon profitiert – aber in einem anderen Sinne, als Sie denken: Die Arbeit war für uns außerordentlich befriedigend, und nebenbei haben wir noch neue Freunde gefunden, nämlich polnische Jugendliche, mit denen wir durch unsere Aktivitäten auf dem Friedhof in Kontakt gekommen sind.

Begründung anhand von eigenen Erfahrungen

Beispiel: Pflege eines jüdischen Friedhofs in Polen

keine ökonomischen Motive

befriedigende Arbeit

Sie meinen, es gebe keine Werte, keinen Idealismus mehr? Ich denke, das Beispiel von unserem Einsatz in Polen spricht klar dagegen. Und wir sind keine Ausnahme. Es gibt auch andere Jugendliche, die sich engagieren, z. B. in Sportvereinen, bei Umweltaktivisten oder bei kulturellen Veranstaltungen. Und immer dann, wenn Katastrophen eingetreten sind – sei es eine Flutkatastrophe in Deutsch-

Idealismus noch vorhanden

Bezugnahme auf weitere Beispiele

land oder ein Erdbeben in Italien – ist eine Welle der Hilfsbereitschaft zu beobachten. Oft sind es sogar Stars und Prominente, die aktiv werden, um möglichst viele Spendengelder zu sammeln. Wahrscheinlich betrachten Sie solche Personen als „Styler", denen es vor allem darum geht, ihre Popularität zu stärken, indem sie sich für die Ärmsten der Armen einsetzen. Vielleicht haben Sie da sogar recht. Für mich zählt aber das Ergebnis: Wenn sich berühmte Persönlichkeiten an die Spitze einer Wohltätigkeitsveranstaltung stellen, tragen sie dazu bei, Elend zu lindern.

Ergebnis entscheidend

Ich finde übrigens auch, dass Ihre Vorstellungen von humanistischer Bildung etwas engstirnig sind. Geht es dabei wirklich vor allem darum, dass jemand gelernt hat, unregelmäßige Pluralformen richtig zu bilden? Wir haben im Deutschunterricht Lessings „Nathan" gelesen. Das Tolerranzgebot, das darin zum Ausdruck kommt, ist für mich der Inbegriff von humanitärem Denken, und die Botschaft des Dramas ist gerade heute sehr aktuell. Dass die Lektüre von Lessings Werk nach wie vor auf dem Stundenplan steht, lässt sich jedoch keineswegs auf ökonomische Interessen zurückführen. Wer hätte davon einen finanziellen Nutzen? Und inwiefern ist das Stück geeignet, Profitdenken zu fördern? Gewiss, Nathan ist ein reicher Mann. Aber nicht ohne Grund lautet der Titel des Dramas „Nathan der Weise". Seine herausragenden Qualitäten werden nicht darin gesehen, dass er ein guter Geschäftsmann ist, der weiß, wie man zu Wohlstand kommt. Entscheidend ist, dass er es aufgrund seiner Lebenserfahrung versteht, anderen gegenüber klug zu begegnen, und zwar ohne an seinen Profit zu denken.

etwas engstirnige Vorstellungen von humanistischer Bildung

Beispiel: Lektüre von Lessings „Nathan" im Deutschunterricht nicht auf ökonomische Interessen zurückzuführen

Sie meinen, nur die Angehörigen der „Bildungselite" – also Akademiker – seien heutzutage noch in der Lage, Arbeit und Selbstverwirklichung zu vereinbaren; für alle anderen sei die berufliche Tätigkeit lediglich ein notwendiges Übel. Auf Fahrradkuriere, Maurer oder Supermarktkassiererinnen mag das zutreffen. Es gibt aber auch Menschen, die einen Sinn in ihrer Arbeit sehen und die nicht zur „Bildungselite" gehören, z. B. diejenigen, die

Selbstverwirklichung nur noch für „Bildungseliten"?

einen sozialen Beruf ausüben, etwa in Kindergärten, Krankenhäusern oder Altenheimen. Sie haben sich bewusst für eine solche Arbeit entschieden, weil es ihnen Freude macht, andere zu fördern und zu unterstützen. Auch leisten sie einen wertvollen Dienst für unsere Gesellschaft. Ist das etwa nicht Selbstverwirklichung?

Gegenbeispiel: Menschen in sozialen Berufen

Freude im Beruf

Sie haben allerdings recht, wenn Sie sagen, dass von den Arbeitnehmern heute viel verlangt wird. Nicht ohne Grund ist „Burn-out" schon fast zu einer Modekrankheit geworden. Aber ist der Stress, der von den Betroffenen als so belastend empfunden wird, nicht zumindest zum Teil auch selbstverschuldet? Sind es nicht die neuen Medien, die uns ständig in Atem halten? Das Gefühl, immer erreichbar sein zu müssen, ist nicht unbedingt nur durch die neue Arbeitswelt entstanden. Wer Mitglied in einem sozialen Netzwerk ist und dort womöglich hundert oder mehr „Freunde" hat, die auf jede Nachricht sofort ein Feedback erwarten – und meist auch bekommen –, darf sich nicht wundern, wenn er sich ständig gestresst fühlt.

Zustimmung: Stress in der Arbeitswelt

Problematisierung: Stress z. T. auch selbstverschuldet

Beispiel: Mitgliedschaft in sozialen Netzwerken → Druck durch ständige Erreichbarkeit

Ist Ihre Sicht auf unsere Gesellschaft vielleicht ein wenig zu einfach? Mir scheint, Sie haben eine Reihe von Faktoren unberücksichtigt gelassen. Unser Zusammenleben ist komplexer, als Sie es darstellen. Ich habe den Eindruck, dass Sie manchmal etwas zu sehr verallgemeinern. Aber Sie können nicht alle Jugendlichen über einen Kamm scheren! Meine Freunde und ich sind jedenfalls keine Egoisten – und auch keine Performer und Styler. Vielleicht überdenken Sie Ihre Ansichten noch einmal. *Die* Jugendlichen gibt es nicht.

***Schluss**: höflicher Vorwurf der Vereinfachung und der Verallgemeinerung*

Appell an Verfasser: Überdenken der Ansichten

Mit freundlichen Grüßen (1 099 Wörter)

Besondere Textsorten im Einzelnen

ufgabe 19 *Lösungsvorschlag:*

(Hinweis: Online-Kommentare sind in der Regel spontan und knapp. An den üblichen Kriterien, die für sorgfältig ausformulierte Leserbriefe gelten, darf man sie eigentlich nicht messen.)

Der Leserbrief ist zwar nicht uninteressant, aber er befriedigt trotzdem nicht. Das liegt daran, dass der Verfasser seine Gedanken nur unzureichend ausführt. Er kritisiert an dem Bericht, dass er die Meinung vermittelt, Arbeit, Karriere und Geld seien das Wichtigste im Leben. Diese Vorstellung teilt er nicht. Seiner Ansicht nach hängt ein glückliches Leben gerade von Dingen ab, die man entweder kostenlos bekommt oder nicht kaufen kann. Das ist wahrscheinlich richtig, allerdings versäumt er es, seine Thesen genauer darzulegen. Beispiele führt er gar nicht an. Er liefert eigentlich nichts anderes als ein paar Behauptungen, für die er aber Begründungen und Belege schuldig bleibt. Was mich auch stört, ist seine pauschale Verurteilung der älteren Generation: Diese, so meint er, habe „eines bis heute nicht verstanden", nämlich, dass Arbeit „ein Mittel zum Zweck" und kein „Selbstzweck" (Z. 2) sei. Die Jüngeren hätten das dagegen begriffen. Indem sie nicht daran interessiert seien, Karriere zu machen, hätten sie geradezu einen Wertewandel eingeleitet und die „echten Werte" (Z. 12) erkannt. Welche das genau sind, führt er aber nicht aus. So bleibt seine Darstellung bruchstückhaft. Hinzu kommt, dass er es am Anfang versäumt, sich auf den Text zu beziehen und dessen Inhalt knapp zusammenzufassen. Auch scheint er seinen Leserbrief abrupt abgebrochen zu haben, denn es fehlt ein abrundender Schluss, in dem er noch einmal klar sagt, worum es ihm eigentlich geht. Es wird also nicht deutlich, ob der Leserbrief allein Kritik am Karrierestreben der älteren Generation sein soll – oder vielleicht auch ein Appell an alle Leser, über die wahren Werte des Lebens nachzudenken.

ufgabe 20 *Lösungsvorschlag:*

Einleitung: Nennung von Textsorte, Titel, Verfasserin und Thema

Der Reportage „Generation Weichei" von Bettina Weiguny ist zu entnehmen, dass Personalchefs inzwischen offenbar ein Problem mit der sogenannten „Generation Y" haben, also mit den jungen Leuten, die sich jetzt anschicken, Posten in den Unternehmen zu besetzen. Viele von ihnen – so die Klage – seien nicht mehr bereit, allzu große Opfer für ihren beruflichen Aufstieg zu bringen. Das Pri-

Zusammenfassung wichtiger Informationen:

vatleben habe für sie mehr Bedeutung gewonnen, und eine „Karriere um jeden Preis" könnten sich viele nicht mehr vorstellen.

keine Bereitschaft der jungen Generation, für Karriere Opfer zu bringen

Dieser Sinneswandel sorgt offenbar für Verstörung: Während die einen voller Unverständnis den Kopf schütteln, scheinen die anderen fast neiderfüllt auf die Jüngeren zu blicken, die es wagen, ihrem Arbeitgeber gegenüber auch ihre privaten Interessen zu vertreten.

unterschiedliche Reaktionen auf Sinneswandel

Was die Verfasserin über die veränderte Einstellung der jungen Generation sagt, finde ich sehr interessant, zumal ich als Abiturient bald selbst vor der Frage stehe, wie ich mein künftiges Leben gestalten möchte. Ehrlich gesagt: Ich bin auch der Meinung, dass es ein Leben neben der Arbeit geben sollte. Auf ein glückliches Familienleben will ich jedenfalls nicht verzichten, und das ist nur möglich, wenn die Zeit dafür ausreicht. Ich möchte erleben, wie meine Kinder heranwachsen; sie nur am Abend zu sehen, wenn sie bereits im Bett liegen, würde mir nicht genügen.

Äußern der eigenen Meinung: Informationen interessant

Bezugnahme auf eigene Lebensgestaltung: Zeit für Familie wichtig

Allerdings ist es mir auch wichtig, einen Beruf auszuüben, der mir Spaß macht und mich vor Herausforderungen stellt. Um Verantwortung tragen zu können, dürfte ich mich aber nicht damit begnügen, in einem Unternehmen irgendeine Position in einer hinteren Reihe auszufüllen. Dann wäre ich wie ein Dienstleister, der von morgens bis abends nur Aufgaben erledigt, die ihm zugewiesen werden. Eigene Entscheidungen treffen und Einfluss nehmen könnte ich dann kaum. Ob mich das auf die Dauer befriedigen würde, bezweifle ich.

Einschränkung: Wunsch nach interessantem Beruf und Herausforderungen

Dabei denke ich durchaus auch ans Einkommen. Ich will nicht verhehlen, dass ich monatlich schon eine gewisse Mindestsumme verdienen möchte. Zu einem guten Leben gehört eben, dass man sich das eine oder andere leisten kann. Jeden Cent umdrehen zu müssen, damit das Geld bis zum Monatsende reicht, würde mir nicht gefallen. Unsere Gesellschaft ist nun mal so eingerichtet, dass fast alles, was Spaß macht, Geld kostet: Kino, Restaurantbesuch, Urlaub, schicke Kleidung ... Und die Mieten sind inzwischen dermaßen gestiegen, dass man es sich fast nicht leisten

Einkommen als Motiv: Mindestsumme wichtig, um guten Lebensstandard finanzieren zu können

kann, ein Karriereangebot auszuschlagen – es sei denn, man begnügt sich mit einer Zwei-Zimmer-Wohnung am Stadtrand.

Ich frage mich aber, ob es nicht doch möglich ist, Arbeit und Privatleben in Einklang zu bringen. Warum lassen sich die Arbeitszeiten nicht etwas flexibler gestalten? Ist es wirklich erforderlich, dass jeder Arbeitnehmer tagtäglich acht Stunden oder länger in seinem Büro sitzt? Genügt es nicht, dass man die erwartete Leistung bringt, unabhängig davon, wann und wo das geschieht?

Wunsch nach Vereinbarkeit von Arbeit und Privatleben

Insofern bin ich der „Generation Y" direkt dankbar, dass sie mit ihren Forderungen nach einer angemessenen „Work-Life-Balance" für Diskussionsstoff in den Unternehmen sorgt. Vielleicht führt das nach und nach zu einer humaneren Arbeitsatmosphäre in den Betrieben – und das wäre im Interesse aller Arbeitnehmer. Nicht ohne Grund sagt Bettina Weiguny, dass viele den Wunsch hätten, neben der Arbeit auch ein erfülltes Privatleben zu führen. Es seien aber nur die Jungen, die das „lautstark einfordern". Ich finde es gut, dass sie das tun!

Begrüßung der ausgelösten Diskussion um „Work-Life-Balance"

Forderungen der jungen Generation abschließend positiv bewertet

(520 Wörter)

ufgabe 21 *Lösungsvorschlag:*

Sinkende Wahlbeteiligung –
Elektronische Medien kein Allheilmittel

Die sinkende Wahlbeteiligung bereitet allmählich Sorgen, nicht nur Politikern, sondern auch Menschen, denen unsere Demokratie am Herzen liegt, und das nicht ohne Grund: Eine repräsentative Wahlstatistik des Statistischen Bundesamtes aus dem Jahre 2010 zeigt, dass im Laufe der Jahrzehnte immer mehr Bürger bei Wahlen darauf verzichtet haben, ihre Stimme abzugeben. Am stärksten ist der Rückgang bei den 21- bis 25-Jährigen: Lag die Wahlbeteiligung bei dieser Altersgruppe im Jahr 1953 noch bei fast 80 Prozent, so ist sie bis zum Jahr 2009 auf gerade mal 59 Prozent zusammengeschrumpft. Das ist ein Rückgang um rund 20 Prozent. Wie ist das zu erklären? Und wie lie-

Thema: begründete Sorgen um sinkende Wahlbeteiligung

Beleg: Zahlen des Statistischen Bundesamts

(Bezug zu M 5)

ße sich dem entgegenwirken? Braucht es die Kontaktaufnahme über die elektronischen Medien, um die jungen Leute zu erreichen?

Fragestellung: Suche nach Erklärung und möglichen Gegenmaßnahmen

Um eines gleich vorweg zu sagen: Die sinkende Wahlbeteiligung ist nicht darauf zurückzuführen, dass Politiker im Internet noch „Neuland" sehen und es daher meiden. Inzwischen suchen schon viele unserer Volksvertreter bei Twitter und Co. nach „Followern". Und auch die Wahlprogramme der einzelnen Parteien sind im Internet nachzulesen, zumal jede Partei inzwischen ihre eigene Internetplattform hat.

Meinungsbekundung: sinkende Wahlbeteiligung nicht auf mangelnde Internetpräsenz von Politikern zurückzuführen

Nutzen junge Leute die Angebote im Internet nicht, um sich politisch zu informieren? Sie sind schließlich Digital Natives, also diejenigen, die mit dem Internet groß geworden sind.

Wie eine Untersuchung der Helmut-Schmidt-Universität in Hamburg aus dem Jahre 2012 gezeigt hat, informieren sich die Jungen sehr wohl mithilfe des Internets über politische Themen. Politische Beiträge werden gelesen, empfohlen („Gefällt mir") und sogar weitergeleitet. Daneben verfassen die User auch selbst politische Beiträge und posten sie, und sie unterschreiben Online-Petitionen.

Ergebnisse einer Untersuchung: junge Leute nutzen Internet, um sich zu informieren

(Bezug zu M 1 und M 4)

Aber warum machen dann immer weniger von ihrem Wahlrecht Gebrauch? Politikverdrossenheit kann es kaum sein.

Etwas anderes ist der Grund: Ein Blick in einige Internetforen zeigt, dass die Politiker offensichtlich den Kontakt zu den jungen Menschen verloren haben. Das liegt zum einen an den Themen, zum anderen an der Vermittlung von Inhalten. „Wenn zur Debatte steht, wie lange Jugendliche nachts ausgehen dürfen – wer würde dann nicht wählen?", fragt der 16-jährige Yannick. Und die gleichaltrige Nathalie meint: „Die Jugend ist [...] nicht politikfaul, sondern zu schlecht informiert [...]." Dass das so ist, führt sie nicht auf deren Desinteresse zurück, sondern auf die Sprache der Politiker: „man könnte die Wählerschaft vergrößern, würde man das Wahlprogramm in verständlicher Sprache vermitteln."

Verweis auf Internetforen: Verlust des Kontaktes zwischen Politikern und jungen Leuten, Jugend schlecht informiert

(Bezug zu M 2)

Genau das ist das Problem! Nicht nur die Wahlprogramme sind so formuliert, dass sie von den meisten Bürgern kaum begriffen werden. Auch mit ihrer mündlichen Rede dringen viele Politiker einfach nicht bis zum Wahlvolk durch, denn was sie sagen, klingt oft verklausuliert oder undurchsichtig, also inhaltsleer.

Hauptproblem: unverständliche Sprache

Natürlich wäre es keine Lösung, wenn die Politiker nur noch Themen in die Öffentlichkeit tragen würden, die vor allem bei jungen Leuten auf Interesse stoßen. Schließlich stehen Volksvertreter im Dienste aller Bürger; sie dürfen nicht nur an die jungen Wähler denken, um bei ihnen Gehör zu finden. Aber sie sollten sich darum bemühen, eine Sprache zu sprechen, die verstanden wird. „Drückt euch endlich einfach und deutlich aus!“, möchte man ihnen zurufen. Das würde vielleicht auch die älteren Generationen wieder verstärkt an die Wahlurnen bringen, denn sie verstehen oft genauso wenig, was Politiker sagen.

keine Lösung: Konzentration auf Themen, die nur Jugendliche interessieren

wichtig: verständliche Sprache

Indem sie sich Facebook und Twitter zuwenden, erreichen unsere Politiker die Jugend jedenfalls kaum. Wie die Studie der Helmut-Schmidt-Universität ebenfalls gezeigt hat, haben die politischen Aktivitäten der jungen Internetnutzer allenfalls einen symbolischen Wert. Man liest eben hier und da etwas, gibt hier und da seinen Kommentar dazu ab, aber zu echten „Offline-Aktivitäten“, z. B. zur Teilnahme an einem Volksentscheid, kommt es höchstens bei jedem Dritten.

Internetpräsenz von Politikern weitgehend ohne Folgen

(Bezug zu M 1)

(Bezug zu M 3)

Der Einfluss der elektronischen Medien sollte also nicht überschätzt werden. Kontakt entsteht durch Kommunikation, und wenn die nicht klappt, kann auch kein Kontakt entstehen. So einfach ist das!

Kontakt nur durch Kommunikation möglich

(601 Wörter)

ufgabe 22 Ratschläge für einen guten Redner:

- gleich zum Thema kommen
- Inhalte nicht vorher ankündigen
- (frei und lebendig sprechen)
- verständlich formulieren: keine unübersichtlichen Satzkonstruktionen
- Weitschweifigkeit vermeiden

- (Blickkontakt zum Publikum halten)
- (auf die Reaktionen der Zuhörer achten)
- anschauliche Beispiele einflechten
- nicht viele Zahlen nennen
- sich kurz fassen
- ohne Vorankündigung zum Schluss kommen

Aufgabe 23 Damit meint Schopenhauer, dass ein guter Redner das Publikum auf zweierlei Art fesseln sollte: Zum einen langweilt er seine Zuhörer nicht mit Inhalten, die sie schon kennen, sondern bietet ihnen etwas Neues, Interessantes. Und er sollte seine Worte so wählen, dass er problemlos verstanden werden kann. Das bedeutet: Er passt sich hinsichtlich des Sprachniveaus an sein Publikum an.

Aufgabe 24 a) *Lösungsvorschlag:*

Die Rede „Hungerkrise in Afrika: Der Aufstand des Gewissens", die der Schweizer Soziologe Jean Ziegler zur Eröffnung der Salzburger Festspiele entworfen hatte, wurde am 4. 8. 2011 in der in Zürich erscheinenden „Wochenzeitung" abgedruckt. Ziegler hatte sich mit seiner Rede zum Ziel gesetzt, Unterstützer für den Kampf gegen den Hunger zu gewinnen. Allerdings war er von den Veranstaltern kurzfristig wieder ausgeladen worden, sodass es ihm nicht möglich war, den entsprechenden Appell an die geladenen Gäste zu richten.

Der Text lässt sich in vier Abschnitte untergliedern:

- Im ersten Abschnitt (Z. 1 bis Z. 82) beschreibt der Verfasser die Auswirkungen der Hungerkatastrophe in Afrika;
- danach erklärt er, wie es zu dieser Hungerkatastrophe gekommen ist (Z. 83 bis Z. 142);
- anschließend stellt er verschiedene Überlegungen dazu an, was im Kampf gegen den Hunger geschehen könnte oder müsste (Z. 143 bis Z. 203).
- Er beendet seine Rede mit einem Zitat aus Bertolt Brechts Drama „Mutter Courage" (Z. 204 bis Z. 220).

Die ganze Rede ist eine Anklage gegen die Mächtigen dieser Welt. Jean Ziegler übt massiv Kritik an allen Personen, die aufgrund ihres Reichtums oder ihres politischen Einflusses darüber entscheiden, wohin die Geldströme fließen. Sie sind seiner Ansicht nach schuld an den Hungerkatastrophen in den armen Ländern. Der Verfasser setzt sich für eine gerechtere Weltordnung ein, in der die Menschen keine Not mehr leiden müssen.

Ziegler meint, dass der Hungertod so vieler Menschen vermeidbar wäre. Der Welternährungsreport besage, dass die Landwirtschaft in der Lage sei, Lebensmittel für das Doppelte der Weltbevölkerung zu produzieren. Dass dies nicht geschieht, führt er auf die Gier der Reichen zurück: Statt ausreichend Geld für den Kampf gegen den Hunger aufzuwenden, gehe es ihnen vorrangig um Profitmaximierung.

Die Finanzkrise habe die weltweite Hungersnot noch verschärft, denn sie habe dazu geführt, dass die Beträge, die die reichen Industrieländer für humanitäre Hilfe aufwenden, in den letzten Jahren drastisch gesunken seien. Die Rettung der maroden Banken sei den Geberländern wichtiger gewesen als die Rettung von Menschenleben. Hinzu komme, dass Spekulanten seither verstärkt an Agrarrohstoffbörsen investiert hätten, was die Preise für Grundnahrungsmittel, z. B. Reis und Getreide, erheblich in die Höhe getrieben habe. Deshalb hätten es sich afrikanische Entwicklungsländer nicht mehr leisten können, Lebensmittelvorräte anzulegen, obwohl das wegen der seit fünf Jahren anhaltenden Dürrekatastrophe dringend nötig gewesen wäre.

Ziegler hat wenig Hoffnung, dass es die Herrschenden sein könnten, die sich für eine gerechtere Weltordnung engagieren. Das Bemühen darum müssten die betroffenen Völker selbst in die Hand nehmen, unterstützt durch eine wachsende Oppositionsbewegung in den reichen Industrieländern. Er erinnert in dem Zusammenhang an Brechts Drama „Mutter Courage“. Darin appelliert die Protagonistin an die Armen, aktiv zu werden und sich selbst für eine bessere Welt einzusetzen.

Die Rede Zieglers wirkt von Anfang an sehr emotional und aufwühlend. Sie beginnt mit den Worten: „Alle fünf Sekunden verhungert ein Kind unter zehn Jahren.“ (Z. 1 f.) Kurz danach schildert er den Todeskampf unterernährter Kinder (vgl. Z. 23 bis Z. 37). An anderer Stelle beschreibt er die Auswirkungen der Dürrekatastrophe in einigen afrikanischen Ländern (vgl. Z. 41 bis Z. 62). Seine drastisch klingende Darstellung stützt er zwischendurch immer wieder mithilfe von Zahlen, z. B. aus dem Welternährungsreport der Uno (vgl. Z. 2 bis Z. 5) und dem Welternährungsprogramm (vgl. Z. 83 bis Z. 96).

Mit seiner Wortwahl und mithilfe von Sprachbildern gibt Ziegler deutlich seine eigene Empörung zu erkennen. Reiche Banker sieht er geradezu als Verbrecher an; er nennt sie „Bankhalunken“ (Z. 103) und „Spekulationsbanditen“ (Z. 105 f.). Darüber hinaus bezeichnet er die heutige Weltordnung als „kannibalisch“ (Z. 141), und das Sterben der Verhungernden ist in seinen Augen ein „Massaker“ (Z. 14). Deshalb ist er auch der

Meinung, dass ein Kind, das verhungert, in Wirklichkeit „ermordet“ (Z. 17) worden ist.
Für Ziegler ist Geld heute die eigentliche Macht, die zur Vernichtung von zahlreichen Menschenleben führt, so wie es früher Kriege getan haben. Nicht ohne Grund beschließt er seine Rede mit einer Textstelle aus Brechts Drama „Mutter Courage“: Für die Protagonistin sind die einfachen Leute auch Opfer von Krieg („Kriegs- und Totentanz“, Z. 213) oder Profitgier (der „Händler“, Z. 212).
In Zieglers Augen scheint der Kampf ums Geld zum neuen Krieg geworden zu sein, dem es zu trotzen gilt. Deshalb appelliert er an die (reichen) Zuhörer, einen Sinneswandel zu vollziehen und sich zum „Aufstand der Anständigen“ zu erheben. Jedoch glaubt er nicht, dass er mit seinem Appell Erfolg haben wird. Für ihn ist das allenfalls ein „Traum“ (Z. 143).

b) befolgte Ratschläge
- gleich zum Thema kommen ✓
- Inhalte nicht vorher ankündigen ✓
- (frei und lebendig sprechen)
- verständlich formulieren: keine unübersichtlichen Satzkonstruktionen ✓
- Weitschweifigkeit vermeiden ✓
- (Blickkontakt zum Publikum halten)
- (auf die Reaktionen der Zuhörer achten)
- anschauliche Beispiele einflechten ✓
- nicht viele Zahlen nennen
- sich kurz fassen ✓
- ohne Vorankündigung zum Schluss kommen ✓

c) Ziegler hätte seine Zuhörer mit Sicherheit vor den Kopf gestoßen. Statt sie feinfühlig und diplomatisch um Unterstützung zu bitten, greift er sie mit seiner Rede grob an, indem er ihnen vorwirft, sie seien die „Verursacher und die Herren dieser kannibalischen Weltordnung“ (Z. 140 ff.). Auch geht er von vornherein davon aus, dass sie seiner Bitte um Unterstützung nicht folgen würden. Den „Aufstand des Gewissens“, den er sich eigentlich in Salzburg erhoffte, hat er von Anfang an als „Traum“ (Z. 143) angesehen: „Aber keine Angst, dieses Wunder wird in Salzburg nicht geschehen.“ (Z. 164 f.) Selbst wenn er seine Rede hätte halten können, hätte er das Ziel, das er offenbar damit verfolgt hat, wahrscheinlich nicht erreicht.

fgabe 25

Einleitung:

- Einstieg über Bezugnahme auf den Tag der Entlassung
- kurzer Rückblick auf die Schulzeit
- Hinweis auf die Generationen-Zugehörigkeit der Schulabgänger

Hauptteil:

1. Gedanke:	kurze Vorstellung der Besonderheiten dieser Generation • „Digital Natives" (geboren Mitte der 90er-Jahre) • wesentliches Merkmal: Flexibilität
2. Gedanke:	Flexibilität auch schon während der Schulzeit • Danksagung an verständnisvolle Lehrer
3. Gedanke:	Pragmatismus als weiteres Merkmal
4. Gedanke:	Suche nach Sinn • Bedürfnis nach echter Aufgabe • Bereitschaft zu Leistung • Ablehnung von Karriere um jeden Preis
5. Gedanke:	Wertschätzung der Eltern • keine Generationen-Konflikte • möglicher Grund: Gewähren von Freiheiten durch die Eltern
6. Gedanke:	Ablehnung von Faulheit und Bequemlichkeit • Einschränkung: Wunsch nach Privatleben
7. Gedanke:	Der Generationen-Begriff • Generationen-Begriff nicht eindeutig • Unterscheidung zwischen Familien-Generation und Generation als Erlebnis-Gemeinschaft
8. Gedanke:	Probleme mit dem Generationen-Begriff • Überschneidungen • Ablösung der Generationen in immer kürzeren Zeiträumen • unterschiedliche Bezeichnungen für ein und dieselbe Generation
9. Gedanke:	Gründe für Zuordnung zu einer Generation • Gefühl der Zugehörigkeit • Abgrenzung • Entwickeln von Identität und Schaffen von Heimat
10. Gedanke:	Offenheit nach außen • Beurteilung anderer nach Klarheit und Kompetenz • Ablehnung von Unaufrichtigkeit

Schluss:

- abschließende Danksagung an Lehrer
- Ausdruck von Zukunftsoptimismus

Lösungsvorschlag:

Liebe Lehrerinnen und Lehrer,
liebe Eltern,
liebe Mitschülerinnen und Mitschüler,

heute ist nun also unser großer Tag gekommen: Wir werden, wie es so schön heißt, ins Leben entlassen, und darauf brennen wir schon! Jahrelang mussten wir mehr oder weniger nach einem festen Zeitplan funktionieren – auf Deutsch folgte Mathe, auf Biologie Sport usw. Künftig können wir endlich unseren eigenen Takt schlagen. Das wollen wir auch. Denn wir sind die Generation Z.

***Einleitung**: Bezugnahme auf den Anlass und Hinweis auf Generationenzugehörigkeit*

Sie kennen uns nicht? Dann lassen Sie mich ein paar Worte zu uns sagen. Sie sollten uns nämlich verstehen. Wir sind die „Digital Natives", also die erste Generation, die von Anfang an mit den elektronischen Medien aufgewachsen ist. Geboren sind wir Mitte der 90er-Jahre, und der Umgang mit Laptop, Tablet-PC und Smartphone ist für uns eine Selbstverständlichkeit. Wir sind es gewohnt, uns mit ein paar Klicks die Informationen zu holen, die wir brauchen, und das aus verschiedenen Quellen. Wenn es darauf ankommt, vernetzen wir uns mit Gleichgesinnten, aber wir können auch alleine arbeiten. Wir sind nämlich flexibel.

***Hauptteil**: Besonderheiten der Generation der „Digital Natives"*

(Bezug zu M 3)

Und flexibel waren wir schon immer. Liebe Lehrerinnen und Lehrer, haben Sie eigentlich gemerkt, dass wir die Hausaufgaben nicht immer so ernst nahmen, wie Sie sich das vielleicht wünschten? Ehrlich gesagt: Der eine oder andere von uns hat durchaus auch mal Copy & Paste benutzt. Sie wissen, was das heißt. Geklappt hat es mit dem Abitur trotzdem. Vielleicht auch wegen Ihrer Nachsicht. Dafür danken wir Ihnen.

Flexibilität schon während der Schulzeit

(Bezug zu M 3)

Wir sind nämlich auch pragmatisch. Uns interessiert, was wir wissen wollen und was uns nützt, und zwar dann, wenn wir es brauchen. Bulimie-Lernen, also das „Teaching for the Test", war nie unsere Sache. Noten haben uns eigentlich nicht sonderlich interessiert. Hauptsache, wir kamen ganz gut durch.

Pragmatismus als Merkmal

(Bezug zu M 3)

Suche nach Sinn (Bezug zu M 3)

Was wir suchen, ist Sinn. Wir wollen eine echte Aufgabe haben, wir wollen etwas bewegen, uns in die Gesellschaft einbringen, dann sind wir auch bereit, etwas zu leisten. Aber nicht um jeden Preis. Nicht wie unsere Eltern. Wir haben es doch erlebt: Morgens standen sie mit zusammengebissenen Zähnen auf, und abends fielen sie erschöpft ins Bett. Oft haben wir uns gefragt: Sieht so das Leben aus? Eins wissen wir genau: So wollen wir nicht leben.

Wertschätzung der Eltern (Bezug zu M 2)

Und doch, liebe Eltern, sind wir mit euch eigentlich ganz gut zurechtgekommen. Richtige Generationen-Konflikte gab es zwischen uns nicht. Vielleicht liegt das daran, dass ihr uns ziemlich viel Freiheit gelassen habt. Das haben wir geschätzt.

Arbeitseinstellung: Ablehnung von Faulheit

Einschränkung: Wunsch nach Privatleben, Freiheitsliebe (Bezug zu M 1)

Übrigens sollte niemand meinen, dass wir faul und bequem sind. Wenn es drauf ankommt, klotzen wir auch mal richtig ran. Aber bitte nicht am Wochenende! Denn wir legen Wert auf unser Privatleben. Und eines wollen wir nicht: in ein Raster eingeklemmt sein, ohne eigene Entscheidungsbefugnisse. Wir sind nämlich freiheitsliebend. Doch was wir wichtig finden, werden wir tun – eben dann, wenn es sein muss. Und wenn wir das auch einsehen.

Definition des Begriffs der Generation:

Generationen-Begriff nicht eindeutig

Unterscheidung zwischen Familien-Generation und Generation als Erlebnis-Gemeinschaft (Bezug zu M 2)

(Bezug zu M 1 und M 2)

Ich spreche hier die ganze Zeit so selbstverständlich über unsere Generation. Aber was genau ist das eigentlich: eine Generation? Für die Kulturwissenschaftlerin Ulrike Vedder lässt sich der Begriff keineswegs einfach definieren. Im Großen und Ganzen existieren ihr zufolge zwei Generationen-Begriffe, die sich grundlegend voneinander unterscheiden: Da gibt es einmal die Generation innerhalb einer Familie und die Generation als Erlebnis-Gemeinschaft. Innerhalb einer Familie lassen sich die Generationen leicht voneinander abgrenzen: Man findet hier die Generation der Großeltern, der Eltern, der Kinder usw. Wenn ich diesen Generationen-Begriff zugrunde lege, wären wir – in Bezug auf unsere Eltern – einfach nur die Generation der Kinder. Geht man aber von einer Generation als Erlebnis-Gemeinschaft aus, dann ist die Zuordnung schon schwieriger. Seit dem Ende des Zweiten Weltkriegs hat es inzwischen schon viele verschiedene Generationen gegeben: die Nachkriegsgeneration, die 68er-Generation, die

Generation Golf, die Generation X, die Generation Y – und nun die Generation Z, also uns.

Problematisierung des Generationen-Begriffs: Überschneidungen

(Bezug zu M 2 und M 4)

Das Problem dabei ist: Die einzelnen Generationen können sich überschneiden. Es hängt immer davon ab, woran man sich bei der Zuordnung orientiert. Da gibt es z. B. die Generation der Kriegskinder – aus diesen wurden aber später die 68er. Und es gibt die Generation Y, also unsere Vorgänger-Generation. Das sind diejenigen, die Anfang der 80er-Jahre geboren wurden und auch „Millennials" heißen, weil sie die Jahrtausendwende als Teenager oder junge Erwachsene bewusst miterlebt haben. Eigentlich unterscheiden sie sich nur dadurch von uns, dass sie noch *vor* dem Siegeszug des Internets geboren wurden. Klar ist jedenfalls, dass sich die Generationen in immer kürzeren Zeiträumen ablösen. Und manchmal kursieren auch unterschiedliche Bezeichnungen: Von der Generation Y spricht man auch als von der „Generation Praktikum". Wir hoffen natürlich, dass diese Bezeichnung auf uns nicht mehr angewendet wird. Immerhin droht ein Fachkräftemangel; deshalb sind wir eigentlich ganz zuversichtlich, dass uns der Berufseinstieg einmal leichter fallen wird als der Generation Y.

immer schnellere Abfolge der Generationen

unterschiedliche Bezeichnungen für dieselbe Generation

(Bezug zu M 2)

Gründe für Zuordnung zu einer Generation

(Bezug zu M 2)

Warum nun ordnen wir uns überhaupt einer Generation im Sinne einer Erlebnis-Gemeinschaft zu? Die Antwort darauf ist einfach: Zum einen haben wir das Bedürfnis, einer bestimmten Gruppe anzugehören. Das gibt uns ein Gefühl der Zugehörigkeit. Und zum anderen wollen wir uns von anderen abgrenzen. So entwickeln wir unsere eigene Identität. Die Welt wird übersichtlicher, wenn wir uns nicht als kleine Rädchen innerhalb einer 80-Millionen-Gesellschaft sehen. Wir haben uns inmitten des großen Ganzen eine Art Heimat geschaffen.

Kriterien der Zugehörigkeit: Offenheit nach außen

(Bezug zu M 3)

Das heißt natürlich nicht, dass wir eine abgeschlossene Gruppe bilden, die sich nach außen abschottet. Ganz und gar nicht! Auch in dieser Hinsicht sind wir flexibel. Wir öffnen uns für jeden, der uns weiterbringt, sei er nun fünfzehn oder fünfzig Jahre alt. Für uns spielt das Alter keine Rolle. Was in unseren Augen zählt, sind Klarheit und Kompetenz. Dagegen verachten wir Show und Maske.

Leere Floskeln durchschauen wir sofort. Ehrlichkeit ist für uns Trumpf, und danach richten wir uns. Deshalb stört es uns auch nicht, wenn andere sehen, was wir bei Facebook gepostet haben. Von uns aus kann das auch unser zukünftiger Chef lesen. Soll er doch wissen, dass wir eine gesellige Truppe sind.

Liebe Lehrerinnen und Lehrer, auch wenn der eine oder andere von uns hin und wieder mal – vorsichtig ausgedrückt – eine Stunde bei Ihnen versäumt hat: Vergessen werden wir Ihren Unterricht nicht. Wir wissen sehr wohl, dass Sie uns den Weg für die Zeit nach der Schule geebnet haben. Jetzt ist es an uns, diesen zu beschreiten! Wir tun das mit Optimismus. Denn wir sind die Generation Z – und Z steht für Zukunft und für Zuversicht.

__Schluss__: Danksagung an Lehrer

Ausdruck von Zukunftsoptimismus

Vielen Dank! (1 027 Wörter)

[Au]fgabe 26

Einleitung:	
• Anrede des Adressaten • Bezugnahme auf gedruckten Redetext • Äußern der grundsätzlichen Reaktion: tief bewegt • kurze Vorstellung des Schreibers: Schüler, kurz vor dem Abitur stehend; Redetext auf Initiative des Geschichtslehrers im Unterricht besprochen	
Hauptteil:	1. Teil
1. Gedanke:	Reaktion auf Rede grundsätzlich positiv • tiefe Betroffenheit im Kurs • Selbstaussage: Elend in Entwicklungsländern sonst nur flüchtig zur Kenntnis genommen, nachhaltige Wirkung der Rede durch anschauliche Schilderungen • anerkennende Worte über Hintergrundinformationen und Zahlen: Belege, um mögliche Skeptiker zu widerlegen
2. Gedanke:	Verwunderung über Fokussierung auf Hungerkatastrophe in Ostafrika • nach Recherchen im Internet: Bestätigung der katastrophalen Situation gerade in Ostafrika • Lage in anderen afrikanischen Ländern aber auch ernst • Zusammenhang zwischen Profitgier und Elend in Entwicklungsländern als neue Information

3. Gedanke:	Fehlendes Geld nicht alleiniger Grund des Elends • Hinweis auf klimatisch ungünstige Lage: mangelnde Niederschläge → Problem der Wasserversorgung • Investitionen in Wasserversorgung nötig • Wassermangel als Problem für die Landwirtschaft • verunreinigtes Wasser als Krankheitsursache • Spendengelder für Investitionen in Wasserversorgung erforderlich • mangelnde Bildung als zusätzliches Problem • Investitionen auch dort nötig
Zwischenergebnis	
• nicht nur Lindern von Hungersnöten wichtig • auch wichtig: Investitionen in die Zukunft • Ziel: Verhindern von Hungersnöten	
Hauptteil:	2. Teil
4. Gedanke:	Problem des Schreibers: Ziel der Rede unklar • Grund: stellenweise lückenhaft, widersprüchlich • pessimistische Haltung realistisch, aber ungünstig
5. Gedanke:	Verwunderung über Umgang mit Publikum • keine direkte Ansprache des Publikums vorgesehen, stattdessen Schuldzuweisungen • Angriff potenzieller Spender ungeschickt
6. Gedanke:	Hinweis auf Widersprüche • Anklage einzelner Personen – Verweis auf Umstände (strukturelle Gewalt des Kapitals) • Appell an Adressaten: künftig geschickter vorgehen, Zuhörer bei der Ehre packen
7. Gedanke:	Entkräften eines möglichen Einwands • Bedürfnis nach Ehrlichkeit aufseiten Zieglers • Ehrlichkeit nicht immer klug
8. Gedanke:	Bezugnahme auf Zitat aus Brechts Drama „Mutter Courage“ • Zitat passend, dient als Beleg (Hunger und Elend kein neues Problem) • Gemeinsamkeit zwischen Brecht und Ziegler: sehen beide Notwendigkeit des Handelns aufseiten der Betroffenen • grundsätzliche Zustimmung
Schluss:	
• Appell an Ziegler, nicht nachzulassen • Ziel: Erzeugen eines „Aufstands des Gewissens“	

Lösungsvorschlag:

Sehr geehrter Herr Ziegler,

durch Zufall fiel mir vor ein paar Tagen der Text der Rede in die Hände, die Sie unter dem Titel „Aufstand des Gewissens" zur Eröffnung der Salzburger Festspiele halten wollten. Ich muss sagen: Ihre Ausführungen zur Hungerkatastrophe in Afrika haben mich tief bewegt. Eigentlich bin ich fast dankbar dafür, dass man Sie kurzfristig als Redner ausgeladen hat – sonst wäre das, was Sie dem erlesenen Kreis der Schönen und Reichen zu sagen hatten, womöglich gar nicht von einer größeren Öffentlichkeit zur Kenntnis genommen worden. Zu Ihrer Information: Ich bin 17 Jahre alt und stehe kurz vor dem Abitur. Den Text Ihrer Rede habe ich von unserem Geschichtslehrer bekommen. Dieser hatte ihn in der Schweizer „Wochenzeitung" gelesen und daraufhin spontan beschlossen, mit unserem Kurs darüber zu diskutieren.

Einleitung: *Bezugnahme auf gedruckten Redetext*

Äußern der grundsätzlichen Reaktion: tief bewegt

Schreiber stellt sich kurz vor

Hinweis auf Zugang zum Text

Die Art und Weise, wie Sie das Elend in Afrika beschreiben, hat mich und meine Mitschüler richtig aufgewühlt. Gewiss: Dass es Entwicklungsländer gibt, in denen Menschen in bitterer Armut leben, ist uns nicht neu. Hin und wieder sieht man ja auch in den Fernsehnachrichten erschütternde Bilder. Diese tauchen aber immer nur kurz auf dem Bildschirm auf und werden dann sofort von anderen Nachrichten abgelöst. Ihre anschaulichen Schilderungen gehen mir aber nicht so schnell aus dem Sinn; sie sind zu entsetzlich und wecken gleichermaßen Gefühle der Empörung und Hilflosigkeit.

Hauptteil, 1. Teil:

Information über Elend in Entwicklungsländern nicht neu, Wirkung aber nicht von Dauer

nachhaltige Wirkung von Zieglers Schilderungen

Ich finde es übrigens gut, dass Sie es nicht dabei belassen, das Elend einfach nur zu beschreiben, sondern zusätzlich einige wichtige Hintergrundinformationen liefern, die Sie auch mit Zahlen belegen. Durch diese Belege werden mögliche Skeptiker, die vielleicht meinen, Ihre drastische Beschreibung sei übertrieben, von vornherein widerlegt.

Lob für Hintergrundinformationen

Belege widerlegen mögliche Skeptiker

Allerdings wundere ich mich darüber, dass Sie sich in Ihrem Redetext auf die Hungerkatastrophe in Ostafrika beschränken. Gibt es nicht auch in anderen Ländern Armut und Elend? Und leiden die Menschen vor allem im

erster Einwand: Verwunderung über Fokussierung auf Hungerkatastrophe in Ostafrika

Osten Afrikas an Hunger? Durch meine Recherchen im Internet habe ich festgestellt, dass Sie zunächst grundsätzlich recht haben: In Ostafrika ist die Lage wirklich besorgniserregend. Während in den letzten Jahren in einigen Ländern sogar Besserungen zu verzeichnen waren, z. B. in Ostasien und in Lateinamerika, hat sich die Lage in Afrika weiter zugespitzt. Aber mir scheint doch, dass Sie Ihren Blick etwas einseitig auf die ostafrikanischen Länder gerichtet haben. Von Zentralafrika sprechen Sie z. B. gar nicht – und auch dort ist die Lage sehr ernst, wie der Welthungerindex 2012 zeigt.

Verweis auf Informationen aus dem Internet
Bestätigung: Lage in Ostafrika besorgniserregend
(Bezug zu M 2)

Blick auf ostafrikanische Länder etwas einseitig

(Bezug zu M 3)

Um ehrlich zu sein: Dass es einen Zusammenhang zwischen der Profitgier in den reichen Industrienationen und der Not in den Entwicklungsländern gibt, wusste ich bisher nicht. Für Ihre aufschlussreichen Erklärungen möchte ich mich ausdrücklich bei Ihnen bedanken. Zugleich frage ich mich aber auch, ob es richtig ist, das Elend allein auf fehlendes Geld zurückzuführen. Man darf schließlich nicht vergessen, dass die Länder, in denen besonders viele Menschen an Hunger leiden, in Zonen liegen, die klimatisch äußerst ungünstig sind. Dort herrscht ein extremer Mangel an Niederschlägen, und mit Spendengeldern allein lässt sich das nicht ändern. Richtig ist natürlich, dass erhebliche Anstrengungen nötig wären, um in diesen Ländern in die Wasserversorgung zu investieren; das sagen Sie ja auch. In den Entwicklungsländern müssen viele Menschen nach wie vor täglich einen Kilometer und mehr zu Fuß laufen, nur um an Wasser zu gelangen. Wie sollen sie da ihre Felder bestellen können? Und oft ist das Wasser auch noch verunreinigt, was dazu führt, dass die Betroffenen erkranken, z. B. an Cholera. Ich denke, das Problem der Wasserknappheit hätten Sie noch ein wenig mehr herausstellen können. Das Anlegen künstlicher Bewässerungssysteme kostet auch viel Geld – und dafür werden Spendengelder ebenfalls dringend gebraucht.

Dank für Informationen über Zusammenhang zwischen Profitgier in Industrienationen und Not in Entwicklungsländern
zweiter Einwand: fehlendes Geld nicht alleiniger Grund des Elends: klimatisch ungünstige Lage

Investitionen in Wasserversorgung nötig

(Bezug zu M 1)

Vorwurf: ungenügende Darstellung des Problems der Wasserknappheit

Ein zusätzliches Problem ist die fehlende Bildung – ohne Bildung führt kein Weg aus der Armut heraus. Sicher wissen Sie, dass es Länder gibt, in denen nicht einmal jedes zweite Kind eine Schule besucht. Wie soll sich die Situa-

weiteres Problem: fehlende Bildung
(Bezug zu M 1)

tion da grundlegend ändern? Als Ungebildete und Ungelernte haben auch die Mitglieder der nächsten Generation keine Hoffnung auf eine Verbesserung ihrer Lage. Hätten Sie nicht auch diesen Aspekt herausstellen müssen?

Vorwurf: in Rede nicht berücksichtigt

Ich denke, es darf nicht nur darum gehen, akute Hungersnöte zu lindern. Sicher ist es zunächst das Wichtigste, so viele Menschenleben wie möglich zu retten. Aber genauso grundlegend ist es, Investitionen in die Zukunft zu tätigen – damit sich die Lebensgrundlage der Bevölkerung nach und nach bessert.

Zwischenergebnis: *Investitionen in die Zukunft genauso wichtig wie Linderung von Hungersnöten*

Ehrlich gesagt habe ich nicht so ganz verstanden, welches Ziel Sie mit Ihrer Rede verfolgt haben. Ihre Darstellung wirkt nämlich nicht nur etwas lückenhaft, sondern stellenweise auch widersprüchlich: Auf der einen Seite sprechen Sie von dem Traum, den Sie haben – nämlich dem, dass die Besucher der Salzburger Festspiele durch Ihre Worte aufgerüttelt werden und einen Sinneswandel vollziehen. Sie glauben an die Kraft der Kunst, die Ihrer Meinung nach in die Herzen der Menschen gelangt, was einen Zerfall des „Profitwahns" zur Folge haben könnte. Auf der anderen Seite sagen Sie: „Aber keine Angst, dieses Wunder wird in Salzburg nicht geschehen." Da frage ich mich: Wie sollen die Zuhörer auf solch widersprüchliche Aussagen reagieren?

Hauptteil, 2. Teil: *Ziel der Rede unklar; lückenhafte und widersprüchliche Darstellung: einerseits Appell an Besucher, Sinneswandel zu vollziehen …*

andererseits Ausdruck von Hoffnungslosigkeit

Wahrscheinlich wäre es in der Tat unrealistisch zu meinen, dass die Schönen und Reichen infolge Ihrer Rede zu einem „Aufstand des Gewissens" gelangen könnten. Aber wenn Sie von vornherein gar nicht daran glauben, können Sie Ihr Anliegen auch nicht überzeugend vortragen.

pessimistische Einstellung wohl realistisch …

aber ungünstig, um überzeugend aufzutreten

Mich wundert, dass Sie offenbar nicht vorhatten, das Publikum irgendwann einmal direkt anzusprechen. Stattdessen reden Sie nur über die Reichen und Mächtigen, die an der Hungerkatastrophe schuld seien, und äußern die Vermutung, dass viele von ihnen in Salzburg zusammenkommen – also unter Ihren Zuhörern sitzen. Das klingt ein wenig wie eine Anklage! Es ist ungeschickt, Menschen wegen ihrer „Profitgier" anzugreifen – und zugleich von ihnen zu erwarten, dass sie sich für den Kampf gegen den Hunger einsetzen!

Verwunderung: keine direkte Ansprache des Publikums

Angriff auf potenzielle Spender ungeschickt

Es gibt übrigens noch einen weiteren Widerspruch in Ihrer Rede: Auf der einen Seite wirkt Ihre Darstellung so, als seien es bestimmte Personen – nämlich die „Finanzhalunken" –, die am Elend der Menschen in den Entwicklungsländern schuld sind. Auf der anderen Seite sagen Sie, die Umstände, die zu diesem Elend geführt hätten, seien „vielfältig und oft kompliziert". Dass die Situation nicht so einfach ist, erläutern Sie anschaulich an anderer Stelle: Sie sagen, es sei „gleichgültig, welcher Mensch an der Spitze eines Konzerns steht"; derjenige, der die Erwartungen anderer, z. B. eines Konzerns, nicht erfülle, werde „aus der Vorstandsetage verjagt". Es gehe um die „strukturelle Gewalt des Kapitals". Das sehe ich auch so! Aber wie können Sie Einzelne zur Verantwortung ziehen, wenn Sie zugleich wissen, dass diese letztlich Gefangene eines Systems sind und im Grunde gar keine Handlungsalternativen haben?

weiterer Widerspruch:

einerseits Anklage an bestimmte Personen …

andererseits Verweis auf Umstände

strukturelle Gewalt des Kapitals

Meiner Meinung nach müssten Sie etwas subtiler vorgehen. Vielleicht sollten Sie Ihren Zuhörern lieber ein wenig schmeicheln und ihnen sagen, Sie seien ganz sicher, dass die Notlage in Afrika sie nicht unberührt lassen kann und dass Sie anschließend gleich eine große Spendenaktion ins Leben rufen werden. Sie müssen die Menschen doch bei ihrer Ehre packen, nicht bei ihrer Schande!

Appell an Ziegler: geschickter vorgehen!

Sie werden sicher einwenden, dass solche Gedanken nicht Ihrer ehrlichen Meinung entsprechen. Bestimmt gehen Sie davon aus, dass es gar nicht gelingen kann, ins Gewissen dieser geladenen Gäste vorzudringen, und dass Sie deshalb lieber sagen wollen, was Sie wirklich denken. Das ist zwar ehrenwert – aber ist es auch klug?

möglicher Einwand des Adressaten: Bedürfnis nach Ehrlichkeit

ehrenwert – aber unklug

Gut finde ich übrigens, dass Sie Ihre Rede mit einem Abschnitt aus Brechts Drama „Mutter Courage" beschließen. Auf diese Weise ziehen Sie sich gewissermaßen ein wenig als Ankläger zurück und lassen einen weltweit anerkannten Schriftsteller zu Wort kommen. Das passt einerseits zur Situation – der Eröffnung der Salzburger Festspiele –, andererseits wird auf diese Weise klar, dass Hunger und Elend nicht erst seit heute ein Problem sind. Eine weitere Gemeinsamkeit zwischen Brechts Text und Ihren Worten ist gut zu erkennen: Es ist der Appell an die Betroffenen,

versöhnliche Töne gegen Ende:
Zitat aus Brechts Drama passend

Beleg: Hunger und Elend kein neues Problem

sich selbst zu helfen: „Drum wer mit uns noch nicht marschiert, / der mach' sich auf die Socken nun." So muss es wohl auch sein: Die Reichen werden kaum ein Interesse daran haben, ihren Wohlstand mit den Armen zu teilen.

grundsätzliche Zustimmung

Sehr geehrter Herr Ziegler, Sie sollten eigentlich froh darüber sein, dass Sie Ihre Rede nicht halten konnten. Das Thema des weltweiten Elends ist viel zu brennend, um die ersten Minuten einer Festveranstaltung zu „schmücken". Es gehört regelmäßig auf die Tagesordnung! Ich möchte Sie deshalb darum bitten, nicht nachzulassen und unerbittlich dafür zu sorgen, dass dieses Problem ins Blickfeld der Öffentlichkeit gelangt. Tragen Sie mit dazu bei, dass es irgendwann tatsächlich zu einem „Aufstand des Gewissens" kommt!

Schluss:

Thema weltweiten Elends zur Eröffnung einer Festveranstaltung eher unpassend

Appell an Ziegler: Problem weiterhin ins Blickfeld der Öffentlichkeit rücken

Mit freundlichen Grüßen (1 373 Wörter)

Der Essay als besondere Textsorte

gabe 27

Das Thema des Verfassers war ursprünglich der Zusammenhang zwischen Stil und Moral. Während einer Skireise traf er aber eine junge Frau, und die Begegnung mit ihr – genauer: das, was er über sie erfuhr – brachte ihn zu der Einsicht, dass es diesen Zusammenhang nicht gibt. Damit war sein Interesse an dem Thema erloschen. Die Stilfrage wurde für ihn zur Nebensächlichkeit.

gabe 28

- Beginn mit einem Beispiel
- direkte Ansprache des Lesers
- Thematisieren eines gesellschaftlich relevanten Themas (Armut, Elend)
- vom Grundsatz her argumentativ
- Vielfältigkeit in der sprachlichen Gestaltung, z. B. Wechsel zwischen unterschiedlichen Satzkonstruktionen (Satzgefüge, dazwischen kurze Hauptsätze) sowie zwischen Standardsprache, Fremdwörtern (z. B. „Emesis" statt „Erbrechen", Z. 138) und Umgangssprache (z. B. „zum Kotzen", Z. 135)
- scheinbar keine gradlinige, zielorientierte Struktur (Abschweifungen durch Einfügen persönlicher Erfahrungen, auch aus der Jugendzeit, später abrupter Themawechsel: Elend in der Welt)

Aufgabe 29 Der Kleidungsstil der jungen Frau spielt im Gedankengang des Verfassers eine wichtige Rolle. Anfangs hatte er geglaubt, sie pflege mit ihrer altmodischen Kleidung absichtlich einen besonderen, individuellen Stil, und das imponierte ihm. Doch dann erfuhr er, dass ihr Kleidungsstil einen ganz anderen Grund hatte: Not. Schließlich erkennt er, dass es angesichts der Not in der Welt unmoralisch wäre, sich mit Stilfragen auseinanderzusetzen.

Aufgabe 30 Der Verfasser wird sich dem Elend in der Welt zuwenden, vielleicht auch dem Elend, das durch kriegerische Auseinandersetzungen entsteht.
Er wird sich aber ebenso mit dem Verhalten des Lesers beschäftigen. Er gibt nämlich am Schluss zu erkennen, dass er das Lesen von anspruchsvollen Texten für Zeitverschwendung hält, da es keinen Einfluss auf den Gang der Welt habe. Es könne weder Not noch Elend lindern, noch nütze es dem Weltfrieden. Das ist natürlich ironisch gemeint. In Wirklichkeit will er den Leser provozieren, damit dieser sich ernsthaft mit der Weltlage befasst.

Aufgabe 31

- **Einstieg:** Mitteilung des Themas, über das er schreiben wollte: Stil und Moral
- **Gedanke 1:** Begegnung mit einer altmodisch gekleideten jungen Frau während einer Skireise
- **Gedanke 2:** Überzeugung, dass die Frau bewusst einen besonderen Stil gewählt hat; er betrachtet sie als Beispiel für seine These zum Thema „Stil und Moral"
- **Gedanke 3:** Erinnerung an das Gefühl von Verliebtheit in der Jugendzeit
- **Gedanke 4:** Missglücken der gewünschten Kontaktaufnahme
- **Gedanke 5:** Verfasser erfährt wahren Grund für die Auswahl ihrer Kleidung: Not
- **Gedanke 6:** Sinneswandel; Erkenntnis: kein Zusammenhang zwischen Stil und Moral, sondern eher zwischen Stil und Unmoral
- **Ergebnis:** Schreiben kein geeignetes Mittel, die Welt zum Besseren zu verändern

ufgabe 32

- **Einstieg:** Hinführung zum Thema durch ein Gedankenexperiment: Wäre ein Leben ohne Kunst vorstellbar?
- **Gedanke 1:** Rückblick: Kunst hat es immer gegeben; Menschen haben seit jeher ihre Welt mithilfe von Kunst gestaltet.
- **Gedanke 2:** Frage: Kunst nur als schmückendes Beiwerk?
- **Gedanke 3:** Bezugnahme auf Aussage von Bärfuss: Lesen von Texten angeblich moralisch nicht zu rechtfertigen; Grund: Zeitverschwendung statt aktiven Handelns zugunsten von Menschen in Not

  Grundfrage: Kann Kunst etwas bewirken?
- **Gedanke 4:** Gegenargument: Dass die in Kunstwerken dargestellten Probleme immer noch aktuell sind, beweist die Wirkungslosigkeit von Kunst
- **Gedanke 5:** Mögliche Erklärung: Zeitlosigkeit grundlegender zwischenmenschlicher Probleme
- **Gedanke 6:** Ausweitung: Auch globalere Probleme nach wie vor nicht gelöst

  Zwischenergebnis: Wirkung von Kunst zweifelhaft
- **Gedanke 7:** Zusammenhang zwischen Aufklärung und Französischer Revolution als Hinweis auf möglichen Einfluss von Kunst
- **Gedanke 8:** Furcht der Mächtigen vor Künstlern als weiterer Hinweis auf mögliche Wirkung von Kunst
- **Gedanke 9:** Beispiel: Auftritt der Punk-Gruppe Pussy Riot in Moskau, danach Verhaftung und strenges Gerichtsurteil
- **Gedanke 10:** Literarische Werke halten der Gesellschaft einen Spiegel vor, indem sie Missstände beschreiben; möglicher Einfluss von Literatur auf Prozess der Gesetzgebung
- **Gedanke 11:** Voraussetzung für Wirkung von Kunst: Interessantheit von Themen, attraktive Darstellung
- **Gedanke 12:** Beispiel: Schätzings Roman „Der Schwarm" als Bestseller; Wirkung eines einzigen Romans eher gering einzuschätzen
- **Ergebnis:** Vergleich der Wirkung von Katastrophen mit derjenigen von Kunst: rasche Reaktion nach Katastrophe von Fukushima, Wirkung von Kunst langsam; entscheidend: aktiv handelnde Menschen, Kunst nur als Anstoß

Aufgabe 33 *Lösungsvorschlag:*

Kann Kunst die Welt verändern?

Einleitung:
Einstieg: Vorstellung von einer Welt ohne Kunst

Man stelle sich eine Welt vor, die nahezu perfekt funktioniert. Die Grundbedürfnisse der Menschen sind gestillt, und eine kluge Gesetzgebung sorgt für ein weitgehend konfliktfreies Zusammenleben. Nur eines gibt es nicht: Kunst – weder Bilder noch Musik noch Literatur.

Hauptteil:
Rückblick auf Jahrtausende des Kunstschaffens

Sie sagen, das wäre undenkbar? Da haben Sie recht, aber lassen Sie uns ruhig dieses kleine Gedankenexperiment durchführen! – Nicht wahr: Es würde uns etwas fehlen, wenn es keine Kunst gäbe! Seit Jahrtausenden haben sich Menschen künstlerisch betätigt. Sie schufen Skulpturen und Höhlenmalereien, bauten Pyramiden und Schlösser, veranstalteten Feste mit Musik und Tanz, verfassten Gedichte und spielten Theater. Kurz: Eine Welt ohne Kunst kennen wir nicht, und wir können uns eine solche auch nicht vorstellen.

Fazit: Welt ohne Kunst nicht vorstellbar

Umkehrschluss: menschliches Bedürfnis nach Kunst

Im Umkehrschluss heißt das: Es muss den Menschen schon immer ein Bedürfnis gewesen sein, mithilfe von Kunst auf ihre Welt einzuwirken. Indem sie Bilder malten und prächtige Gebäude errichteten, veränderten sie ihr Umfeld, und indem sie Musik machten, Bücher schrieben und Theater spielten, gaben sie ihren Mitmenschen etwas, das sie zum Staunen brachte und ihnen Freude bereitete.

Bereicherung durch Kunst

Kunst nur als schmückendes Beiwerk?

Aber – werden Sie jetzt einwenden – dann ist Kunst ja im Grunde nichts weiter als ein schmückendes Beiwerk, nichts, das man wirklich braucht! Richtig: Wichtige Entdeckungen und Erfindungen haben die Welt mehr verändert als Bilder oder Bücher. Die Erfindung der Dampfmaschine hat sogar die industrielle Revolution ausgelöst.

Bezugnahme auf den Essay von Bärfuss (M 1): Beschäftigung mit Kunst als Zeitverschwendung; Lesen als unmoralische Untätigkeit

In seinem Essay „Stil und Moral" geht der Schriftsteller Lukas Bärfuss sogar so weit zu behaupten, die Beschäftigung mit Kunst sei reine Zeitverschwendung. Angesichts des Elends in der Welt sei selbst die Lektüre eines kulturkritischen Textes moralisch nicht zu rechtfertigen. Mit jeder Sekunde, in der man sich mit der Lektüre eines Textes beschäftige, verlängere man das Leiden der Armen, da man in dieser Zeit untätig bleibe.

Natürlich ist das Koketterie. Warum sonst hat Bärfuss den Text überhaupt geschrieben und veröffentlicht? Außerdem: Werden Menschen, die nicht lesen, stattdessen etwa aktiv, um gegen den Hunger in der Welt zu kämpfen? Wohl kaum. Aber welchen Sinn hat Kunst? Kann sie etwas bewirken?

Beurteilung von Bärfuss' Behauptung als Koketterie

Wenn Kunst die Welt verändern kann: Wie ist es dann zu erklären, dass viele große Kunstwerke immer noch aktuell zu sein scheinen? Sollte man nicht davon ausgehen, dass z. B. der Ruf nach Gleichheit und Gerechtigkeit, dargestellt in Büchners Drama „Dantons Tod“, inzwischen uninteressant geworden ist? Und doch wird das Stück bis heute auf vielen Bühnen gespielt, genauso wie andere Dramen, die vor Hunderten von Jahren geschrieben wurden. Auch viele Prosatexte, z. B. Fontanes Roman „Effi Briest“, haben nichts von ihrer Attraktivität eingebüßt. Aber was interessiert uns heute eigentlich noch an diesen alten Texten?

Ausdruck von Verwunderung: viele große Kunstwerke nach wie vor aktuell

Nicht geändert haben sich grundlegende zwischenmenschliche Probleme wie Neid, Eifersucht, Freundschaft, Streben nach Macht und Ruhm, Geschwisterrivalität usw. All diese Probleme hat es früher genauso gegeben wie heute, und es wird sie auch in Zukunft geben. Künstler werden diese Themen immer wieder aufgreifen und in ihren Kunstwerken neu gestalten. Auf diese Weise verleihen sie zeitlosen Themen ein aktuelles Gesicht und passen sie an eine veränderte Welt an. Sicher würde Emilia Galotti heute von ihrem Vater nicht mehr verlangen, er möge sie durch einen Dolchstoß vor den Nachstellungen des Prinzen bewahren. Und die Eltern Briest würden ihre Tochter Effi nicht mehr verstoßen, nachdem sie erfahren haben, dass sie Ehebruch begangen hat. Trotzdem existieren diese Grundprobleme nach wie vor: Was tut eine junge Frau, die sich einer staatlichen Obrigkeit ausgeliefert fühlt? Wie verhalten sich Eltern, deren Tochter gegen allgemein anerkannte gesellschaftliche Normen verstoßen hat? Kunst hat somit die Möglichkeit, uns Missstände und Fehlverhalten bewusst zu machen.

Zeitlosigkeit von grundlegenden zwischenmenschlichen Problemen

Aufgreifen durch Künstler und Anpassen an veränderte Welt

Beispiele:
Lessings „Emilia Galotti“ und Fontanes „Effi Briest“

Aktualität von Kunstwerken, die Konflikte und kriegerische Auseinandersetzungen thematisieren

Beispiele:
Lessings „Nathan der Weise“
Brechts „Mutter Courage“
Goyas „Die Schrecken des Krieges“ (M 5)

Hinweis auf Wirkungslosigkeit von Kunst

Auch globalere Probleme halten die Welt des 21. Jahrhunderts immer noch in Atem. Nach wie vor kommt es zwischen Anhängern verschiedener Religionen zu Konflikten und kriegerischen Auseinandersetzungen. An die Stelle der Kreuzzüge sind Terroranschläge und Bürgerkriege getreten. „Wie aktuell das immer noch ist!“, denkt der staunende Zuschauer, wenn er das Drama „Nathan der Weise“ im Theater sieht. Lessings Kampf gegen religiöse Intoleranz scheint umsonst gewesen zu sein. Ähnlich niederschmetternd dürfte das Urteil zur Wirkung von Brechts „Mutter Courage“ ausfallen. Hat Brecht nicht mit seinem Stück gezeigt, dass es in Kriegen nur Verlierer gibt? Und erzeugt Goyas Bilderzyklus „Die Schrecken des Krieges“ beim Betrachter etwa kein Entsetzen? Dass weltweit immer wieder neue Kriege und Bürgerkriege aufflammen, kann Kunst offenbar nicht verhindern.

provokante Frage

Ist Kunst also doch nichts weiter als ein Placebo?

Bezugnahme auf Epoche der Aufklärung: Bewusstseinswandel

(Bezug zu M 2)

Umdenken als Wegbereiter für Französische Revolution

Nein, das ist sie nicht. Ein Blick ins 18. Jahrhundert genügt, um das zu zeigen. Die Epoche der Aufklärung führte unter den Menschen zu einem Bewusstseinswandel. Vorher war ihnen jahrhundertelang eingeredet worden, ihre Könige seien von Gott eingesetzt gewesen. Gegen eine solche Grundüberzeugung konnten sie aus eigener Kraft nicht rebellieren. Aber dann regten einige Philosophen ein neues Denken an, u. a. Immanuel Kant. „Habe Mut, dich deines eigenen Verstandes zu bedienen“, lautete sein „Wahlspruch der Aufklärung“. In seinem Gefolge wurden Schriftsteller wie Lessing aktiv und setzten sich kritisch mit der ständischen Gesellschaft auseinander. So kam es allmählich zu einem Umdenken – und in Frankreich schließlich zum Sturm auf die Bastille. Das war die Geburtsstunde der modernen Demokratie.

Einschränkung: Wechselwirkung zwischen gesellschaftlichen Verhältnissen und Revolution

(Bezug zu M 2)

Ob es allein infolge der Epoche der Aufklärung zu dieser Revolution gekommen wäre, ist allerdings mehr als fraglich. Voraussetzung für die Rebellion war natürlich die gesellschaftliche Situation, in der die Menschen damals lebten. Das Volk litt bittere Armut, während der Adel in Saus und Braus schwelgte. Das bereitete den Boden für die Ideen der Aufklärung. Anscheinend gab es eine Wechselwirkung zwischen den gesellschaftlichen Verhältnissen und dem Bewusstsein der Menschen.

Nicht ohne Grund haben sich die Mächtigen dieser Welt stets vor Künstlern gefürchtet, deren Botschaften ihnen missfielen. Missliebige Künstler wurden verfolgt, verhaftet oder vertrieben. Heine verbrachte den zweiten Teil seines Lebens in Frankreich, weil er die Zensur in Deutschland nicht mehr ertrug. Während des „Dritten Reiches" kam es zu einem regelrechten Exodus deutscher Schriftsteller: Brecht, Heinrich und Thomas Mann, Lion Feuchtwanger, Stefan Zweig, Kurt Tucholsky – sie alle flüchteten aus Deutschland, nachdem die Nazis an die Macht gekommen waren. Weil die Herrschenden die Worte von Schriftstellern fürchten, setzen sie alles daran, sie zum Schweigen zu bringen. Das ist auch heute noch so.

Furcht der Mächtigen vor Künstlern nicht grundlos

Beispiele

(Bezug zu M 3)

Furcht vor dem Einfluss der Worte von Schriftstellern / Künstlern

Selbst Popmusik kann den Mächtigen ein Dorn im Auge sein. Das zeigt der schrille Auftritt der Punk-Gruppe Pussy Riot in einer Moskauer Kirche: Mit bunten Häkelmützen auf dem Kopf flehten sie lauthals die Mutter Maria an, sie möge helfen, Russland von Putin zu befreien. Anschließend wurden die jungen Frauen verhaftet und wegen Rowdytums zu zweijähriger Lagerhaft verurteilt. Dieses harte Urteil hat weltweite Proteste ausgelöst. In den meisten Ländern gäbe es dafür nämlich keine Gesetzesgrundlage mehr.

Beispiel Popmusik: Auftritt der Punk-Gruppe „Pussy Riot" in Moskau

(Bezug zu M 4)

Konventionen, die sich überlebt haben, werden in allen Gesellschaften nach und nach infrage gestellt, und Gesetze, die dem Zeitgeist nicht mehr entsprechen, werden geändert. Literarische Werke tragen zu diesen Änderungen bei: Sie halten der Gesellschaft einen Spiegel vor, indem sie die herrschenden Missstände beschreiben. Natürlich geschieht das nicht über Nacht. Neue Technologien und die Entwicklung von Medikamenten können die Welt sehr viel schneller umwälzen als Kunst.

Anpassung von Gesetzen an den Zeitgeist

Beitrag von literarischen Werken zu Veränderungen

Ob und wie Literatur das Bewusstsein der Menschen verändern kann, hängt vor allem davon ab, wie viele Leser sie erreicht. Das Thema muss von Interesse sein, und die Darstellung darf das Verständnis zumindest nicht erschweren.

wichtig: Literatur muss viele Leser erreichen

Schätzings Roman „Der Schwarm“ wurde ein Bestseller. Er erzählt darin vom Aufstand der Meerestiere gegen die vom Menschen verursachte Verschmutzung der Weltmeere. Das Thema ist von aktuellem Interesse, und der Roman liest sich wie ein Krimi. So hat der Autor das Problem der Umweltverschmutzung einmal mehr ins Bewusstsein seiner Leser gerückt, und zwar auf eine andere Weise, als Sachtexte dies je könnten. Während ein Sachtext unseren Verstand anspricht, berührt ein literarischer Text auch unsere Gefühle – und erzielt damit eine tiefere Wirkung.

Beispiel für den Gewinn eines breiten Publikums: Schätzings Roman „Der Schwarm“

Einfluss literarischer Texte größer als der von Sachtexten

Ein Roman allein kann die Welt natürlich nicht verändern, aber er kann das Bewusstsein der Menschen bewegen, und je mehr Leser er erreicht, umso eher ist gewährleistet, dass das Thema ernst genommen wird.

Roman kann Bewusstsein der Menschen bewegen

Trotzdem ist die Wirkung von Kunst begrenzt. Künstler sollten nicht davon ausgehen, dass sie mit ihren Werken in kurzer Zeit das Denken der Menschen verändern können, schon gar nicht weltweit. Dagegen hat eine einzige Naturkatastrophe – das Erdbeben in Japan mit den verheerenden Auswirkungen auf das Atomkraftwerk in Fukushima – genügt, um in Deutschland innerhalb kürzester Zeit die Energiewende einzuleiten. Das hätte Kunst nicht geschafft.

Ergebnis:
begrenzte Wirkung von Kunst: allenfalls Auswirkungen auf lange Sicht

Kunst braucht eben einen langen Atem. Aber ein Leben ohne Kunst ist nicht denkbar – und folgenlos ist Kunst auch nicht.

Kunst nicht folgenlos

Letztlich ist Kunst nichts anderes als ein Mittel und ein Mittler: Die Welt, wie sie ist, bewegt Künstler, ihre Werke zu schaffen. Und diejenigen, die sich mit diesen Werken auseinandersetzen, fühlen sich dadurch vielleicht angeregt, aktiv zu werden, um die Welt zu verbessern. Ob ihnen das gelingt, ist nicht sicher. Aber vielleicht war das auch gar nicht die Absicht der Künstler. Möglicherweise war der Schaffensprozess für sie nur ein Mittel der Selbstverwirklichung. Wer weiß das schon?

Einschränkung: Kunst als Mittel und Mittler

(1 436 Wörter)

ufgabe 34 *Lösungsvorschlag:*

Kind oder Karriere?

Bei Schiller ist es noch der Mann, der hinausgeht „ins feindliche Leben“; die „züchtige Hausfrau“ dagegen „waltet drinnen“. Doch diese Zeiten sind längst vorbei. Frauen beanspruchen inzwischen im Berufsleben den gleichen Status wie Männer. Sie begnügen sich nicht mehr mit den drei Ks: Küche, Kinder, Kirche. Heute machen genauso viele Frauen Abitur wie Männer, und auch an den Universitäten sind beide Geschlechter gleichermaßen vertreten.

Einleitung: *Einstieg über Zitate aus Schillers „Lied von der Glocke“ (M 3)*

Nur wenn es um die Besetzung von Chefposten geht, werden Frauen auf einen Platz in der zweiten oder dritten Reihe verwiesen. Sie stoßen an eine „gläserne Decke“: Laut einer Untersuchung der Hay-Group ist die Ebene der Teamleitung immerhin schon zu 20 Prozent in Frauenhand, auf der Ebene der Bereichsleitung liegt der Anteil der Frauen aber nicht einmal bei zehn Prozent.

Frauen trotz guter Ausbildung in leitenden Positionen unterrepräsentiert

Beleg anhand von Ergebnissen einer Untersuchung (M 4 und M 5)

Vielleicht wollen Frauen gar keine Karriere machen? Vielleicht ist es ihnen wichtiger, sich um Haushalt und Familie zu kümmern, statt den Aufstieg zu schaffen?

Hinführung zur Fragestellung: Frauen nicht an Karriere interessiert?

Die Rollen von Mann und Frau haben sich in unserer Gesellschaft immer mehr angeglichen. Das ist aber nicht nur eine Folge der Emanzipation; es gibt dafür auch eine wirtschaftliche Notwendigkeit: Welcher Mann könnte denn heute noch allein von seinem Einkommen eine Familie ernähren? Man denke nur an die Mietpreise! Da muss schon ein zweites Einkommen her. Ob Frauen sich nur auf Haushalt und Familie konzentrieren oder Beruf und Familie vereinbaren möchten – diese Frage stellt sich schon lange nicht mehr. Ob sie es wollen oder nicht: Frauen müssen berufstätig sein. Möglicherweise rückt der Karrierewunsch deshalb auf den zweiten Platz.

Hauptteil: *wirtschaftliche Notwendigkeit der Berufstätigkeit von Frauen*

(Bezug zu M 2)

keine Wahlfreiheit

Klar ist: Wer Karriere machen will, muss ehrgeizig sein und sein Familienleben zurückstellen. Sonst wird eben er im Betrieb zurückgestellt. Manchmal wird überraschend nach Dienstschluss noch eine Besprechung anberaumt. Ist wichtig, Terminsache! „Ach, Sie können leider nicht daran teilnehmen? Sie müssen Ihr Kind aus dem Kindergarten

Karrierevoraussetzungen

abholen? Ja, dann ...“ Ja, dann wird Frau wohl bei der nächsten Beförderungsrunde leer ausgehen ...

Doch was bringt es dem Glücklichen eigentlich, der anstelle dieser Frau Karriere macht? *Frage nach Vorteilen des beruflichen Aufstiegs*

„Mehr Einkommen!“, wird die erste Antwort spontan lauten. Gleich danach folgen: „Mehr Einfluss!“ Und: „Mehr Anerkennung!“ Wer wünscht sich das nicht? 10 000 Euro Einkommen sind besser als 2 000 Euro. Anderen sagen, wo's langgeht, ist besser, als tun müssen, was andere sagen. *positive Folgen*

Man kann aber auch negative Folgen nennen: mehr Verantwortung, ständige Erreichbarkeit, mehr Stress, weniger Zeit – und am Ende womöglich Burn-out. Lohnt sich das? Und wo bleibt da die Familie? Oder braucht man gar keine Familie? *negative Folgen*

Viele Frauen bekommen ihr erstes Kind inzwischen nicht mehr im Alter von 20, sondern jenseits der 30, einige Erstgebärende sind sogar schon um die 40 Jahre alt. Das sind Frauen, die erst mal ihre berufliche Laufbahn zimmern wollen, ehe sie daran denken, eine Familie zu gründen. Dann folgt ein Babyjahr, danach vielleicht ein zweites Kind, noch ein Babyjahr. Anschließend ist die Frau schon so lange aus ihrem Berufsalltag heraus, dass sie Mühe hat, den Anschluss wieder zu finden. Die Frage „Kind oder Karriere?“ stellt sich für sie gar nicht mehr. *heute: Karriereplanung beginnt vor Familiengründung* *Mutterschaft als Karrierebremse*

Die Amerikanerin Anne-Marie Slaughter hatte beides: Sie war verheiratet, hatte zwei Söhne und einen Top-Job als Beraterin der damaligen amerikanischen Außenministerin Hillary Clinton. Eines Tages warf sie ihren Posten im Außenministerium hin. Sie hatte gehört, dass ihr Sohn Schwierigkeiten in der Schule hatte, und wollte sich mehr um ihn kümmern. Um ständig zu Hause sein zu können, musste sie ihre Position in Washington aufgeben. *Beispiel einer amerikanischen Karrierefrau* *(Bezug zu M 1)*

Nun haben Kinder aber auch Väter. Wo bleiben denn die? Hin und wieder sollten sie vielleicht auch mal das Kind aus dem Kindergarten abholen, damit ihre Frau in Ruhe an einer abendlichen Dienstbesprechung teilnehmen kann. Und warum hat sich nicht Anne-Marie Slaughters Ehemann um die Schulprobleme seines Sohnes gekümmert? Schließlich wohnte er am Ort. *Appell an die Verantwortung der Väter*

Klar ist: Die Belastungen von Beruf und Familie sollten gerecht auf Vater und Mutter aufgeteilt werden. Das zu regeln, ist aber deren Aufgabe – und hängt auch von ihren Präferenzen ab. Vielleicht gibt es ja Väter, die gern eine Zeitlang zu Hause bleiben, um sich intensiver ihren Kindern widmen zu können?

Forderung: gerechte Aufteilung der Belastungen auf beide Elternteile

Ein Problem ist aber nach wie vor der Unterschied in den Einkommen: Frauen verdienen in der Regel für die gleiche Arbeit weniger Geld als Männer. Solange sich das nicht ändert, hat ein Paar gar keine Wahl: Wer mehr verdient, geht nach der Geburt eines Kindes „hinaus ins feindliche Leben", und das ist meistens der Mann. Die Frau bleibt zu Hause, und dann ist es aus mit ihrer Karriere.

Problem: ungleiche Einkommen

Folge: keine Wahlfreiheit

Aber vielleicht ist die Karriere ja auch gar nicht so wichtig. Genügt es nicht, einen Beruf auszuüben, bei dem man ein durchschnittliches Einkommen erzielt, vorausgesetzt, die Arbeitszeit ist geregelt? In den meisten Fällen ist das heutzutage durchaus möglich. Immerhin haben mittlerweile auch die Politiker eingesehen, dass vonseiten des Staates etwas geschehen muss, damit Eltern Beruf und Familie besser vereinbaren können. Der Ausbau von Krippen und Ganztagsschulen ist längst beschlossene Sache.

Vorschlag: Zufriedenheit mit durchschnittlichem Einkommen

(Bezug zu M 2)

Ich glaube, die Frage „Kind oder Karriere?" ist von vornherein falsch gestellt. Einigen Menschen geht es nicht darum, ob sie das eine wählen und das andere lassen sollen, sondern sie wollen beides. Warum auch nicht? Das gilt für Männer wie für Frauen. Oder sie legen von Anfang an keinen Wert auf eine berufliche Karriere, wollen nur ihr Auskommen haben und ihren Schwerpunkt aufs Familienleben legen. Warum auch nicht?

falsche Fragestellung: berechtigter Wunsch nach Kind und Karriere

Notwendig sind auf jeden Fall verbesserte Rahmenbedingungen, die Frauen und Männern helfen, Beruf und Familie miteinander zu kombinieren. Wichtig wäre vor allem eine Ausweitung der Teilzeitarbeit. Wenn sowohl der Mann als auch die Frau nur einen Zwei-Drittel-Job ausüben, können sie sich die Kinderbetreuung besser teilen, und das erleichtert ihr Leben. Der Ausbau von Kinderbetreuungsplätzen hilft allerdings niemandem weiter, der ernsthaft vorhat, Karriere zu machen, denn Kindergärten

Voraussetzung für Vereinbarkeit von Beruf und Familie: verbesserte Rahmenbedingungen

haben feste Öffnungszeiten: Man muss sein Kind vor Arbeitsbeginn dort hinbringen und es gleich nach Arbeitsende wieder abholen. Eine ehrgeizige Karriereplanung ist so kaum möglich.

Schluss: Hinweis auf unterschiedliche Bedürfnisse (Bezug zu M 2)

Letztlich muss jeder selbst entscheiden, was ihm wichtig ist. Die Menschen sind ja zum Glück verschieden: Die einen legen mehr Wert auf den Beruf als auf die Familie, die anderen möchten sich mehr auf die Familie konzentrieren und wieder andere wollen beides im rechten Maß ausbalancieren.

Problem: schwierige Entscheidungsfindung und gesellschaftliche Einflüsse

Ein Problem ist aber darin zu sehen, dass es nicht einfach ist, diese Entscheidung zu treffen. Schließlich sind Eltern auch Einflüssen von außen ausgesetzt. Da wird die berufstätige Mutter als „Rabenmutter" beschimpft und die Nur-Hausfrau muss sich dafür rechtfertigen, dass sie das Betreuungsgeld – abschätzig „Herdprämie" genannt – in Anspruch nimmt, um in den ersten Lebensjahren ihrer Kinder zu Hause bleiben zu können. „Woher weiß ich, was ich wirklich will?" Diese Frage ist fast entscheidender als die Frage „Kind oder Karriere?"

Problem: nicht genügend Karrieremöglichkeiten

Hinzu kommt, dass es in den Firmen gar nicht genügend Karriereleitern gibt, an denen die Angestellten hochklettern könnten.

Fazit: im Ergebnis oft unfreiwillig „Kind ohne Karriere"

So bleibt auch für ehrgeizige Mütter und Väter oft nur eine Tätigkeit in der mittleren Führungsebene oder sogar darunter. Für sie heißt es dann eben: „Kind ohne Karriere!"

(1 124 Wörter)

gabe 35

Lösungsvorschlag:

Versuch über das Glück

Vor der Kasse im Supermarkt hat sich eine längere Schlange gebildet. Links neben der Kasse steht ein Regal mit Süßigkeiten – der sogenannten „Quengelware". Das kleine Mädchen, das mit seiner Mutter in der Schlange steht, bekommt leuchtende Augen und greift schon nach einem Schokoladenriegel. „Nein, heute nicht!", weist die Mutter ihr Kind energisch zurück. Da bricht die Kleine in Tränen aus und fängt an zu schreien. Sie ist unglücklich, weil die Mutter ihr die Erfüllung eines Wunsches versagt hat.

Einleitung:
Einstieg über Beispiel eines quengelnden Kindes an der Supermarktkasse

Dass kleine Kinder wegen einer solchen Kleinigkeit regelrecht in Verzweiflung geraten können, kann man im Alltag oft beobachten. In der Regel bringen uns Episoden wie die an der Supermarktkasse zum Schmunzeln, zu lächerlich erscheint uns der Anlass für den Stimmungsumschwung. „Die Kleine weiß noch nicht, was im Leben wirklich wichtig ist", denken wir. Trotzdem verstehen wir, dass ihr gefühltes Unglück echt ist.

Hauptteil:
Anknüpfen an das Beispiel

So banal uns die Geschichte von dem kleinen Mädchen im Supermarkt erscheinen mag – sie kann uns doch die Augen dafür öffnen, was Glück ausmacht – indem wir zunächst einen Umweg einschlagen und darüber nachdenken, warum wir manchmal unglücklich sind: Immer dann, wenn wir einen Wunsch hatten, der sich nicht erfüllt hat, sind wir enttäuscht. Wie wir dieses negative Gefühl des Enttäuscht-Seins empfinden, hängt von der Bedeutsamkeit ab, die wir einer fehlgeschlagenen Hoffnung beimessen. Ein Schüler, dessen Versetzung davon abhängt, mit welcher Note seine Mathematikklausur bewertet wird, dürfte auf einen Leistungsausfall anders reagieren als ein Schüler, der sich keine Sorgen um seine Schullaufbahn machen muss. Während der eine für Wochen in tiefe Verzweiflung verfallen mag, kann es sein, dass der andere seinen Misserfolg nur achselzuckend zur Kenntnis nimmt und schnell wieder vergisst.

Umweg zum Verständnis von Glück:

Unglück als enttäuschte Hoffnungen

Relativität des Gefühls der Enttäuschung

Beispiel: unterschiedliche Reaktionen auf einen schulischen Leistungsausfall

Enttäuschung ist also nicht in jedem Fall gleichzusetzen mit Unglück. Die Stärke der Enttäuschung korreliert mit der persönlichen Situation – und mit den Zielen und Wünschen, die jemand hat. Zudem darf man nicht vergessen, dass niemand für sich allein lebt. Wie wir unsere eigene Lage bewerten, hängt auch davon ab, wie man die Lage anderer einschätzt. Wer von erfolgreichen Menschen umgeben ist, wird sich unwohl fühlen – vielleicht sogar unglücklich –, wenn er sich selbst als Versager sieht. Dagegen wird er weniger unter seinen Misserfolgen leiden, wenn er in seinem Umfeld auf andere trifft, denen es nicht besser geht als ihm selbst. Das Unglück der anderen relativiert sein eigenes Unglück.

Relativität von Unglück: Abhängigkeit von der persönlichen Situation

Abhängigkeit vom Vergleich mit anderen

Gleiches gilt für das Glück: Der Erfolgreiche wird seinen Erfolg weniger genießen, wenn die Menschen um ihn herum ebenfalls erfolgreich sind. Dann ist das Erreichte nichts Besonderes für ihn, und deshalb kann er es nicht wertschätzen. Ein Gefühl des Glücks wird er nicht erleben, allenfalls ein Gefühl der Zufriedenheit. Das gilt vor allem für den Fall, dass sich persönliche Erfolgserlebnisse regelmäßig einstellen. Das Selbstverständliche, das fast schon zur Gewohnheit geworden ist, erzeugt keine besondere Freude.

Relativität von Glück: Abhängigkeit vom Vergleich mit anderen

Glück als Frage der Gewohnheit

Wir vergleichen uns ständig mit anderen. Sofern es denen, die um uns herum leben, ähnlich geht wie uns, sind wir zumindest zufrieden, doch wenn wir meinen, es ginge vielen besser als uns, entsteht Unzufriedenheit. Das zeigt auch das Märchen von Hans im Glück: Zur Belohnung für seine Dienste erhält er von seinem Lehrherrn einen Goldbarren. Anfangs freut er sich darüber, wahrscheinlich ist er sogar glücklich. Doch auf dem Heimweg begegnet er einem Reiter auf seinem Pferd. Als Hans sieht, wie leicht der seinen Weg zurücklegt, packt ihn der Neid, und er tauscht seinen Goldbarren gegen das Pferd ein. Eine Weile ist er damit auch zufrieden und preist sich selbst als glücklich.

Zwischenergebnis: *Einschätzung des eigenen Glücksgefühls über den Vergleich mit anderen*

Beispiel: Märchen „Hans im Glück“

Kehren wir zurück zu dem kleinen Mädchen an der Supermarktkasse: Angenommen, die Mutter hätte ihm den Wunsch nach dem Schokoriegel erfüllt – wäre es dann

Wiederaufnahme des Eingangsbeispiels: Kind an Supermarktkasse

glücklich gewesen? Vielleicht. Allerdings wohl nur, wenn es nicht daran gewöhnt wäre, den Wunsch nach einer Süßigkeit immer sofort erfüllt zu bekommen. Das Entstehen eines Glücksgefühls setzt voraus, dass ein positives Erlebnis aus den üblichen Erfahrungen des Alltagslebens herausragt. Und noch etwas zeigt die Episode im Supermarkt: Wenn die Mutter ihrem Kind die Süßigkeit gekauft hätte, dann hätte das Gefühl des Glücks nur für kurze Zeit angehalten. Sowie der Schokoriegel gegessen gewesen wäre, hätte sich das damit verbundene Glücksgefühl verflüchtigt. Denn man erlebt Glück nur in einem bestimmten Moment. Als dauerhafter Zustand ist es nicht denkbar. Nun mögen Sie einwenden, dass ein Schokoriegel ohnehin nicht geeignet ist, ein beständiges Gefühl von Freude zu erzeugen. Was aber ist mit anderen materiellen Gütern, z. B. einem Auto? Im Prinzip verhält es sich damit nicht anders. Stellen wir uns einen Abiturienten vor, der von seinen Eltern zur Belohnung für das bestandene Abitur ein Auto geschenkt bekommt. Sicher wird er sich über dieses großzügige Geschenk freuen, vielleicht ist er sogar glücklich. Aber für wie lange? Selbst wenn er der Einzige seines Abiturjahrgangs sein sollte, dem zum Schulabschluss eine solche Freude bereitet wurde: Er wird sich daran gewöhnen, ein Auto zu besitzen, und nach und nach wird ihm dessen Besitz so selbstverständlich wie der seines Smartphones. Ähnlich geht es auch Hans im Glück: Jeder neue Besitz – d. h. jeder Tausch – macht ihn zunächst glücklich, doch stets fühlt er nach einiger Zeit auch eine Last an dem, was er hat, und dann drängt es ihn, seine Situation wieder zu verändern.

Voraussetzung für das Entstehen eines Glücksgefühls: herausragendes Erlebnis

vorübergehender Charakter von Glück (Bezug zu M 2)

Parallele zu allen materiellen Gütern: erzeugen kein dauerhaftes Glücksgefühl

Beispiel: Auto als Geschenk

Grund: Gewöhnung an materielle Güter (Bezug zu M 3)

Dass materieller Besitz keine dauerhaften Glücksgefühle erzeugt, zeigen auch die Ergebnisse von Umfragen. Eine Studie der Bertelsmann-Stiftung aus dem Jahre 2008 hat z. B. ergeben, dass Geld bei den Glücksfaktoren einen eher untergeordneten Rangplatz einnimmt. Wichtiger sind den meisten soziale Beziehungen, insbesondere die Familie. Interessant ist in diesem Zusammenhang, dass der Anteil derer, die angaben, Glück bedeute für sie, sich keine Sorgen um Geld machen zu müssen, gerade bei denjenigen

Bezugnahme auf Studienergebnisse der Bertelsmann-Stiftung (M 4):

Geld als geringerer Glücksfaktor als Familie

vergleichsweise groß ist, die sich selbst als unglücklich einschätzten: 44 Prozent von ihnen hielten Geld für einen wichtigen Glücksfaktor, während das von den Glücklichen nur 27 Prozent sagten. Umgekehrt verhält es sich mit den anderen Faktoren: Die Gesundheit der Angehörigen und eine intakte Familie haben bei den Glücklichen einen größeren Stellenwert als Geld. Offenbar ist das Materielle für das Glücksempfinden eher von nachrangiger Bedeutung.

(Bezug zu M 4)

Vielleicht ist das auch der Grund dafür, dass der Staat Bhutan anstelle des Bruttoinlandsprodukts das Bruttonational-Glück misst: Einmal jährlich wird ein Glücks-Index errechnet. Dazu werden die Bürger gefragt, ob sie gesund und zufrieden sind, ob sie täglich beten usw. Zwar sollen sie auch angeben, ob sie genug Geld haben, aber dieses spielt anscheinend nur eine untergeordnete Rolle, denn die Menschen dort sind nicht reich.

Beispiel des Staates Bhutan: Glücks-Index statt Bruttoinlandsprodukt (M 5)

Allerdings stellt sich die Frage, ob Glück sich überhaupt messen lässt – und wie. Bei der Umfrage der Bertelsmann-Stiftung fällt auf, dass den Befragten offenbar nur eine bestimmte Auswahl vorgefertigter Aussagen vorgelegt wurde, zu denen sie sich äußern sollten, z. B. zum Besitz eines Arbeitsplatzes. Kann es nicht sein, dass die Studie andere Ergebnisse erbracht hätte, wenn das Forscher-Team den Studienteilnehmern andere Fragen und Aussagen präsentiert hätte? Beispielsweise wird die Frage gestellt, wie wichtig es für das Glücksempfinden ist, dass man genügend Zeit hat, um seinen Interessen nachgehen zu können. Aber ist das nicht eine sehr enge Sicht auf den Faktor Zeit?

Zweifel an Messbarkeit von Glück

(Bezug zu M 4)

Zum Erleben von Glück gehört schließlich auch Muße. Die braucht man, um das Schöne, das einem widerfährt, überhaupt wahrnehmen zu können. Ein Mensch, der alles daran setzt, Karriere zu machen und viel Geld zu verdienen, kann eigentlich gar nicht glücklich sein – auch dann nicht, wenn er erfolgreich ist. Ihm fehlt einfach die Zeit, um das zu genießen, was für die meisten Menschen ein wichtiger Glücksfaktor ist: die Geborgenheit innerhalb der Familie und das Zusammensein mit Freunden. Der Glück-

Muße als Voraussetzung für Glück

(Bezug zu M 2)

liche ist kein Jäger, sondern eher ein Sammler: Er strebt nicht unermüdlich nach dem großen Gewinn, sondern richtet seinen Blick auf die schönen Momente, die sich im gewöhnlichen Alltag entdecken lassen.

Dabei darf man aber auch eines nicht vergessen: Jeder Mensch ist zwar Teil der Gesellschaft und weist somit viele Ähnlichkeiten mit anderen auf, aber er ist trotzdem ein Individuum. Seine Persönlichkeit ist einzigartig, und deshalb wird er sein Glück nicht finden, wenn er nach dem sucht, was alle sich wünschen. Er muss seinen eigenen Weg gehen. Dazu gehört zunächst einmal Selbsterkenntnis: Der Einzelne muss wissen, was ihm wirklich wichtig ist, und darf keinem Trend folgen.

Glück als Gefühl des Einzelnen

(Bezug zu M 1)

individuelle Voraussetzungen für Glück

Das aber erfordert Mühe, denn es ist nicht leicht, im Strom der Vielen seine eigene Richtung zu entdecken. Auch Stärke ist dafür nötig, um inmitten der Einflüsse, denen man ständig ausgesetzt ist, das herauszufiltern, was einem wichtig ist. Und es braucht auch Lebenserfahrung. Zurück zu dem Mädchen in der Schlange vor der Supermarktkasse: Das Kind ist zu unerfahren, um die vielfältigen Verlockungen, die ihm entgegenströmen, bewerten zu können. Es weiß nicht, was zu ihm passt, weil es seine besonderen Bedürfnisse noch nicht durchschaut und noch nicht begriffen hat, dass es einzigartig ist. Es will einfach das Gleiche haben wie alle anderen Kinder. Erst im Laufe seines Lebens kann es nach und nach verstehen, was sein Glück ausmachen könnte. Nicht ohne Grund glaubt George Vaillant, der Leiter einer Längsschnitt-Studie zum Glück, dass Reife eine wichtige Voraussetzung dafür ist.

weitere Voraussetzungen: Mühe, Stärke, Lebenserfahrung

(Bezug zu M 3)

Eines dürfte klar sein: Es gibt keinen direkten Weg zum Glück. Wer ein gelingendes Leben führen will, muss sich zuerst Ziele setzen, entsprechend seiner Persönlichkeit und seinen Vorlieben. Es kann sein, dass er bei seinem Bemühen, diese Ziele zu erreichen, Glücksmomente erlebt; diese stellen sich aber eher nebenbei ein. Je besser jemand es schafft, innezuhalten, um im Alltag auch die schönen Dinge wahrzunehmen, desto glücklicher wird er sich fühlen.

Schluss:
kein direkter Weg zum Glück möglich

(Bezug zu M 1)

Es ist schon paradox: Der Einzelne kann *das* Glück nicht suchen, aber er kann trotzdem sein persönliches Glück finden. Das Glück hat nämlich viele Gesichter, und jeder muss dasjenige auswählen, das ihm entspricht. Hans im Glück hat sich schließlich glücklich gefühlt, als er gar nichts mehr besaß. Es ist allerdings zu bezweifeln, ob diese absolute Bedürfnislosigkeit in materiellen Dingen zu jedem von uns passt. Und auch bei Hans ist nicht sicher, wie lange sein Glückszustand anhält. Denn Glück und Gewohnheit sind Feinde. (1 612 Wörter)

Individualität von Glück

Zweifel an der Dauerhaftigkeit des Glücksgefühls

Glück und Gewohnheit als Feinde

Texte ansprechend gestalten

Aufgabe 36

Ratschlag Nr. …	passt vor allem zu einer sachlichen Zusammenfassung.	passt vor allem zu einem kreativ gestalteten Text.	passt zu beiden Arten von Texten.
1			✗
2			✗
3		✗	
4			✗
5		✗	
6		✗	
7	✗		
8			✗
9		✗	
10			✗

Aufgabe 37

a) Die Verfasserin bezieht sich eher auf ihr eigenes Verhalten im Alltag. Auch wenn sie dabei auf den Umgang mit ihrem Handy eingeht, passt das Beispiel überhaupt nicht zu ihrer These, denn sie behandelt gar nicht das Thema eines evtl. drohenden Sprachverfalls.

b) Dadurch dass viele Menschen elektronische Medien benutzen, kann unsere Sprache keinen Schaden nehmen. Die Benutzung von Handy und Smartphone an sich hat keine Auswirkung auf die Sprache. Zwar passiert es mir öfter, dass ich mich beim Schreiben einer SMS vertippe, und aus Bequemlichkeit schreibe ich sowieso alles klein. Aber das hat nichts damit zu tun, dass ich nicht die richtige Schreibweise beherrschen würde. Und wenn ich Briefe schreibe oder Texte für die Schule verfasse, achte ich natürlich darauf, möglichst wenige Fehler zu machen; Kürzel wie Emoticons füge ich ebenfalls nicht ein. So wie ich halten es auch meine Mitschüler. Wir wissen alle, zwischen den Sprachniveaus zu unterscheiden.

ufgabe 38

a) Die Sprachbilder über George W. Bush enthalten ungeeignete Wasser-Metaphern. Die Redensart „Schiffbruch erleiden" passt nicht zum Scheitern bei der Kriegsführung, und das Gewinnen von „Oberwasser" durch schmelzende Gletscher klingt absurd. Gletscher, die schmelzen, fließen nach unten und bringen eher die Gefahr mit sich, dass jemand, der sich unterhalb eines Berges befindet, davon mitgerissen wird.

b)

Sprachbild	Bedeutung
einen Erdrutschsieg feiern (Z. 10)	einen unerwartet großen Sieg feiern
Alten Öltanks geht es an den Kragen. (Z. 40 f.)	Alte Öltanks müssen verschrottet werden.
Matthias Sammer […] ließ sich von seiner Frau Karin vor den Schlitten spannen. (Z. 42 ff.)	Seine Frau nutzte ihn für ihre Zwecke.

ufgabe 39

Bildspender	Eigenschaften	Bildempfänger
Dschungel	dicht bewachsen	Großstadt
	undurchdringlich →	
	nicht überschaubar →	
	dunkel	
	voller wilder Tiere	
	gefährlich →	
	grün	
	heiße, feuchte Luft	

Aufgabe 40

Bildspender	**Eigenschaften**	**Bildempfänger**
Brücken in die Welt von morgen	Hilfe beim Beschreiten eines schwierigen Wegs →	Kinder
	Übergang über einen Fluss oder ein Tal	
	wegweisend	
	geeignet für Fußgänger und Fahrzeuge	
	die Zukunft betreffend →	

Erklärung: Mit dem Sprachbild wird ausgedrückt, dass Kinder sehr wichtig für die jetzigen Erwachsenen sind, weil sie ihnen eine Hilfe sein können, den schwierigen Weg in die Zukunft zu meistern.

Aufgabe 41

Bildspender	**Eigenschaften**	**Bildempfänger**
Labyrinth	unverständlich	Text
	unzusammenhängend	
	nicht klar strukturiert →	
	verwirrend →	
	undurchschaubar →	

Einen Text überarbeiten

Aufgabe 42

a) *In seinem Text „Angriff der Sprachretter", erschienen am 10. 1. 2009 in der Süddeutschen Zeitung, setzt sich* Georg Ringsgwandl kritisch mit einer Aktion des „Hauses der Deutschen Sprache" auseinander. Der Verein wehrt sich gegen das Eindringen von Anglizismen in die deutsche Sprache, indem er Vorschläge zur Eindeutschung gängiger englischsprachiger Wörter macht. *Eine solche Initiative hält* der Verfasser für unnötig. *Dass die Mitglieder des „Hauses Deutscher Sprache" mit ihrer Initiative Erfolg haben werden,* glaubt er allerdings nicht. *Seiner Meinung nach wird* die Mehrheit der Bürger nicht dazu bereit sein, das englische Wort „Airbag" durch ein deutsches Wort wie „Prallkissen" zu ersetzen.

b) Der Verfasser sieht die deutsche Sprache durch das Eindringen von ~~englischen Wörtern~~ auch gar nicht in Gefahr. Es sei schon immer der Fall gewesen, dass ~~Wörter aus anderen Sprachen in die deutsche Sprache~~ ~~eingedrungen~~ seien, etwa aus ~~der lateinischen oder französischen Sprache. Die deutsche~~ Sprache habe das stets unbeschadet überstanden. Bedroht sieht Ringsgwandl ~~die deutsche Sprache~~ von ganz anderer Seite: von den Behörden. ~~Die Behörden~~ würden seit einiger Zeit bestimmte Kunstwörter verwenden, z. B. das Wort „Job-AQTIV-Gesetz". Solche ~~Wörter~~ würden den wahren Sachverhalt verschleiern, was er für undemokratisch hält.

Anglizismen

fremdsprachige Begriffe ins Deutsche übernommen worden
dem Lateinischen oder Französischen. Unsere

das Deutsche

Diese

Bezeichnungen (oder: Benennungen)

c) Der Verfasser hält es im Übrigen gar nicht für wünschenswert, dass alle *in Deutschland lebenden* Personen~~, die in Deutschland leben,~~ ein einheitliches Standarddeutsch sprechen. *Er* ~~sondern~~ findet es sogar besser, wenn die meisten Menschen einfach so sprechen, wie sie es *wollen*. ~~abgesehen von einer kleinen~~ *Eine Ausnahme bildet für ihn eine kleine* Elite, die ohnehin sprachbewusst *ist* und immer schon Wert darauf gelegt *hat*, stets ein einwandfreies Deutsch zu sprechen. Dass Ringsgwandl es sogar befürwortet, wenn jeder seine sprachlichen Vorlieben pflegt, z. B. einen bestimmten Dialekt oder gar ein gebrochenes Deutsch, begründet er ~~damit~~ *so*: *Dann könnten* die Menschen ~~dann~~ schon aufgrund der Sprache, die sie verwenden, einer bestimmten Schicht zugeordnet werden ~~könnten,~~ . ~~was~~ *Das sei* im Zeitalter der elektronischen Medien keineswegs mehr selbstverständlich ~~sei~~, da die erste Kontaktaufnahme heutzutage vor allem über SMS oder E-Mails erfolge. ~~so dass~~ *Andere* Hinweise auf die Zuordnung einer Person, etwa die durch Kleidung oder Geruch, *seien* vollkommen entfallen ~~seien~~.

d) Der Verfasser geht davon aus, dass viele Menschen ganz andere Probleme mit der deutschen Sprache haben. *Beispielsweise wüssten sie nicht zwischen „das" und „dass" zu unterscheiden.* Sie kämen gar nicht auf die Idee, darüber nachzudenken, ob sich der eine oder andere Anglizismus durch ein deutsches Wort ersetzen ließe, *etwa das Wort „Airbag" durch das Wort „Prallkissen".* Der Durchschnittsbürger verfolge im Alltag andere Interessen. *Am Feierabend in Ruhe im Jogginganzug vor dem Fernseher sitzen zu können, sei ihm wichtiger als die Pflege seiner Sprache.*

Aufgabe 43 a) Auf den ersten Blick wirkt Ringsgwandls Artikel **„Angriff der Sprachretter"**, mit dem er über die Bemühungen des „Hauses der Deutschen Sprache" herzieht, recht amüsant. …

b) … Über seine deftigen Sprachbilder („Fähnlein sprachbesorgter Käuze", „Sprachschuhplattler") habe ich mehrmals geschmunzelt. Er hat ja auch recht: Unsere Sprache ist seit ihren Anfängen in einem ständigen Wandel begriffen, und fremdsprachige Wörter sind immer hinzugekommen, ohne dass diese einen nennenswerten Schaden angerichtet hätten. Beispielsweise haben wir viele Wörter aus dem Griechischen, dem Lateinischen und dem Französischen übernommen. Geschadet hat es nicht – im Gegenteil: Angenommen, wir hätten es geschafft, das Deutsche über einen Zeitraum von gut tausend Jahren gegen jeglichen fremdsprachigen Einfluss abzuschotten, dann wäre unser heutiger Wortschatz nach wie vor der eines Bauernvolkes. Wir hätten vielleicht die Wörter „Feld" und „Forke", aber ein „Theater", einen „Globus" und eine „Toilette" hätten wir nicht. Ohnehin sind die meisten Fremdwörter längst zu Lehnwörtern geworden, also voll ins Deutsche integriert. Da wird unsere Sprache auch das Eindringen von Anglizismen überstehen.

Umformungen:
Haben wir nicht viele Wörter aus dem Griechischen, dem Lateinischen und dem Französischen übernommen?
Sind die meisten Fremdwörter nicht längst zu Lehnwörtern geworden, also voll ins Deutsche integriert?

c) *Bei genauerem Hinsehen finde ich die Ausführungen des Verfassers aber auch ein wenig ärgerlich. Seine Darstellung strotzt nur so vor Überheblichkeit.* Da spricht er von „Erna und Herbert", die im Jogginganzug auf dem Sofa sitzen und fernsehen und Schwierigkeiten haben, „dass" und „das" zu unterscheiden. Auf mich wirkt das so, als würde Ringsgwandl solche Menschen verachten. *Er scheint sich wohl selbst zur „sprachlichen Elite“ zu zählen, die erstklassiges Deutsch spricht und schreibt. Dagegen denkt er von fast allen anderen Bürgern, sie könnten nur Zwei- und Drei-Wort-Sätze sprechen. Es dürfte ihm klar sein, dass das natürlich nicht stimmt.* Eigentlich sollte er wissen, dass jemand, der Schwierigkeiten hat sich zu artikulieren, in unserer Gesellschaft benachteiligt ist.

d) *Wer* seine Bedürfnisse und Interessen *nicht geschickt vortragen kann*, der ist auch nicht in der Lage, seine Rechte *klar und verständlich auszudrücken. Ich meine, das* könnte in der Folge sogar unsere Demokratie *gefährden*, denn *die Gleichheit* aller ist so nicht *gewährleistet.* Vor Kurzem konnte man in der Presse lesen, dass in Deutschland Millionen von Menschen, die eigentlich staatliche Unterstützung *beanspruchen könnten*, darauf verzichten. Über die Gründe *wurden bisher nur Vermutungen laut*, z. B. *wurde angenommen*, die Betroffenen würden aus Scham *davon absehen, die Behörde aufzusuchen. Das ist durchaus möglich*, aber *ich nehme an,* dass es zumindest einige Bedürftige gibt, die ihre Ansprüche auch deshalb nicht *geltend machen*, weil es ihnen schwerfällt, das entsprechende *Antragsformular* auszufüllen.

e) Hier gegenzusteuern wäre eine wichtige Aufgabe der Medien. Leider erlebt man tagtäglich das Gegenteil: Da wird im Fernsehen und im Rundfunk gestammelt, was das Zeug hält. Auch die Printmedien bilden nicht unbedingt eine rühmliche Ausnahme. Eigentlich sollte man annehmen, dass Journalisten für die Bürger dieses Landes in sprachlicher Hinsicht Vorbilder sind. Aber das ist schon lange nicht mehr der Fall. Das sieht man auch in Ringsgwandls Text. Ich finde, ein Wort wie „hinterfotzig“ ist echt daneben.
   - Im Fernsehen und im Rundfunk wird immer öfter fehlerhaftes Deutsch gesprochen.
   - Ich finde, ein Wort wie „hinterfotzig“ zu benutzen, ist unangemessen.

f) Ich hätte mir gewünscht, dass der Verfasser etwas mehr Bescheidenheit an den Tag gelegt hätte – und mehr Nachdenklichkeit. *So kann er seine Leser nicht recht überzeugen. Das ist schade!*

Bildnachweis

Umschlag: © Hong Li / Getty Images

S. 1: © Stauke - Fotolia.com

S. 5: © Karin & Uwe Annas - Fotolia.com

S. 8: © Igor Stevanovic / Dreamstime.com

S. 9: © rolffimages - Fotolia.com

S. 18: © picture alliance / dieKLEINERT.de / ... Schwarwel

S. 21: © picture alliance / dpa

S. 24: © picture alliance / dpa

S. 25: © Klaus Stuttmann

S. 29: http://www.bildblog.de/schlagzeilomat.html

S. 31: © olly - Fotolia.com

S. 34: © olly - Fotolia.com

S. 35: © Minerva Studio - Fotolia.com

S. 39: © Izabela Habur / istockphoto.com

S. 43: © picture-alliance / IMAGNO/Austrian Archives (S)

S. 46: © Hung_Chung_Chih / istockphoto.com

S. 51: © Marcito - Fotolia.com

S. 56, links: © ullstein bild - Rudolf Dietrich, rechts: © Getty Images

S. 58: © picture-alliance / dpa

S. 59: SN/Robert Ratzer

S. 62, im Uhrzeigersinn von links oben:
© mediaphotos, © ullstein bild - Wolfgang Kunz,
© ddp images/Oliver Lang/dapd,
© olesiabilkei - Fotolia.com

S. 65: © Droemer-Knaur

S. 73: wikimedia.org

S. 77: © lassedesignen - Fotolia.com

S. 82: wikimedia.org

S. 83: © picture alliance / dpa

S. 84: wikimedia.org

S. 86: © The Atlantic Monthly Group

S. 88: © www.goethezeitportal.de

S. 90: © Sonja Calovini - Fotolia.com

S. 93: © picture alliance / Robert Harding

S. 99, links: © mma23 - Fotolia.com, rechts: © alphaspirit - Fotolia.com

S. 102, links: Foto: Chris 73; http://commons.wikimedia.org/wiki/File:Rain_forest_around_Mt_Kenya_2.JPG; lizensiert unter CC-BY-SA-3.0 Unported

S. 102, rechts: Foto: Ileon; @http://en.wikipedia.org/wiki/Image:Panorama_clip3.jpg; lizensiert unter CC-BY-SA 3.0 unported

S. 103: © Pixsooz - Fotolia.com

S. 105, 109: Mit freundlicher Genehmigung der BSR Berliner Stadtreinigung und der HEYMANN BRANDT DE GELMINI Werbeagentur GmbH. © HEYMANN BRANDT DE GELMINI, www.hbdg.de

Ihre Meinung ist uns wichtig!

Ihre Anregungen sind uns immer willkommen. Bitte informieren Sie uns mit diesem Schein über Ihre Verbesserungsvorschläge!

Titel-Nr.	Seite	Vorschlag

Bitte hier abtrennen

Lernen • Wissen • Zukunft
STARK

Zutreffendes bitte ankreuzen!

Die Absenderin/der Absender ist:

- ☐ Lehrer/in in den Klassenstufen: ______
- ☐ Fachbetreuer/in
  Fächer: ______
- ☐ Seminarlehrer/in
  Fächer: ______
- ☐ Regierungsfachberater/in
  Fächer: ______
- ☐ Oberstufenbetreuer/in
- ☐ Schulleiter/in
- ☐ Referendar/in, Termin 2. Staatsexamen: ______
- ☐ Leiter/in Lehrerbibliothek
- ☐ Leiter/in Schülerbibliothek
- ☐ Sekretariat
- ☐ Eltern
- ☐ Schüler/in, Klasse: ______
- ☐ Sonstiges: ______

Unterrichtsfächer: (Bei Lehrkräften!)

______

STARK Verlag
Postfach 1852
85318 Freising

23-V1T_GW
Bitte ausfüllen und im frankierten Umschlag an uns einsenden. Für Fensterkuverts geeignet.

Kennen Sie Ihre Kundennummer? Bitte hier eintragen.

Absender (Bitte in Druckbuchstaben!)

Name/Vorname

Straße/Nr.

PLZ/Ort/Ortsteil

Telefon privat

Geburtsjahr

E-Mail

Schule/Schulstempel (Bitte immer angeben!)

Bitte hier abtrennen

(Bitte blättern Sie um)

Geschichte

Geschichte 1 – Industrialisierung und Soziale Frage, Nationalstaatsgedanke und Nationalismus, Kaiserreich, Imperialismus, Erster Weltkrieg, Weimarer Republik, Nationalsozialismus und Zweiter Weltkrieg .... Best.-Nr. 84763

Geschichte 2 – Deutschland nach dem Zweiten Weltkrieg, die bipolare Welt nach 1945, der Umbruch in der DDR und die Wiedervereinigung, die europäische Einigung, Wendepunkte des 20. Jahrhunderts .... Best.-Nr. 84764

Geschichte 1 – Bayern
Gesellschaft im Wandel (15.–19. Jh.) · Demokratie und Diktatur – Probleme der deutschen Geschichte im 20. Jh. ... Best.-Nr. 947818

Geschichte 2 – Bayern
Historische Komponenten europäischer Kultur und Gesellschaft · Konfliktregionen und Akteure internationaler Politik in historischer Perspektive .... Best.-Nr. 947828

Geschichte 1 – Baden-Württemberg, Veränderungen in Wirtschaft und Gesellschaft durch die Industrialisierung · Die demokratische und nationale Bewegung in der Auseinandersetzung mit dem Obrigkeitsstaat .... Best.-Nr. 84760

Geschichte 2 – Baden-Württemberg
Besatzungszeit und Teilung Deutschlands im Rahmen des Ost-West-Konflikts · Die staatliche Einheit · Die bipolare Welt nach 1945 .... Best.-Nr. 84762

Geschichte 1 – NRW
Nationalstaatsgedanke und Nationalismus · Kaiserreich · Industrialisierung und Imperialismus · Erster Weltkrieg · Weimarer Republik und nationalsozialistische Diktatur .... Best.-Nr. 54761

Geschichte 2 – NRW
Deutschland nach dem Zweiten Weltkrieg · Die bipolare Welt nach 1945 · Der Umbruch in der DDR · Wiedervereinigung · Europäische Einigung · Wendepunkte des 20. Jahrhunderts ... Best.-Nr. 54762

Grundlagen, Arbeitstechniken und Methoden – Geschichte .... Best.-Nr. 94789

Abitur-Wissen Die Antike .... Best.-Nr. 94783

Abitur-Wissen Das Mittelalter .... Best.-Nr. 94788

Abitur-Wissen Französische Revolution .... Best.-Nr. 947812

Abitur-Wissen Die Ära Bismarck: Entstehung und Entwicklung des deutschen Nationalstaats .... Best.-Nr. 94784

Abitur-Wissen Imperialismus und Erster Weltkrieg Best.-Nr. 94785

Abitur-Wissen Die Weimarer Republik .... Best.-Nr. 47815

Abitur-Wissen
Nationalsozialismus und Zweiter Weltkrieg .... Best.-Nr. 94786

Abitur-Wissen
Deutschland von 1945 bis zur Gegenwart .... Best.-Nr. 947811

Abitur-Wissen USA .... Best.-Nr. 947813

Abitur-Wissen Naher Osten .... Best.-Nr. 947814

Kompakt-Wissen Abitur Geschichte Oberstufe ..... Best.-Nr. 947601

Klausuren Geschichte Oberstufe .... Best.-Nr. 107611

Wirtschaft/Recht

Wirtschaft – Wirtschaftliches Handeln im Sektor Unternehmen · Wirtschaftliches Handeln im Sektor Ausland .... Best.-Nr. 84852

Wirtschaft – Bayern .... Best.-Nr. 94852

Sozialwissenschaften NRW .... Best.-Nr. 54801

Recht .... Best.-Nr. 94853

Abitur-Wissen Volkswirtschaft .... Best.-Nr. 94881

Abitur-Wissen Rechtslehre .... Best.-Nr. 94882

Kompakt-Wissen Abitur Volkswirtschaft .... Best.-Nr. 948501

Pädagogik/Psychologie

Pädagogik · Psychologie 1 .... Best.-Nr. 102482

Erziehungswissenschaft

Erziehungswissenschaft
Zentralabitur ab 2014 – NRW .... Best.-Nr. 54942

Kunst

Abitur-Wissen Malerei · Plastik · Architektur .... Best.-Nr. 949618

Abitur-Wissen Werkerschließung .... Best.-Nr. 949628

Kompakt-Wissen Abitur Kunst .... Best.-Nr. 949601

Ethik

Abitur-Wissen Philosophische Ethik .... Best.-Nr. 94952

Abitur-Wissen Glück und Sinnerfüllung .... Best.-Nr. 94953

Abitur-Wissen Freiheit und Determination .... Best.-Nr. 94954

Abitur-Wissen Recht und Gerechtigkeit .... Best.-Nr. 94955

Abitur-Wissen Religion und Weltanschauungen ... Best.-Nr. 94956

Abitur-Wissen
Wissenschaft · Technik · Verantwortung .... Best.-Nr. 94957

Religion

Katholische Religion 1 .... Best.-Nr. 84991

Katholische Religion 2 .... Best.-Nr. 84992

Katholische Religion 1 – Bayern .... Best.-Nr. 94994

Katholische Religion 2 – Bayern .... Best.-Nr. 94995

Abitur-Wissen Jesus Christus .... Best.-Nr. 94978

Abitur-Wissen Die Frage nach dem Menschen ...... Best.-Nr. 94990

Abitur-Wissen Die Bibel .... Best.-Nr. 94992

Abitur-Wissen Christliche Ethik .... Best.-Nr. 94993

Sport

Bewegungslehre · Sportpsychologie .... Best.-Nr. 94981

Trainingslehre .... Best.-Nr. 94982

Kompakt-Wissen Abitur Sport .... Best.-Nr. 949801

Alle so gekennzeichneten Titel sind auch als eBook über **www.stark-verlag.de** erhältlich.

Bestellungen bitte direkt an:

STARK Verlagsgesellschaft mbH & Co. KG · Postfach 1852 · 85318 Freising
Tel. 0180 3 179000* · Fax 0180 3 179001* · www.stark-verlag.de · info@stark-verlag.de

*9 Cent pro Min. aus dem deutschen Festnetz, Mobilfunk bis 42 Cent pro Min.
Aus dem Mobilfunknetz wählen Sie die Festnetznummer: 08167 9573-0

Lernen • Wissen • Zukunft
STARK

23-V1T_GW